本报告的出版得到

国家重点文物保护专项补助经费

资助

中国田野考古报告集

考 古 学 专 刊

丁种第九十三号

枝 江 关 庙 山

一

中国社会科学院考古研究所　编著

文物出版社

北京·2017

图书在版编目（CIP）数据

枝江关庙山／中国社会科学院考古研究所编著.—北京：
文物出版社，2017.11

　ISBN 978－7－5010－5237－0

　Ⅰ.①枝…　Ⅱ.①中…　Ⅲ.①大溪文化—文化遗址—
考古发掘—研究—枝江　Ⅳ.①K872.634.4

　中国版本图书馆 CIP 数据核字（2017）第 229487 号

枝江关庙山

编　　著：中国社会科学院考古研究所

责任编辑：黄　曲
责任印制：张　丽
封面设计：程星涛

出版发行：文物出版社
社　　址：北京市东直门内北小街 2 号楼
邮　　编：100007
网　　址：http：//www.wenwu.com
邮　　箱：web@wenwu.com
经　　销：新华书店
印　　刷：中国铁道出版社印刷厂
开　　本：889mm×1194mm　1/16
印　　张：80.5　插页：5
版　　次：2017 年 11 月第 1 版
印　　次：2017 年 11 月第 1 次印刷
书　　号：ISBN 978－7－5010－5237－0
定　　价：1080.00 元

ARCHAEOLOGICAL MONOGRAPH SERIES

TYPE D NO. 93

Guanmiaoshan in Zhijiang

I

(With an English Abstract)

By

The Institute of Archaeology, Chinese Academy of Social Sciences

Cultural Relics Press

Beijing · 2017

内容简介

　　枝江关庙山遗址为包含大溪、屈家岭、石家河三种考古学文化的一处新石器时代遗址，系全国重点文物保护单位。1978～1980年发掘2053平方米。在最主要的堆积层大溪文化遗存中，发现主要遗迹有房址25座、灰坑143个、成人墓和婴幼儿瓮棺葬110座，以及残居住面、残垫层、红烧土场地、灰沟等，出土遗物3000多件。通过关庙山的发掘，总体上对大溪文化的面貌内涵、文化类型、分期年代、聚落构成、经济技术、房屋建筑、葬制习俗、精神文化以及与相关考古学文化的关系等诸多方面，都增添了新资料新认识。

　　关庙山大溪文化分为四期，可作为大溪文化分期的基本标尺，历时千年左右，约在距今6200～5200年之间，整体上展现了大溪文化的发展演变历程。关庙山大溪文化遗存的内涵丰富全面，历时久长，尤其是以器物群为核心的文化特征鲜明，成为整个大溪文化中的一处地域代表性遗址，可确立为一个文化类型——大溪文化关庙山类型。关庙山聚落包括有房址、窖穴、场地、户外灶址、窝棚、小路、沟道、生活垃圾坑、红烧土堆积、婴幼儿瓮棺葬墓地等多种遗迹单元，第三期为其繁盛阶段。房址绝大多数为长方形方形、偏大中型、单体地面建筑，在善用天然再生两类多种建材、较规则的柱网排列、柱洞内加固措施、前墙檐廊、门外雨棚、室内多联灶、多火塘、小储藏所等诸多方面，都显示其建筑的进步或特色，除普遍为家居用房外，个别的当属或兼具公共建筑性质。石器工具制法可分为磨制、打制、直用砾石工具三大类，功用大部分为砍劈戕凿工具，其次为切削剖刮和研捣敲击工具，形制多样，功能既体现专业细化，也有一器多用者。薄胎彩陶和高岭土类硅酸镁类的两种质料白陶，显示出精湛的制陶工艺及其特色风格。特别是发现了多座房屋置物奠基的遗存和瓮棺葬墓地集中埋放多只整猪的可能祭祀性遗迹，对探讨史前民俗和信仰有较重要价值。实物资料还显示了关庙山大溪文化与仰韶文化之间发生密切交流互动关系；两者相比，仰韶文化影响力则远强于大溪文化。

　　此外，还有屈家岭文化晚期遗存和石家河文化的少量遗迹遗物，其中，在居住区的2座土坑墓底发现数百颗穿孔细珠和撒有朱砂，颇显特殊。

Abstract

Guanmiaoshan 关庙山 in Zhijiang 枝江 City, Hubei 湖北 Province is a site in the list of Cultural Heritage under National Preservation which contains remains of the Daxi 大溪, Qujialing 屈家岭 and Shijiahe 石家河 cultures. Some 2053 square meters had been exposed during the excavations from 1978 to 1980. Main discoveries are remains of the Daxi culture including 25 houses, 143 ash pits, 110 burials of adults and children (in ceramic urn coffins), floors, sub – floor pavement, the red burnt earth plaza and a ditch, togather with more 3000 pieces of artifacts. The new data is significant for the research on cultrual characteristics, typology, chronology, settlement pattern, economic strategies, architectures, burial custom and idology of the Daxi culture, as well as its interaction with surruonding regional culturals.

The remains of Daxi culture at the site can be divided into four sub – phases dating from 6200 to 5200 BP, with phase III as the most blooming period. This establishes a curical chronological framework of the Daxi culture from its beginnig to the end. The artifacts exhibit clear local characteristics and can be named as Guanmianshan type, a new regioanl type of the Daxi cutlure. A typical Daxi house at the site is rectangular in shape relatively big in size and was built on the ground. The roof is supported by posts made from diffent speices of trees. Corridor along the front wall and shelf out side the gate are common. Hearth and small storge instrument were found in some rooms. Some of the houses might had been used as public buildings.

Various types of chopped and polished stone artifacts were the main tools for woodworking and food processing. Thin body painted pottery and white pottery made of kaolin or clay with hight percentage of magnesium are good examples of the developed pottery making techniques.

Evidence of ritual practice includes the placing of certain artifacts in house foundations and the burials of complete pigs in the cemetery of ceramic urn burials.

Interaction with the Yangshao culture is clear from the similar designs on painted pottery. It seems that Yangshao was more influncial.

Remains of the late phase of the Qujianling culture and the Shijiahe culture were also found. The two earth pit burials with several hundreds of perforated beads and cinibar are rare in previouse excavations.

总　目

内容简介

（Abstract）

第一册

第二册

第三章　大溪文化遗存（续）

第三册

第四册

彩　版

图　版

第一册目录

插图目录

大溪文化灰坑和灰沟

大溪文化墓葬

插表目录

大溪文化房屋建筑及相关遗迹

大溪文化墓葬

第一章 自然、历史和工作概况

第一节 地理环境和建置沿革

枝江市位于长江中游北岸，湖北省中南部，江汉平原的西缘，大巴山脉荆山支脉南麓，地处鄂西山区与江汉平原的交接地带。长江出西陵峡后，江面宽阔，流速减慢，水势平稳。自宜都枝城至岳阳城陵矶一段的长江，又称荆江，河道特别蜿蜒曲折，犹如"九曲回肠"，所带泥沙在这里不断沉积淤淀，形成众多的沙洲。横贯于枝江市南端的长江，在市境内就有 7 处江心洲，其中最大的百里洲，东西长 28 千米，全洲面积 198 平方千米。市境内河流均汇注入长江，主要有二，西部的玛瑙河（又称苍茫溪）源出当阳玉泉山，部分地段河床卵石间偶可采得各色玛瑙；东以沮漳河与江陵为界，其上游分为沮、漳两水，都发源于荆山，在当阳县（今当阳市）河溶镇附近汇合，在沙市市西箭箕洼注入长江①。全市地势由西北向东南倾斜，西北隅猇亭镇黄龙寺为最高点，海拔 225 米；正东边七星台的杨林湖为最低点，海拔 35.1 米；大部分地区平均海拔在 77.9 米。西北部为红土丘陵岗地，疏密不等地生长有松杉等林木，与襄阳、宜昌、常德一线以东的丘陵地带整体相连。东南部属于江汉湖积冲积平原，湖泊港渠密布，占全市总面积21%的水面多数在这一地区，较大的有刘家湖、东湖（原名孙家湖）、陶家湖、太平湖等。枝江地处亚热带季风气候，温和湿润，雨量丰沛，四季分明，严冬酷暑期短，无霜期约有九个月。现代年平均气温 16.2℃，年平均降雨量 1087 毫米。土壤主要有黄棕壤土、水稻土和潮土（河湖沉积物发育而成的土壤），耕土层质地和肥力一般较好。农作物盛产水稻②。

枝江交通比较便利。古代江汉与中原交往的重要通途，是通过南阳—襄樊间的南襄隘道，循汉水河谷折而南下直抵江陵，再以江陵为枢纽，南行经长沙而达两广，西穿三峡则直通川蜀。枝江即在此古道的近侧。现在，水陆交通并进，长江航运沟通东西，市西的焦（作）枝（城）铁路纵贯南北，干线公路西连宜昌，东经荆州可至武汉。

秦代始有枝江这一地名。枝江名称的由来，据清同治五年（1866 年）刊印的《枝江县志》记

---

① 据清光绪十年（1884 年）《荆州府志》记载，公元 3 世纪 50 年代，沮水在枝江县江口镇为入长江之口。后经改道，现沮漳河在沙市市西注入长江。

② 湖北省枝江县地方志编委会：《枝江县志》，中国城市经济社会出版社（北京），1990 年。

载，因"蜀江①至此分为诸洲，至江陵而九十九洲起，自此间如乔木之有条枝焉，故曰枝江"。可见它是以地理特征而命名的。枝江置县，始于西汉初，隶属临江郡。唐代中期、北宋后期和明初时，一度省枝江县而先后并入长宁、松滋县。除此之外，直到新中国建立初期，其间县治虽几经迁徙，但枝江建置始终存在。1955 年省枝江，与宜都县合并。1962 年复置枝江县，县治新设于马家店镇。1996 年 11 月升格为枝江市（县级市），行政隶属宜昌市。

关庙山新石器时代遗址位于枝江市东北部，与马家店镇直线距离约 10 千米，两地间公路里程约 17 千米。绝对位置北纬 30°28′，东经 111°48′。遗址北距问安寺镇（简称问安镇）2 千米，南离长江北岸的江口镇 8 千米。马（马家店镇经江口）问（问安镇）公路和马（马家店镇经问安）窑（当阳县窑湾）公路分别穿越遗址东、西两侧，遗址正在两公路的交会处。遗址所在地，隶属问安区问安寺（原名万安寺）镇关庙山村。新中国建立初，该地起名平原村，1958 年后称为金联大队。1981 年在全县地名普查中，为反映当地历史、文化和地理特征，实现地名的标准化、规范化，经审批遂以境内的著名古遗址地名正式作为村名②。

第二节　遗址的发现与发掘

关庙山遗址现为一处孤立地隆起的大土丘。据当地老人讲述，新中国建立初年之前，土丘上曾建有一小寺俗称"龚家观庙"。因有此庙，后从谐音演化成现名。关庙山又名龟山，它曾与西邻较小的蛇冢并存。20 世纪 70 年代中期，在平整土地中，蛇冢全被推平辟为水田后，龟山之名随之不再流行。现遗址已经整治为农田，顶部海拔 50.4 米，高出周围平坦广阔的农田约 1.5～4 米。东南方为遗址周围最低点的陶家湖（湖底高程 35.7 米），相距约三四千米。就近的最高处是北部石岭一带的丘陵岗地，相距约十三四千米。遗址原来范围较大，根据当地群众对该处原地形的介绍和考古队实地调查勘察所见遗物暴露的情况，遗址北起马问、马窑两条公路交接处，南至砖瓦窑，西到马窑公路以西 40～50 米，东至渠东数十米处，总面积为 84000 平方米。1975 年 1 月因在遗址东部修筑灌溉渠，从遗址北部大量取土，此处的文化层全被挖掉，成为一片三角形的水稻田，其面积为 18000 平方米，在南侧呈现一道东西向的断崖，断崖上暴露出许多文化遗物。现在遗址保存的部分，东起池塘西侧，南至砖瓦窑和二级电灌站南部，西到水稻田东侧，北达断崖，呈不规则形，东西最长处 432 米，南北最宽处 305 米，总面积为 66000 平方米（图版一，1）。渠西部分为高台子，保存良好，渠东部分保存较差。1979 年冬农民修渠在渠东取土挖出一批瓮棺，考古队当即进行了抢救性清理。

2001 年国务院公布关庙山遗址为第五批全国重点文物保护单位。在枝江境内除关庙山遗址外，据我队的了解和地方文物部门的文物普查，还有较重要的新石器时代遗址十多处③（图 1 - 2 - 1）。

关庙山遗址在 1975 年修渠工程中被发现后，当时工程指挥部门立即通知枝江县文化馆并及时

---

① 蜀江，指宜宾至宜昌间的一段长江干流，也称"川江"，其中奉节至宜昌间的三峡河段又有"峡江"之称。
② 枝江县地名领导小组编：《湖北省枝江县地名志》（内部），1982 年。
③ 枝江县博物馆：《湖北枝江新石器时代遗址调查》，《考古》1992 年第 2 期；国家文物局主编：《中国文物地图集·湖北分册》，西安地图出版社，2002 年，上册第 172～173 页，下册第 240～242 页。

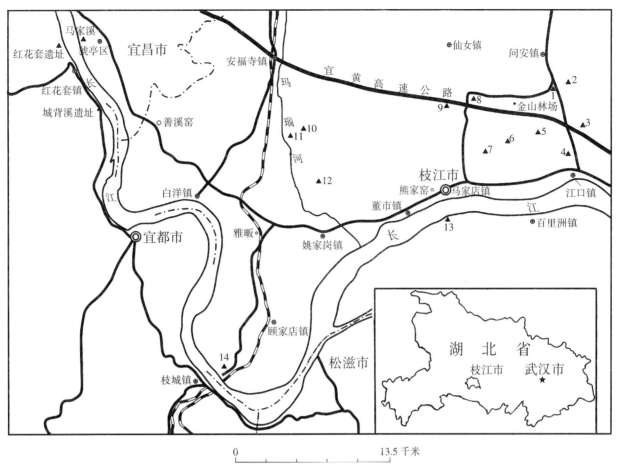

图 1 - 2 - 1　枝江市新石器时代遗址分布示意图

1. 关庙山　2. 熊家台　3. 任家山　4. 杨家山　5. 曹家洼　6. 独家山子　7. 施家坡　8. 雨山坡　9. 品堰坡　10. 壕沟屋　11. 大坟坝
12. 新庙子　13. 郝家洼　14. 青龙山（红岩子山）

向宜昌地区文教局反映。同年 3 月 25 日～4 月 14 日，宜昌地区文物工作队主持在遗址中部进行了试掘，试掘面积 110 平方米①。

中国社会科学院考古研究所湖北工作队经过一定范围的考古调查，选定发掘关庙山遗址，在队长金学山、任式楠的先后主持下，于 1978 年秋～1980 年冬对遗址进行了五次发掘（图 1 - 2 - 2），以期进一步揭示江汉平原西部地区以大溪文化为重点的新石器时代文化的内涵、面貌及相互关系。

第一次发掘，1978 年 10 月 26 日～12 月 31 日，在 Ⅰ 区开探方 T1～T11，其中 T1～T9 的面积各为 5×5 米，T10、T11 各为 7×5 米，又在 T7 南、西扩方，各为 5×5 米。发掘面积合计 345 平方米。中国社会科学院考古研究所湖北工作队参加发掘的同志有金学山、李文杰、陈超、王杰、朱乃诚。

第二次发掘，1979 年 3 月 31 日～6 月 5 日，在 Ⅱ 区开探方 T21～T24，面积各为 5.5×5 米，又在 T21 北开探沟 1 条，面积为 2×4 米（与 T21 北壁相距 1 米），共 118 平方米；在 Ⅲ 区开探方 T31～T42，其中 T31～T39 各为 5×5 米，T40 为 4×6 米，T41 为 36.75 平方米，T42 为 5×7 米，T36 南扩方 6 平方米，T39 南扩方 10 平方米，共 336.75 平方米；又在遗址西南角开探沟 T201，面

① 宜昌地区文物工作队、枝江县文化馆：《枝江县关庙山新石器时代遗址试掘简报》，《宜昌地区历史文物资料汇编》，1979 年。

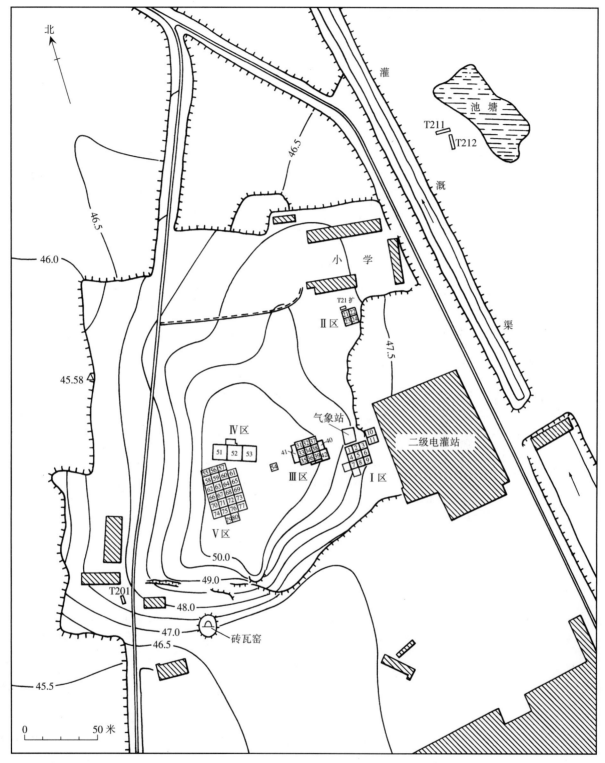

图 1 - 2 - 2　关庙山遗址地形和发掘坑位图

积为 2 × 5 米。发掘面积合计 464.75 平方米。考古队参加发掘的同志有金学山、李文杰、陈超、王杰、朱乃诚。

　　第三次发掘，1979 年 10 月 18 日 ~ 1980 年 1 月 15 日，在Ⅳ区开探方 T51 ~ T53，面积各为 10 × 10 米，又在 T51 北、T52 北扩方共 20.25 平方米；在遗址东北角开两条探沟，T211 为 10 × 2 米，

T212 为 2×10 米。发掘面积合计 360.25 平方米。考古队参加发掘的同志有李文杰、陈超、朱乃诚、王杰。

第四次发掘，1980 年 4 月 27 日～5 月 30 日，开探方 T54，为 5×5 米。发掘面积 25 平方米。同年 5 月 16 日～6 月 13 日，在Ⅳ区继续发掘 T52④BF22。考古队参加发掘的同志有任式楠、沈强华、李文杰。

第五次发掘，1980 年 9 月 26 日～12 月 10 日，在Ⅴ区开探方 T55～T77、T79、T80（图版一，2），其中 T55～T57、T61 面积各为 6×5 米，T58～T60、T62～T77 各为 6×6 米，T79 为 4×6 米，T80 为 5×6 米。发掘面积合计 858 平方米（图版二～四）。考古队参加发掘的同志有任式楠、李文杰、陈超、王杰、沈强华、王吉怀、田富强、任万明。武汉大学历史系考古专业 1978 级学生曾在此进行考古发掘实习，带队教师为方酉生、彭金章、李龙章、向绪成，学生有张小骅、陈伟、宋会群、张吟午、涂高潮、段振美、刘弘、王占奎、徐少华、郭胜斌、唐长寿、郭凡、李羽林、叶植、崔永红、邵小萌、黄传懿、李克能、魏航空、王宏。在学生发掘现场，李文杰为总辅导，任式楠、陈超、王杰、沈强华为辅导员。

上述五次发掘的总面积为 2053 平方米。其中在 T51、T52、T76 和 T80 的局部为了就地回填保护 F22、F30 这两座保存最好的房址，只挖到④B 层，没有挖到生土；其余探方和探沟都已挖到底。整个遗址新石器时代文化堆积普遍厚约 2～3 米，以大溪文化遗存为主，还有少量屈家岭文化和石家河文化的遗存。发现的主要遗迹有：房址 27 座（其中形状清楚的 13 座，形状不清楚的疑残房址 14 座），残居住面和垫层 23 片，红烧土场地 6 片，红烧土堆积 19 片，灰坑 174 个，灰沟 10 条，成年人墓葬 6 座，婴幼儿瓮棺 126 座。文化遗物有：完整（较完整）和复原的陶质器皿 1200 件，完整（较完整）陶纺轮 256 件、残 111 件，完整（较完整）陶球 378 件、残 231 件，其他主要陶质小件 20 多件，完整（较完整）石器工具 677 件、残 1093 件，整、残石装饰品 5 件，骨角器 9 件，已散串珠 2 组。

中国社会科学院考古研究所湖北工作队进行的关庙山遗址发掘工作，得到了湖北省委宣传部、省文化局、宜昌地委、宜昌地区文化局、枝江县委、县文化局、问安区（原公社）党委等各级地方领导部门的关怀和大力支持，得到湖北省博物馆、宜昌地区博物馆、枝江县文化馆等兄弟单位的热情协助，就近的关庙山、郑家井等大队的干部和群众长年帮助考古队进行了发掘工作，我们在此一并谨致衷心的谢意。还有件值得记述的事是，在中国考古学会第三次年会（武昌会议）期间，夏鼐所长在本所石兴邦、黄展岳同志的陪同下，于 1980 年 11 月 24 日专程到关庙山考古工地视察和指导工作，并与考古队成员、武汉大学考古专业实习教师学生合影留念（图版五～七）。

关庙山遗址的发掘概况，先后曾在《考古》上登载过两篇简报①。本报告是我队集体经过分工合作、全面系统的整理之后发表的全部资料和初步研究成果。在本报告完成之前已发表的本遗址的所有资料中，若有疏漏错讹之处，均以本报告为准。

---

① 中国社会科学院考古研究所湖北工作队：《湖北枝江县关庙山新石器时代遗址发掘简报》，《考古》1981 年第 4 期；《湖北枝江关庙山遗址第二次发掘》，《考古》1983 年第 1 期。

第二章　地层堆积情况

关庙山遗址经过 1978 年秋～1980 年冬共五次发掘，发掘了 Ⅰ～Ⅴ 区，另外还有 T54 和 T201、T211、T212。1979 年秋在发掘Ⅳ区的过程中，已经辨认出 Ⅰ 区和 Ⅱ 区的第②层、Ⅲ 区的第③层和 T201 的第②层实际上包括数种不同的文化遗存。1980 年秋冬通过 Ⅴ 区的发掘，进一步证实了关庙山遗址存在大溪文化、屈家岭文化晚期、石家河文化三种文化遗存，大溪文化遗存可以分为四期，其中，第一期还可以分为早、晚两段。于是，在全面整理出土器物和编写发掘报告的过程中，本着实事求是的原则，采取两项对策：一是以Ⅳ、Ⅴ区划分的地层及其出土的器物为准，对 Ⅰ 区和 Ⅱ 区的第②层、Ⅲ 区的第③层、T201 的第②层出土的器物（尤其是陶器）逐一重新加以鉴别，以便准确地判定其文化性质和分期情况，然后将所出土的器物分别归入大溪文化第四期、屈家岭文化晚期和石家河文化；二是在本报告发表的 Ⅰ 区、Ⅱ 区、Ⅲ 区和 T201 的地层图上，仍然保留着发掘时所划分地层的实际情况，没有增加新的地层线。这两项对策都当符合实事求是的原则。

关庙山遗址共发掘探方 56 个，探沟 3 条。其中 55 个探方集中在五个发掘区即 Ⅰ～Ⅴ 区，另外，还有分散的探方 1 个即 T54、探沟 3 条即 T201、T211、T212。发掘时，只有 T54 和 Ⅴ 区各探方都以西南角为基点，其余各探方、探沟都以西北角为基点。本章不仅将各层出土的陶质容器写明类、型、式，还注明"见图××"[①]，这样做打破了（一般考古发掘报告的）常规，其目的是以陶器群（而不是以个别陶器）作为判断某层属于某种文化、某期的依据，以便做出更加准确的判断，同时为读者检索各层出土的陶质容器、深入研究关庙山遗址的文化性质及大溪文化的分期问题提供线索。

下面按照 Ⅰ 区、Ⅱ 区、Ⅲ 区、Ⅳ 区、T54、Ⅴ 区、T201、T211 的顺序介绍地层堆积情况。

一　Ⅰ区探方地层堆积

Ⅰ区位于遗址东南部，有 11 个探方，编号为 T1～T11；另外，还有扩方 T7 南扩、T7 西扩。发掘总面积为 345 平方米。分为东、西两片，两片之间有一条现代的沟，沟壁形成断崖。西片 T1～T9，地层保存较好。T9 的地层堆积较薄，只分为三层，其余探方都分为四层。这里需要说明的是：T7、T8 的第②层实际上包括②A（石家河文化）、②B（屈家岭文化晚期）、②C（大溪文化第四

---

① 凡是在本章节之内的线图都注明"图××"，在本章节之外的线图都注明"见图××"。以下各章节均按此。

期）三小层，T1～T6、T9 的第②层实际上包括②B、②C 两小层，但是，在地层图上仍然保留着发掘时所划分第②层的实际情况，在第②层之内没有画出新的地层线。

[一]　Ⅰ区西片的地层堆积

以 T5 西壁剖面（图 2-0-1）为例说明如下：

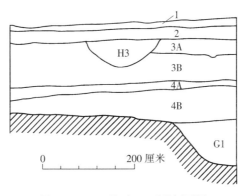

图 2-0-1　Ⅰ区 T5 西壁剖面图

地层堆积的总厚度为 310 厘米，可以分为四层。

第①层：浅灰色农耕土，厚约 10～15 厘米。

第②层：深灰色土，厚约 20～30 厘米。第②层实际上包括两小层。②B 层出土双瓣纽器盖（②B:13）等，属于屈家岭文化晚期。②C 层底部有 4 座瓮棺即 W4、W5、W54、W55（详见附表 8），还有椭圆形灰坑 H3（详见附表 5），出土圈足碗、圈足盘口沿、篦划纹研磨器腹片等，属于大溪文化第四期。

第③层：可以分为两小层。

③A 层，为红烧土，厚约 30 厘米。

③B 层，灰色土，厚约 55～90 厘米。出土圈足盘 7 型Ⅵ式（③B:26，见图 3-4-50，11）、9 型Ⅰ式（③B:19，见图 3-4-52，11），曲腹杯残片等。

第③层属于大溪文化第三期。

第④层：可以分为两小层。

④A 层，为红烧土，厚约 15～25 厘米。

④B 层，深灰色土，厚约 25～70 厘米。出土圈足碗 9 型Ⅱ式（④B:53，见图 3-4-21，10）、14 型Ⅱ式（④B:42，见图 3-4-27，7），圈足盘 3 型Ⅰ式（④B:63，见图 3-4-37，12），圜底盘（④B:41，见图 3-4-54，11），圈足罐 2 型Ⅱ式（④B:32，见图 3-4-93，8），鼎 3 型Ⅲ式（④B:52，见图 3-4-119，6），器座 3 型Ⅲ式（④B:40，见图 3-4-133，12）、4 型Ⅳ式（④B:50，见图 3-4-137，4），器盖 2 型Ⅱ式（④B:45，见图 3-4-143，12）、6 型Ⅲ式（④B:28，见图 3-4-149，10）、7 型Ⅲ式（④B:33，见图 3-4-150，16）等。

第④层属于大溪文化第二期。

④B 层底部有一条东西向灰沟，为 G1 西部的一段，深 95 厘米，沟内堆积灰黄色黏土。出土

圈足钵 1 型（G1：51，见图 3 – 4 – 80，5）等，属于大溪文化第一期晚段。

此外，Ⅰ区西片 T3②B 层底部有一座瓮棺即 W51，T8②B 层底部有 9 座瓮棺即 W69～W71、W74、W75、W78、W87、W88、W94（详见附表 8），都属于屈家岭文化晚期。

[二] Ⅰ区东片的地层堆积

Ⅰ区东片 T10、T11，上部的地层已经在修水渠取土时被挖掉，仅存第③、④层。

Ⅰ区东片的地层堆积以 T11 东壁剖面（图 2 – 0 – 2）为例说明如下：

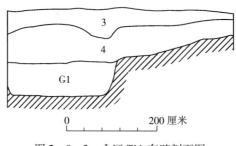

图 2 – 0 – 2 　Ⅰ区 T11 东壁剖面图

地层堆积的总厚度为 185 厘米，可以分为两层。

首先要说明的是：③层顶部（实际上应属于②C 层，但由于农民修水渠取土，②C 层已经不存在）留有 3 座瓮棺即 W40、W46、W52（详见附表 8），这些瓮棺打破③层，应属于②C 层即大溪文化第四期。

第③层：深灰色土，厚约 15～60 厘米。出土圈足碗 6 型Ⅴ式（③：84，见图 3 – 4 – 18，9）、13 型Ⅱ式（③：19，见图 3 – 4 – 25，3），圈足盘 3 型Ⅳ式（③：30，见图 3 – 4 – 38，1）、7 型Ⅳ式（③：23，见图 3 – 4 – 49，4），平底盆 1 型Ⅱ式（③：13，见图 3 – 4 – 69，1），平底钵 6 型（③：6，见图 3 – 4 – 77，5），器座 10 型（③：88，见图 3 – 4 – 141，3），器盖 5 型Ⅳ式（③：15，见图 3 – 4 – 146，8）、10 型Ⅰ式（③：7，见图 3 – 4 – 153，16）等，属于大溪文化第三期。③层底部有 6 座瓮棺即 W36～W39、W47、W48（详见附表 8），这些瓮棺打破④层，亦属于大溪文化第三期。

第④层：灰色松土，含有红烧土渣，厚约 30～80 厘米。出土圈足碗 5 型Ⅲ式（④：66，见图 3 – 4 – 15，7）、7 型Ⅰ式（④：67，见图 3 – 4 – 20，1）、8 型Ⅱ式（④：62，见图 3 – 4 – 21，2）、14 型Ⅱ式（④：77，见图 3 – 4 – 27，10），圈足盘 1 型（④：80，见图 3 – 4 – 36，6）、2 型Ⅱ式（④：49，见图 3 – 4 – 36，10）、4 型Ⅱ式（④：65，见图 3 – 4 – 40，11）、5 型Ⅴ式（④：45，见图 3 – 4 – 42，9），豆 2 型Ⅰ式（④：39，见图 3 – 4 – 59，8）、9 型（④：48，见图 3 – 4 – 64，1），平底盆 1 型Ⅰ式（④：93，见图 3 – 4 – 68，2），杯 6 型（④：107，见图 3 – 4 – 85，9），鼎 2 型Ⅰ式（④：81，82，见图 3 – 4 – 118，3，5），尊Ⅳ式（④：79，见图 3 – 4 – 130，1），器座 1 型Ⅰ式（④：31，见图 3 – 4 – 132，7）、3 型Ⅳ式（④：56，见图 3 – 4 – 133，15）、3 型Ⅵ式（④：95，见图 3 – 4 – 135，6）、10 型（④：98，见图 3 – 4 – 141，5），器盖 5 型Ⅰ式（④：94，见图 3 – 4 – 144，14）、6 型Ⅲ式（④：61，见图 3 – 4 – 149，7）等，属于大溪文化第二期。④层底部还有 1 座瓮棺即 W50（详见附表

8)，该瓮棺亦属于大溪文化第二期。

④层底部有东西向灰沟，为G1东部的一段，深约70厘米，沟内堆积灰黄色黏土。出土圈足碗1型Ⅱ式（G1:57，见图3－4－13，2）、1型Ⅲ式（G1:73、78，见图3－4－13，8、6），碟1型Ⅳ式（G1:75，见图3－4－33，15），三足盘3型Ⅱ式（G1:63，见图3－4－56，12），圜底大盆1型（G1:108，见图3－4－72，2），圈足罐1型Ⅰ式（G1:55，见图3－4－93，1），釜2型Ⅳ式（G1:76，见图3－4－112，2），鼎3型Ⅱ式（G1:100，见图3－4－119，1），器座3型Ⅲ式（G1:103，见图3－4－133，11）、3型Ⅳ式（G1:101，见图3－4－133，13），器盖2型Ⅰ式（G1:69，见图3－4－143，6）、2型Ⅱ式（G1:68，见图3－4－143，10）、5型Ⅰ式（G1:102，见图3－4－144，16）等，属于大溪文化第一期晚段。

从总体上看，Ⅰ区位于遗址东南部，在一般居住区的东侧，属于日常活动区，由于离一般居住区很近，文化堆积较厚，文化遗物较多。这里出土大量大溪文化和屈家岭文化晚期的瓮棺，表明曾经先后作为这两种文化的婴幼儿瓮棺墓地。

二 Ⅱ区探方地层堆积

Ⅱ区位于遗址中部偏东，有4个探方，编号为T21～T24；另外，还有扩方T21北扩。发掘面积为118平方米。各探方都分为四层。

Ⅱ区的地层堆积以T23西壁剖面（图2－0－3）为例说明如下：

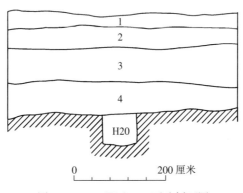

图2－0－3 Ⅱ区T23西壁剖面图

地层堆积总厚度为280厘米，可以分为四层。

第①层：灰色农耕土，厚约25～40厘米。包含有厚胎红陶杯。

第②层：南部为深灰色硬土，北部为红烧土堆积，厚约35～50厘米。第②层实际上包括②A、②B两小层。②A层出土宽沿圈足盘、方格纹罐、竹节形器等残片，属于石家河文化。②B层出土薄胎彩陶大口杯，深腹圈足杯Ⅱ式（②B:3，见图4－2－8，3），盂形器（②B:1、29，见图4－2－11，1、4）等，属于屈家岭文化晚期。

第③层：灰色松土，厚约65～90厘米。出土平底碗2型Ⅱ式（③:17，见图3－4－32，11），器盖7型Ⅱ式（③:39，见图3－4－150，11）等，属于大溪文化第三期。

第④层：浅灰色松土，厚约45～70厘米。出土器盖12型Ⅰ式（④:26，见图3－4－155，1）等。④层底部有圆形灰坑H20（详见附表5），出土圈足碗4型Ⅱ式（H20:2，见图3－4－14，

10），圈足罐1型Ⅱ式（H20∶1，见图3-4-93，4）等。第④层及H20属于大溪文化第二期。

从总体上看，Ⅱ区位于遗址中部偏东，在一般居住区的东北边，也属于日常活动区，由于离一般居住区较远，文化堆积较薄，文化遗物较少。

三　Ⅲ区探方地层堆积

Ⅲ区位于遗址东南部，在Ⅰ区西侧，有12个探方，编号为T31~T42；另外，还有扩方T36南扩、T39南扩。发掘面积为336.75平方米。T40、T42只挖到④B层F1，其余探方都已挖到底。T31~T33、T35分为五层，T34、T37、T38、T41分为六层，T36、T39分为七层。

Ⅲ区的地层堆积以T36西壁剖面（图2-0-4）为例说明如下：

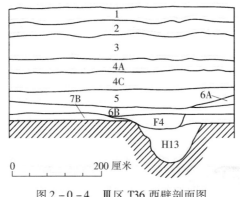

图2-0-4　Ⅲ区T36西壁剖面图

地层堆积的总厚度为305厘米，可以分为七层。

第①层：农耕土，厚约25~35厘米。

第②层：深灰色松土，厚约20~35厘米。出土方格纹小口高领罐、竹节形器、束腰形器座等残片及凸棱鼎足，属于石家河文化。

第③层：灰色土，厚约45~55厘米。第③层实际上包括③A、③B两小层。③A层出土深腹圈足杯Ⅲ式（③A∶8，见图4-2-8，4），高圈足杯Ⅰ式（③A∶15，见图4-2-7，2），薄胎彩陶大口杯，壶形器，小口高领罐Ⅱ式（③A∶39，见图4-2-12，2），双耳罐口肩部（③A∶40，见图4-2-13，13）等，属于屈家岭文化晚期。③B层出土喇叭形豆圈足等，属于大溪文化第四期。

第④层：可以分为三小层。

④A层，灰褐色土，厚约20~30厘米。

④B层，为长方形房址F1（详见附表1）。

④C层，灰褐色土，厚约30~40厘米。出土圈足盘、曲腹杯、簋等。

第④层属于大溪文化第三期。

第⑤层：黑灰色松土，厚约20~40厘米。⑤层底部有椭圆形灰坑H12（详见附表5），出土圈足碗6型Ⅲ式（H12∶1，见图3-4-18，3），杯（H12∶4，为薄胎彩陶单耳杯碎片）等。第⑤层及H12属于大溪文化第二期。

第⑥层：可以分为两小层。

⑥A层，红烧土堆积，厚约20厘米。只见于探方西北角。

⑥B层，深灰色土，厚约10～25厘米。出土圈足碗2型Ⅱ式（⑥B：40，见图3-4-13，10）、碟2型Ⅱ式（⑥B·30，见图3-4-34，5）、器座1型Ⅰ式（⑥B：48，见图3-4-132，1）、3型Ⅰ式（⑥B：46，见图3-4-133，7）、3型Ⅳ式（⑥B：28，见图3-4-134，2）、3型Ⅴ式（⑥B：29、42、43，见图3-4-134，11、3、9）、3型Ⅶ式（⑥B：41、45，见图3-4-135，9、10）、6型Ⅰ式（⑥B：47，见图3-4-137，12），器盖2型Ⅰ式（⑥B：39，见图3-4-143，7）等。

第⑥层亦属于大溪文化第二期。

第⑦层：可以分为两小层。

⑦A层，即红烧土残垫层F4（详见附表2），厚约30厘米。

⑦B层，灰褐色土，厚约15～20厘米。出土圈足罐、鼓形大器座等。

第⑦层属于大溪文化第一期晚段。

⑦B层底部有圆形灰坑H13、H14（详见附表5）。H13出土圈足碗6型Ⅰ式（H13：6，见图3-4-15，9），三足盘的下半身（H13：12，见图3-4-57，5），圈足钵2型Ⅰ式（H13：9，见图3-4-80，9），小口广肩罐的上半身（H13：10，见图3-4-109，2），器盖1型Ⅲ式的上半身（H13：7，见图3-4-143，5）等。H13、H14属于大溪文化第一期早段。

从总体上看，Ⅲ区位于遗址东南部，大溪文化第三期F1的存在说明Ⅲ区属于一般居住区，文化堆积厚，文化遗物丰富。

四　Ⅳ区探方地层堆积

Ⅳ区位于遗址南部偏北，在Ⅴ区北侧，开有3个大探方，编号为T51～T53；另外，还有扩方T51扩、T52扩。发掘面积为320.25平方米。还要说明三点：一是因考虑发掘用地田块，探方方向为北偏东20°。二是发掘之前耕土层刚被农民犁过，不便于测量其厚度，因此在剖面图上没有画出耕土层，第①层即为石家河文化层。三是为了就地回填保护方形房址F22，T51东部和T52西部只挖到④B层F22，T51西部、T52东部和T53都挖完文化层到底。

Ⅳ区的地层堆积以T51西壁剖面（图2-0-5）为例说明如下：

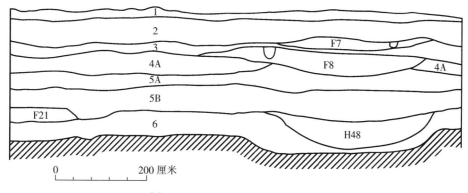

图2-0-5　Ⅳ区T51西壁剖面图

地层堆积的总厚度为300厘米，可以分为六层。

第①层：浅灰色硬土，厚约15～25厘米。出土内折沿豆Ⅰ式（①：315，见图5-2-2，7），台形豆圈足（①：520，见图5-2-2，8），凹腰圈足钵形豆（扩①：37，见图5-2-2，9），直口钵残片（①：521，见图 5 - 2 - 4，2），带敞口流盆残片（扩①：48，见图 5 - 2 - 3，11），竹节形残器（①：528，见图 5 - 2 - 6，4），外卷圆唇小口高领罐（①：519，见图 5 - 2 - 7，2），外卷扁唇矮领罐（①：523，见图 5 - 2 - 7，8），折沿矮领罐（①：524，见图 5 - 2 - 7，10），大口折沿罐Ⅲ式（扩①：50，见图 5 - 2 - 8，8）、Ⅴ式（①：527，见图 5 - 2 - 8，11），外卷扁唇瓮残片（①：525，见图 5 - 2 - 12，1），麻面鼎足（①：517，见图 5 - 2 - 9，7），扁三角形鼎足（①：518，见图 5 - 2 - 9，14），研磨器（①：526，见图 5 - 2 - 10，4），束腰形器座（①：389，见图 5 - 2 - 13，1）等。T51 北扩第①层底部有椭圆形灰坑 H51、H52（详见附表5）。H51 出土圈足钵形豆（H51：8，见图 5 - 2 - 2，10），外卷扁唇圈足盆（H51：13，见图 5 - 2 - 3，6），三角沿圈足盆（H51：33，见图 5 - 2 - 3，7），翻沿深腹盆（H51：34，见图 5 - 2 - 3，14），翻沿矮领罐（H51：49，见图 5 - 2 - 7，9），小口直领罐（H51：32，见图 5 - 2 - 7，11），凹沿圜底罐Ⅰ式（H51：51，见图 5 - 2 - 8，1），麻面鼎足（H51：47，见图 5 - 2 - 9，11），碟形纽器盖（H51：45，见图 5 - 2 - 14，6）等。H52 出土三角沿小口高领罐Ⅱ式（H52：52，见图 5 - 2 - 7，6）等。第①层及 H51、H52 属于石家河文化。

第②层：灰色硬土，含红烧土渣较多，厚约 35 ~ 55 厘米。出土双腹豆Ⅰ式（②：44，见图 4 - 2 - 4，1），深腹圈足杯Ⅰ式（②：58，见图 4 - 2 - 8，2），壶形器Ⅰ式（②：59，见图 4 - 2 - 10，2）、Ⅲ式（②：146，见图 4 - 2 - 10，9），小盂（②：24，见图 4 - 2 - 11，2），小口高领罐片Ⅲ式（②：511，见图 4 - 2 - 12，3），折沿小口高领罐片Ⅱ式（②：512，见图 4 - 2 - 12，7），斜折沿罐Ⅰ式（②：43，见图 4 - 2 - 13，4）、Ⅲ式（②：513，见图 4 - 2 - 13，7），矮领罐（②：515，见图 4 - 2 - 13，10），斜沿小罐Ⅱ式（②：29，见图 4 - 2 - 13，12），花边口沿罐（②：514，见图 4 - 2 - 13，14），矮卷边鼎足（②：510，见图 4 - 2 - 16，11），柳叶形箅孔甑Ⅰ式（②：509，见图 4 - 2 - 17，5），厚胎圜底缸Ⅲ式（②：381，见图 4 - 2 - 18，4），折沿凹腰形器座（②：380，见图 4 - 2 - 19，2），碟形纽器盖（②：53，见图 4 - 2 - 20，16），钉帽形纽器盖（②：4，见图 4 - 2 - 21，3），实心圆头形纽器盖Ⅱ式（②：73，见图 4 - 2 - 21，6）等。底部有红烧土残垫层 F7（详见附表2），厚约 25 厘米；灰坑 H15，出土折沿尖底缸（H15：37，见图 4 - 2 - 18，6）。第②层及 F7、H15 属于屈家岭文化晚期。

第③层：灰褐色土，厚约 15 ~ 25 厘米。出土圈足碗 17 型Ⅳ式（③：104，见图 3 - 4 - 30，8），碟 3 型Ⅰ式（③：93、102、162、167、379，见图 3 - 4 - 35，2、6、3、5、4）、3 型Ⅲ式（③：81，见图 3 - 4 - 35，10），圈足盘 8 型Ⅳ式（③：1，见图 3 - 4 - 52，3），豆 8 型Ⅱ式（③：76，见图 3 - 4 - 63，10）、10 型（③：100，见图 3 - 4 - 64，4），平底盆 3 型（③：57、156，见图 3 - 4 - 70，5、3），筒形瓶 2 型（③：318，见图 3 - 4 - 89，10），圈足罐 2 型Ⅷ式（③：385，见图 3 - 4 - 97，5），支座Ⅱ式（③：16，见图 3 - 4 - 142，3），器盖 5 型Ⅰ式（③：97，见图 3 - 4 - 144，13）、5 型Ⅱ式（扩③：44，见图 3 - 4 - 145，3）、11 型Ⅱ式（③：10，见图 3 - 4 - 154，11）、19 型（③：94，见图 3 - 4 - 157，12）等。③层底部有红烧土残垫层 F8（详见附表2），厚约 50 厘米。第③层及 F8 属于大溪文化第四期。

第④层：可以分为两小层。

④A 层，黄褐色土，厚约 30 ~ 50 厘米。出土圈足碗 9 型Ⅱ式（④A：130，见图 3 - 4 - 21，9），平底碗 2 型Ⅰ式（④A：143，见图 3 - 4 - 32，2）、2 型Ⅱ式（④A：388，见图 3 - 4 - 32，4），圈足盘 5 型Ⅰ

式（④A：222，见图3－4－40，13）、7型Ⅲ式（④A：215，见图3－4－48，9；扩④A：43，见图3－4－48，11）、7型Ⅵ式（④A：124，见图3－4－49，9；④A：157，见图3－4－50，5）、8型Ⅱ式（④A：186，见图3－4－51，3）、8型Ⅲ式（④A：174，见图3－4－52，2）、9型Ⅱ式（④A：377，见图3－4－53，9）、豆3型Ⅲ式（④A：217，见图3－4－61，7）、簋1型（④A：191，见图3－4－65，1）、3型（④A：386，见图3－4－67，6）、平底盆3型（④A：133，见图3－4－70，4）、平底钵2型Ⅰ式（④A：145，见图3－4－75，6）、3型Ⅰ式（④A：180，见图3－4－75，9）、杯4型Ⅴ式（④A：530，见图3－4－86，6）、平底罐7型Ⅰ式（④A：122，见图3－4－105，9）、圜底罐3型Ⅱ式（④A：189，见图3－4－108，7）、鼎3型Ⅲ式（④A：177，见图3－4－119，5）、器盖7型Ⅰ式（④A：116，见图3－4－150，5）、8型Ⅰ式（④A：125，见图3－4－151，7）、9型Ⅱ式（④A：484，见图3－4－152，12）等。④A层底部有长方形房址F9（详见附表1）和圆形灰坑H39（详见附表5）。F9出土圈足碗12型Ⅱ式（F9：26，见图3－4－24，3）、平底罐2型Ⅱ式（F9：1，见图3－4－103，4）等。H39出土研磨器1型Ⅰ式（H39：350，见图3－4－125，1）等。

④B层为方形房址F22（详见附表1），出土圈足盘6型Ⅴ式（F22：44，见图3－4－46，1），簋2型Ⅰ式（F22：48，见图3－4－65，2），器座4型Ⅰ式（F22：151，见图3－4－135，14），器盖7型Ⅰ式（F22：43，见图3－4－150，8）等。

第④层及F9、F22、H39都属于大溪文化第三期。

第⑤层：可以分为两小层。

⑤A层，黑灰色松土，含大量木炭和兽骨，厚约20~60厘米。出土圈足碗15型Ⅱ式（⑤A：293，见图3－4－27，11）、平底碗1型Ⅲ式（⑤A：194，见图3－4－32，3）、圈足盘1型（⑤A：375，见图3－4－36，4）、3型Ⅰ式（⑤A：260，见图3－4－37，4）、3型Ⅲ式（⑤A：245，见图3－4－37，8）、4型Ⅰ式（⑤A：492，见图3－4－38，12）、6型Ⅰ式（⑤A：336，见图3－4－42，11；⑤A：236，见图3－4－43，2）、6型Ⅱ式（⑤A：201，见图3－4－43，7；⑤A：233，见图3－4－44，1；⑤A：255，见图3－4－44，4）、6型Ⅲ式（⑤A：198，见图3－4－44，10；⑤A：202、232，见图3－4－45，1、3）、8型Ⅰ式（⑤A：200、256，见图3－4－51，7、10）、8型Ⅳ式（⑤A：204，见图3－4－52，4）、9型Ⅰ式（⑤A：205、254、261、367，见图3－4－52，6、8、5、7）、9型Ⅱ式（⑤A：230，见图3－4－53，6）、豆1型Ⅱ式（⑤A：196、238，见图3－4－58，10、5）、8型Ⅰ式（⑤A：192，见图3－4－63，8）、平底钵4型Ⅰ式（⑤A：258，见图3－4－76，9）、圈足钵1型（⑤A：491，见图3－4－80，4）、圈足罐4型Ⅰ式（⑤A：171，见图3－4－97，6）、5型Ⅲ式（⑤A：387，见图3－4－98，9）、鼎3型Ⅲ式（⑤A：498，见图3－4－119，3）、器盖8型Ⅱ式（⑤A：257，见图3－4－152，2）、9型Ⅳ式（⑤A：287，见图3－4－153，6）、11型Ⅱ式（⑤A：244，见图3－4－154，3）等。

⑤B层，黄色松土，厚约40~65厘米。出土圈足碗6型Ⅴ式（⑤B：378，见图3－4－18，6）、平底碗1型Ⅰ式（⑤B：308、327，见图3－4－32，8、10）、圈足盘3型Ⅰ式（⑤B：294，见图3－4－37，1）、3型Ⅳ式（⑤B：265，见图3－4－38，8）、4型Ⅱ式（⑤B：290，见图3－4－39，5）、5型Ⅰ式（⑤B：276、278，见图3－4－40，7、6）、5型Ⅱ式（⑤B：266，见图3－4－42，2）、6型Ⅲ式（⑤B：281，见图3－4－45，4）、7型Ⅱ式（⑤B：270，见图3－4－47，11）、豆3型Ⅲ式

（⑤B：269，见图 3 - 4 - 61，3），簋 2 型Ⅲ式（⑤B：351，见图 3 - 4 - 66，2），杯 5 型Ⅱ式（⑤B：98，见图 3 - 4 - 86，9），臼（⑤B：283，见图 3 - 4 - 131，1），器盖 5 型Ⅹ式（⑤B：311，见图 3 - 4 - 148，5）、7 型Ⅰ式（⑤B：271，见图 3 - 4 - 150，7）、11 型Ⅱ式（⑤B：286，见图 3 - 4 - 154，5）等。⑤B 层底部有红烧土残垫层 F21（详见附表2），厚约 25 厘米；圆形灰坑 H45、H48（详见附表5）。H45 出土圈足碗 7 型Ⅲ式（H45：313，见图 3 - 4 - 20，5），圈足盘 4 型Ⅰ式（H45：300，见图 3 - 4 - 38，13）、5 型Ⅱ式（H45：346，见图 3 - 4 - 41，10）、8 型Ⅰ式（H45：305，见图 3 - 4 - 51，12）、9 型Ⅰ式（H45：296，见图 3 - 4 - 52，9），鼎 2 型Ⅱ式（H45：299，见图 3 - 4 - 118，9），器座 7 型Ⅱ式（H45：307，见图 3 - 4 - 138，5），器盖 7 型Ⅳ式（H45：353，见图 3 - 4 - 151，3）等。H48 出土圈足盘 3 型Ⅳ式（H48：362，见图 3 - 4 - 38，2），豆 1 型Ⅱ式（H48：322，见图 3 - 4 - 58，9），簋 2 型Ⅲ式（H48：329，见图 3 - 4 - 66，1），平底钵 3 型Ⅱ式（H48：331，见图 3 - 4 - 76，10）、5 型（H48：324，见图 3 - 4 - 77，2），圜底罐 1 型Ⅱ式（H48：323，见图 3 - 4 - 107，7），器座 7 型Ⅱ式（H48：320，见图 3 - 4 - 138，2）等。

第⑤层及 F21、H45、H48 都属于大溪文化第二期。

第⑥层：浅灰色土，厚约 10 ~ 80 厘米。出土圈足碗 3 型Ⅰ式（⑥：316，见图 3 - 4 - 14，4）、6 型Ⅴ式（⑥：369，见图 3 - 4 - 18，8），圈足盘 1 型（⑥：356，见图 3 - 4 - 36，5）等。第⑥层亦属于大溪文化第二期。

从总体上看，Ⅳ区位于遗址南部偏北，大溪文化第三期 F22 和 F9 的存在说明Ⅳ区属于一般居住区，文化堆积相当厚，文化遗物相当丰富。通过Ⅳ区的发掘，不但从地层堆积上将石家河文化、屈家岭文化晚期、大溪文化三者明确地区分开来，而且还可以将大溪文化分为三期（第二、三、四期）。

五　T54 地层堆积

T54 位于遗址南部偏东，在Ⅳ区的东边。发掘面积为 25 平方米。其地层堆积以南壁剖面（图 2 - 0 - 6）为例说明如下：

地层堆积的总厚度为 330 厘米，可以分为七层。

第①层：黑色农耕土，厚约 15 ~ 20 厘米。

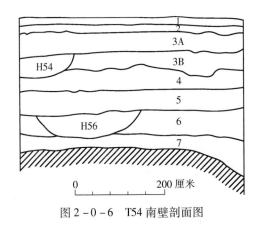

图 2 - 0 - 6　T54 南壁剖面图

第②层：灰黄色土，厚约 10 ~ 20 厘米。含有鬶袋足、近代瓷片，为近代扰乱层。

第③层：可以分为两小层。

③A 层，浅灰色土，质较硬，厚约 35 ~ 50 厘米。出土凸棱鼎足（③A：60，见图 5 - 2 - 9，6）等，属于石家河文化。

③B 层，红褐色土，厚约 25 ~ 45 厘米。出土双腹碗口沿等。③B 层顶部有圆形灰坑 H54（详见附表 5），出土双腹碗口沿等。③B 层及 H54 属于屈家岭文化晚期。

第④层：黄褐色土，厚约 30 ~ 55 厘米。出土圈足碗 15 型Ⅳ式（④：41，见图 3 - 4 - 28，3），器盖 5 型Ⅵ式（④：12，见图 3 - 4 - 147，8）等，属于大溪文化第四期。

第⑤层：褐色土，含红烧土渣，厚约 40 ~ 50 厘米。出土器座 4 型Ⅲ式（⑤：40，见图 3 - 4 - 136，10）等。⑤层底部有椭圆形灰坑 H56（详见附表 5），出土圈足盘 7 型Ⅱ式（H56：1，见图 3 - 4 - 48，2），器座 3 型Ⅴ式（H56：6，见图 3 - 4 - 134，4），器盖 8 型Ⅰ式（H56：4，见图 3 - 4 - 151，12）等。第⑤层及 H56 属于大溪文化第三期。

第⑥层：浅褐色土，厚约 40 ~ 70 厘米。出土三足盘 2 型Ⅱ式（⑥：31，见图 3 - 4 - 56，7）等，属于大溪文化第二期。

第⑦层：棕黄色土，质较硬，厚约 20 ~ 75 厘米。出土器座 4 型Ⅰ式（⑦：33，见图 3 - 4 - 135，13）、4 型Ⅱ式（⑦：38，见图 3 - 4 - 136，3）、4 型Ⅴ式（⑦：39，见图 3 - 4 - 137，10）等。⑦层底部有椭圆形灰坑 H57（详见附表 5），出土器座 1 型Ⅰ式（H57：2、3，见图 3 - 4 - 132，2、3）等。第⑦层及 H57 属于大溪文化第一期晚段。

六　Ⅴ区探方地层堆积

Ⅴ区位于遗址南部，有 25 个探方，编号为 T55 ~ T77、T79、T80。发掘面积 858 平方米。为了就地回填保护 F30，T76、T79、T80 只挖到④B 层 F30，其余探方都挖到底。T57、T66、T70、T71、T74、T75 都分为八层，其余探方都分为七层。前面说过，Ⅳ区第①层为石家河文化层，发掘Ⅴ区时为了便于与Ⅳ区的地层进行比较和对照，将Ⅴ区的第①层分为三小层：①A 层为农耕土；①B 层为近代扰乱层；①C 层为石家河文化层，相当于Ⅳ区的第①层。由于Ⅴ区发掘面积很大，北部、中部偏西、中部偏东的地层情况略有差别，需要分别加以说明。

［一］Ⅴ区北部的地层堆积

其特点是：灰土的层次较多，红烧土的层次较少；石家河文化和屈家岭文化晚期的地层都已被严重扰乱。

Ⅴ区北部的地层堆积以 T57 北壁剖面（图 2 - 0 - 7）为例说明如下：

地层堆积的总厚度为 350 厘米，可以分为八层。

第①层：可以分为两小层。

①A 层，灰色农耕土，厚约 5 ~ 15 厘米。

①B 层，灰褐色硬土，厚约 5 ~ 45 厘米。含有双腹碗、方格纹罐残片、近代瓷片等，为近代扰乱层。

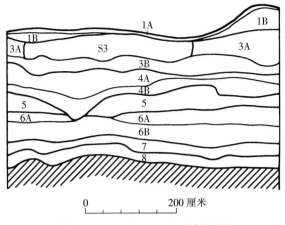

图 2 - 0 - 7　Ⅴ区 T57 北壁剖面图

第③层：可以分为两小层。

③A 层，灰褐色土，厚约 30 ~ 75 厘米。出土圈足盘 6 型 V 式（③A：50，见图 3 - 4 - 46，3）、7 型Ⅵ式（③A：34，见图 3 - 4 - 51，1），平底盆 5 型（③A：14，见图 3 - 4 - 70，12），圜底罐 4 型（③A：136，见图 3 - 4 - 108，18），器盖 5 型Ⅰ式（③A：13，见图 3 - 4 - 144，9）等。探方北部有红烧土堆积 S3（详见附表 4），厚约 25 ~ 55 厘米，含有黑陶豆口沿。

③B 层，深灰色土，质较硬，厚约 15 ~ 40 厘米。出土圈足碗 18 型Ⅱ式（③B：29，见图 3 - 4 - 30，2），平底盆 1 型Ⅰ式（③B：22，见图 3 - 4 - 68，4）等。③B 层顶部有椭圆形灰坑 H68（详见附表 5），探方西南部有红烧土堆积 S15（详见附表 4）。

第③层及 S3、S15、H68 都属于大溪文化第四期。

第④层：可以分为两小层。

④A 层，浅灰色松土，厚约 10 ~ 55 厘米。出土平底碗 1 型Ⅰ式（④A：78，见图 3 - 4 - 32，13），簋 2 型Ⅳ式（④A：62，见图 3 - 4 - 66，3），杯 4 型Ⅱ式（④A：65，见图 3 - 4 - 86，4），器座 7 型Ⅳ式（④A：79，见图 3 - 4 - 139，3），器盖 6 型Ⅰ式（④A：60，见图 3 - 4 - 148，11）、6 型Ⅳ式（④A：54，见图 3 - 4 - 149，14）、18 型Ⅰ式（④A：70，见图 3 - 4 - 157，3）等。④A 层有疑为方形或长方形残房址 S11（详见附表 1）。

④B 层，黑灰色松土，含草木灰、炭屑、兽骨较多，厚约 15 ~ 50 厘米。④B 层顶部有圆形房址 F28（详见附表 1）。④B 层底部有圆形灰坑 H96（详见附表 5），出土圈足盘 5 型Ⅰ式（H96：5，见图 3 - 4 - 40，12）、6 型Ⅳ式（H96：6，见图 3 - 4 - 45，11），豆 3 型Ⅰ式（H96：9，见图 3 - 4 - 60，5），平底钵 5 型（H96：11，见图 3 - 4 - 77，1），平底罐 5 型（H96：13，见图 3 - 4 - 105，6），器座 7 型Ⅳ式（H96：10，见图 3 - 4 - 139，6），器盖 6 型Ⅱ式（H96：1，见图 3 - 4 - 149，3）、18 型Ⅱ式（H96：14、17，见图 3 - 4 - 157，8、7）等。

第④层及 S11、F28、H96 都属于大溪文化第三期。

第⑤层：灰褐色松土，含大量木炭和兽骨，厚约 20 ~ 50 厘米。出土圈足盘 6 型Ⅲ式（⑤：88，见图 3 - 4 - 45，5）、7 型Ⅱ式（⑤：87，见图 3 - 4 - 48，1），圈足盆 2 型Ⅱ式（⑤：90，见图 3 - 4 - 71，7），平底钵 9 型Ⅱ式（⑤：86，见图 3 - 4 - 78，1），杯 2 型（⑤：152，见图 3 - 4 - 84，6），器座 2 型（⑤：161，见图 3 - 4 - 133，6）等。第⑤层属于大溪文化第二期。

第⑥层：可以分为两小层。

⑥A层，灰黄色土，质较硬，含大量红烧土渣，厚约15～40厘米。

⑥B层，黄灰色松土，厚约35～50厘米。出土圈足盘口沿和草帽形器座口沿等。

第⑥层亦属于大溪文化第二期。

第⑦层：黄色土，含砂粒较多，质较硬，厚约15～30厘米。出土鼎1型Ⅰ式（⑦：113，见图3－4－118，1），器座4型Ⅳ式（⑦：127，见图3－4－136，15）等。⑦层顶部有疑为方形或长方形残房址F32（详见附表1）；底部有圆形灰坑H145（详见附表5）、长条形灰沟G8（详见附表6），出土陶釜口沿肩部（G8：164，见图3－4－117，2）。第⑦层及F32、H145、G8都属于大溪文化第一期晚段。

第⑧层：黄白色硬土，厚15～25厘米。出土圈足碗10型Ⅰ式（⑧：118，见图3－4－22，6），圜底碟1型Ⅰ式（⑧：116，见图3－4－33，1），圈足罐2型Ⅰ式（⑧：165，见图3－4－93，6），釜口沿肩部（⑧：166，见图3－4－117，1），器座4型Ⅲ式（⑧：124，见图3－4－136，12）、4型Ⅳ式（⑧：123，见图3－4－137，2）等。第⑧层属于大溪文化第一期早段。

［二］ Ⅴ区中部偏西的地层堆积

其特点是：红烧土的层次较多，灰土的层次较少。

Ⅴ区中部偏西的地层堆积以T67西壁、北壁、东壁剖面（图2－0－9，将相连的三壁展开观察）为例说明如下：

地层堆积的总厚度为355厘米，可以分为七层。

第①层：可以分为两小层。

①A层，灰色农耕土，厚约10～35厘米。

①C层，深灰色土，厚约20～45厘米。出土大口杯Ⅱ式（①C：32，见图5－2－5，2），钉帽形纽器盖Ⅰ式（T67①C：30，见图5－2－14，3），覆钵形器盖（①C：143，见图5－2－14，5）等。①C层底部有自然形成的不规则形灰坑H62（详见附表5），出土敞口斜壁豆Ⅰ式残片、粗直高领罐、鬶鋬、斜沿尊Ⅰ式残片等。①C层及H62属于石家河文化。

第②层：深灰色松土，厚约10～35厘米。出土盘形豆和钉帽形纽器盖（②：69，见图4－2－21，2）等，属于屈家岭文化晚期。

第③层：可以分为两小层。

③A层为红烧土场地S4及其灰黄色土垫层（详见附表3），厚约30～40厘米。出土细颈壶口部，圈足碗口部，器盖5型Ⅱ式（S4：66，见图3－4－145，5）等。

③B层，灰褐色土，厚约45～85厘米。出土器盖5型Ⅱ式（③B：13，见图3－4－145，11）等。

第③层属于大溪文化第四期。

第④层：可以分为四小层。

④A层，灰褐色土，质较硬，厚约10～25厘米。④A层顶部有长方形房址F36（详见附表1），厚约5～10厘米；还有疑为方形或长方形残房址F27及其垫层（详见附表1），厚约20～45厘米。

④B 层，灰褐色土，厚约 10～20 厘米。④B 层顶部有红烧土场地 S24（详见附表 3），厚约 5～15 厘米；底部有红烧土场地 S28（详见附表 3），厚约 25～50 厘米。S28 之下有凸字形灰坑 H189（详见附表 5），原先应为窖穴，废弃之后成为红烧土堆积坑。

④C 层，灰褐色土，厚约 10～20 厘米。出土圈足盘 7 型Ⅵ式（④C：26，见图 3－4－50，6）、9 型Ⅲ式（④C：27，见图 3－4－54，3）。④C 层顶部有红烧土场地 S22（详见附表 3），厚约 10～35 厘米。

④D 层，灰褐色土，厚约 25～60 厘米。出土圈足盘 7 型Ⅰ式（④D：39，见图 3－4－47，6）、器盖 18 型Ⅱ式（④D：101，见图 3－4－157，10）等。④D 层顶部有红烧土堆积 S36（详见附表 4），厚约 25～55 厘米，出土器盖 8 型Ⅰ式（S36：38，见图 3－4－151，8）等。

第④层及 F36、F27、S24、S28、H189、S22、S36 都属于大溪文化第三期。

第⑤层：可以分为两小层。

⑤A 层，灰黑色松土，含大量草木灰、木炭，厚约 20～65 厘米。出土圈足碗 6 型Ⅴ式（⑤A：52，见图 3－4－18，7），圈足盘 6 型Ⅴ式（⑤A：64，见图 3－4－46，8）、6 型Ⅵ式（⑤A：51，见图 3－4－46，14）、7 型Ⅱ式（⑤A：91，见图 3－4－48，10），豆 10 型（⑤A：55，见图 3－4－64，2），平底钵 2 型Ⅱ式（⑤A：107，见图 3－4－75，7），器盖 7 型Ⅳ式（⑤A：71，见图 3－4－151，2）、9 型Ⅱ式（⑤A：77，见图 3－4－153，1）等。⑤A 层底部有不规则形灰沟 G5（详见附表 6），出土圈足碗 13 型Ⅱ式（G5：14，见图 3－4－24，8），圈足盘 5 型Ⅰ式（G5：11，见图 3－4－41，1）、6 型Ⅲ式（G5：10，见图 3－4－45，6），簋 2 型Ⅳ式（G5：16，见图 3－4－67，1；G5：96，见图 3－4－66，6），器盖 9 型Ⅲ式（G5：95，见图 3－4－153，4）等。

⑤B 层，灰褐色松土，厚约 20～50 厘米。出土圈足盘 6 型Ⅵ式（⑤B：56，见图 3－4－46，9）、9 型Ⅲ式（⑤B：104，见图 3－4－54，9），器座 4 型Ⅱ式（⑤B：103，见图 3－4－136，11）等。

第⑤层及 G5 属于大溪文化第二期。

第⑥层：棕黄色土，厚约 10～65 厘米。出土圈足碗 9 型Ⅱ式（⑥：76，见图 3－4－21，8）、11 型Ⅰ式（⑥：90，见图 3－4－22，9）、12 型Ⅰ式（⑥：87，见图 3－4－23，8），支座Ⅰ式（⑥：97，见图 3－4－142，1）等，亦属于大溪文化第二期。

第⑦层：黄白色硬土，厚约 25～35 厘米。出土鼎 3 型Ⅰ式（⑦：80，见图 3－4－118，8）等，属于大溪文化第一期晚段。

上述 V 区中部偏西 T67 第④层的红烧土层次很多，建筑遗迹很多，从下往上（从早到晚）有：④D 层顶部的 S36；④C 层顶部的 S22；④B 层底部的 S28 及 S28 之下的 H189，顶部的 S24；④A 层顶部的 F36、F27。这些现象表明 V 区中部偏西是第三期聚落的中心地带。

[三] V 区中部偏东的地层堆积

其特点是：一些探方有大溪、屈家岭、石家河三种文化遗存。

V 区中部偏东的地层堆积以 T68 东壁剖面（图 2－0－8）为例说明如下：

地层堆积总厚度为 320 厘米，可以分为七层。

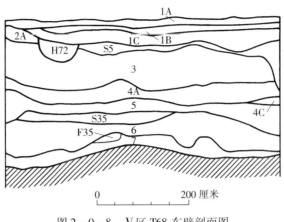

图 2 - 0 - 8　Ⅴ区 T68 东壁剖面图

第①层：可以分为三小层。

①A 层，灰色农耕土，厚约 10～20 厘米。

①B 层，灰色硬土，厚约 10～15 厘米。含有平沿粗圈足盘（①B：4）、高柄杯（①B：5）、麻面鼎足、砖块等，为近代扰乱层。

①C 层，黑灰色松土，含炭屑，厚约 20～40 厘米。出土敞口假圈足碗（①C：9，见图 5 - 2 - 1，1）、平底碟（①C：27，见图 5 - 2 - 1，6）、外卷圆唇碗形豆（①C：133，见图 5 - 2 - 2，1）、敞口斜壁豆Ⅱ式（①C：84，见图 5 - 2 - 2，5）、Ⅲ式器身残片（①C：146，见图 5 - 2 - 2，4）、内折沿豆Ⅱ式器身（①C：46，见图 5 - 2 - 2，6）、高粗圈足盘器身（①C：4，见图 5 - 2 - 2，12）、折棱盆残片（①C：151，见图 5 - 2 - 3，8）、带管状流盆残片（①C：147，见图 5 - 2 - 3，12）、敞口深腹钵（①C：70，见图 5 - 2 - 4，3）、大口杯Ⅰ式（T68①C：23，见图 5 - 2 - 5，1）、Ⅱ式（①C：22、39、51，见图 5 - 2 - 5，5、4、3）、厚胎敞口杯Ⅱ式（①C：1，见图 5 - 2 - 5，7）、束腰形杯（①C：134，见图 5 - 2 - 5，9）、深腹圈足杯（①C：20，见图 5 - 2 - 5，10）、高柄杯Ⅰ式（①C：5，见图 5 - 2 - 5，14）、竹节形残器（①C：38，见图 5 - 2 - 6，5）、凹沿圜底罐Ⅱ式（①C：158，见图 5 - 2 - 8，3）、大口折沿罐Ⅱ式（①C：157，见图 5 - 2 - 8，6）、麻面鼎足（①C：146，见图 5 - 2 - 9，8）、凿形鼎足（①C：147，见图 5 - 2 - 9，12）、鬶颈（①C：57，见图 5 - 2 - 10，2）、独圆形算孔甑（①C：144，见图 5 - 2 - 10，9）、斜沿尊Ⅱ式（①C：153，见图 5 - 2 - 11，2）、Ⅲ式（①C：154，见图 5 - 2 - 11，4）、Ⅳ式（①C：148，见图 5 - 2 - 11，5）、直口圜底缸（①C：131，见图 5 - 2 - 12，3）、平沿缸（①C：145，见图 5 - 2 - 12，4）、外卷扁唇凹腰形器座（①C：3，见图 5 - 2 - 13，4）、钉帽形纽器盖Ⅲ式（①C：88，见图 5 - 2 - 14，4）、碟形纽器盖Ⅱ式（①C：30，见图 5 - 2 - 14，7）、筒形纽器盖等。①C 层底部有自然形成的不规则形灰坑 H62（详见附表 5），出土翻沿圈足碗（H62：29，见图 5 - 2 - 1，2）、三角沿圈足碗（H62：31，见图 5 - 2 - 1，4）、大口折沿罐Ⅰ式（H62：156，见图 5 - 2 - 8，5）、Ⅱ式（H62：43，见图 5 - 2 - 8，4）、鬶鋬（H62：12，见图 5 - 2 - 10，6）、斜沿尊Ⅰ式（H62：152，见图 5 - 2 - 11，1）、筒形纽器盖（H62：4，见图 5 - 2 - 14，11）等。①C 层及 H62 属石家河文化。

第②层：可以分为两小层。

②A 层，灰色松土，含红烧土块，厚约 20 厘米。出土残壶形器（②A：142，见图 4 - 2 - 10，5）、

况较简单。从 T70～T73 北壁剖面（图 2－0－12）可以看到 V 区南部东西方向总的地层堆积情况较复杂，中上部的地层堆积情况尤其复杂。

从总体上看，V 区位于遗址南部，文化堆积很厚，从大溪文化第一期至第四期的文化层齐全，房址、红烧土场地、红烧土堆积、灰坑、灰沟等遗迹的数量很多、分布密集、叠压或打破关系相当复杂。这一切充分地表明，大溪文化居民在这里从事房屋建筑等项活动相当频繁，反映出 V 区居住的人口众多，是大溪文化关庙山聚落的中心区。通过 V 区大面积的发掘，不但证实了 IV 区所划分的地层是正确的，而且发现 V 区各探方普遍存在第一期地层，从而可以将关庙山遗址大溪文化遗存分为四期（第一至第四期），其中第一期可分早段和晚段。

七　T201 地层堆积

T201 位于遗址西南角。发掘面积为 10 平方米。其地层堆积以东壁剖面（图 2－0－13）为例说明如下：

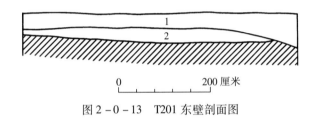

图 2－0－13　T201 东壁剖面图

地层堆积的总厚度为 55 厘米，可以分为两层。

第①层：厚 25～65 厘米，为现代扰乱层。

第②层：厚 10～25 厘米。第②层实际上包括②B、②C 两小层，但是，在地层图上仍然保留着发掘时所划分第②层的实际情况，在第②层之内没有画出新的地层线。

②B 层出土双腹豆 III 式（②B：2，见图 4－2－4，10）。②B 层底部有 7 座瓮棺即 W110～W114、W119、W123（详见附表 8）。②B 层及 7 座瓮棺都属于屈家岭文化晚期。

②C 层有 1 座瓮棺 W121（详见附表 8），属于大溪文化第四期。

T201 位于遗址西南边缘，文化堆积很薄，文化遗物很少，这里先后作为大溪文化第四期和屈家岭文化晚期的婴幼儿瓮棺墓地。

八　T211、T212 地层堆积

T211、T212 位于遗址东北边缘。发掘面积共 40 平方米。其地层堆积以 T211 南壁剖面（图 2－0－14）为例说明如下：

地层堆积的总厚度为 140 厘米，可以分为五层。

第①层：浅灰色农耕土，厚约 15～25 厘米。

第②层：深灰色土，厚约 15～50 厘米。出土黑陶圈足碗口沿等，属于大溪文化第四期。

第③层：灰褐色土，厚约 25～50 厘米。出土圈足碗 13 型 VI 式（③：17，见图 3－4－26，4），圈足盘 9 型 I 式（③：2，见图 3－4－53，3），曲腹杯 2 型（③：1，见图 3－4－81，7），平底罐 2

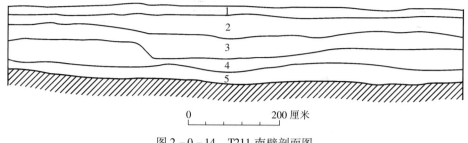

图 2 - 0 - 14　T211 南壁剖面图

型 I 式（③：11，见图 3 - 4 - 103，7）等，属于大溪文化第三期。

第④层：灰黑色松土，含炭屑，厚约 10 ~ 55 厘米。出土圈足盘 4 型 I 式（④：9，见图 3 - 4 - 38，10）、5 型 I 式（④：7，见图 3 - 4 - 40，5）、9 型 I 式（④：8，见图 3 - 4 - 52，10），簋 2 型 IV 式（④：10，见图 3 - 4 - 66，7）等，亦属于大溪文化第三期。

第⑤层：黑色松土，厚约 15 ~ 40 厘米。出土平底钵 10 型（⑤：12，见图 3 - 4 - 78，10），器座 3 型 VI 式（⑤：36，见图 3 - 4 - 135，5）等，属于大溪文化第二期。

T211、T212 位于遗址东北边缘，文化堆积薄，文化遗物稀少。

另外，考古队在 T211 附近配合农民修水渠取土，抢救性清理出石家河文化的成年人墓葬 1 座即 M142（详表附表 7）、瓮棺 1 座即 W143（详见附表 8），屈家岭文化晚期瓮棺 1 座即 W125（详见附表 8），大溪文化第二期瓮棺 13 座即 W126 ~ W137、W144（详见附表 8）。由此可见，T211 附近先后作为大溪文化、屈家岭文化晚期、石家河文化的婴幼儿瓮棺墓地。

总之，从地层堆积的剖面上看，关庙山遗址除耕土层（厚约 20 厘米）以外，新石器时代文化层厚约 280 ~ 330 厘米，包括大溪文化、屈家岭文化、石家河文化三种考古学文化遗存。其中，大溪文化第一期早段的地层有 T57 的第⑧层，灰坑有 T36⑦BH13、H14，T61⑦H144，说明当时居民很少。第一期晚段的地层有 III 区 T36、T54 的第⑦层；还有 V 区除 T76、T79、T80 未挖到底以外其余各探方的第⑦层，T66、T70、T71、T74、T75 的第⑧层，说明居民有所增多。大溪文化第二期至第四期、屈家岭文化晚期的地层几乎遍及整个遗址，前者堆积厚，后者堆积薄。石家河文化的地层则保存较差，只见于少数探方。

从关庙山聚落的平面布局上看，各区的功能存在差异：V 区作为中心区；III 区和 IV 区以及 T54 作为一般居住区；I 区和 II 区作为日常活动区，其中 I 区又作为婴幼儿瓮棺墓地；T201、T211、T212 及其附近地带，都处于遗址的边缘，主要作为婴幼儿瓮棺墓地。

第三章　大溪文化遗存

大溪文化遗存包括遗迹、遗物两大类。遗迹包括生活遗迹、墓葬两部分。

大溪文化的生活遗迹包括房屋建筑及相关遗迹（详见附表1~附表4）、灰坑（详见附表5）和灰沟（详见附表6），分布于Ⅰ区至Ⅴ区，分别属于第一期早段至第四期，现将各区各期全部生活遗迹的分布情况集中刊布（图3－1－1~图3－1－21，图中只有一个遗迹的称为"遗迹位置图"，有多个遗迹的称为"遗迹分布平面图"），以便读者先从总体上了解生活遗迹的概貌以及各遗迹之间的关系，然后再去详细了解各遗迹的具体情况。至于墓葬的分布情况将在第三节中刊布。

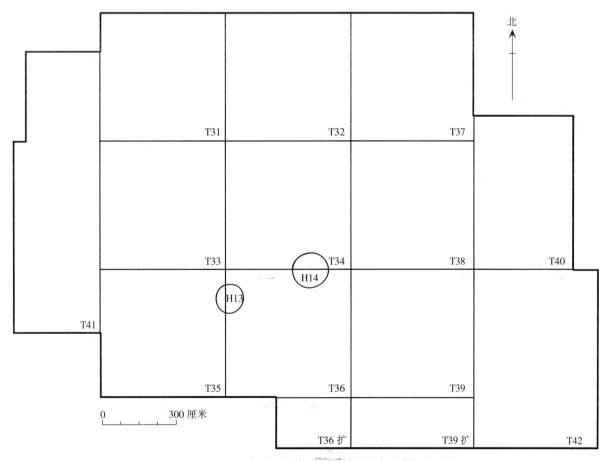

图3－1－1　Ⅲ区大溪文化第一期早段生活遗迹分布平面图

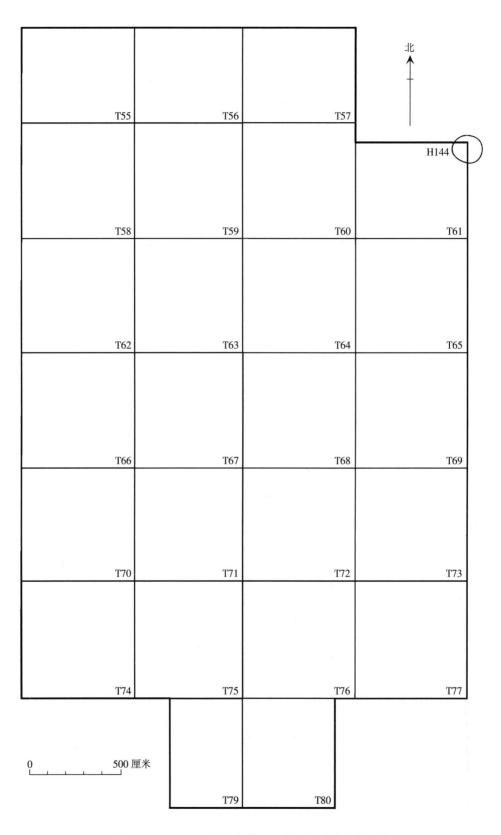

图 3 - 1 - 2　Ⅴ区大溪文化第一期早段生活遗迹位置图

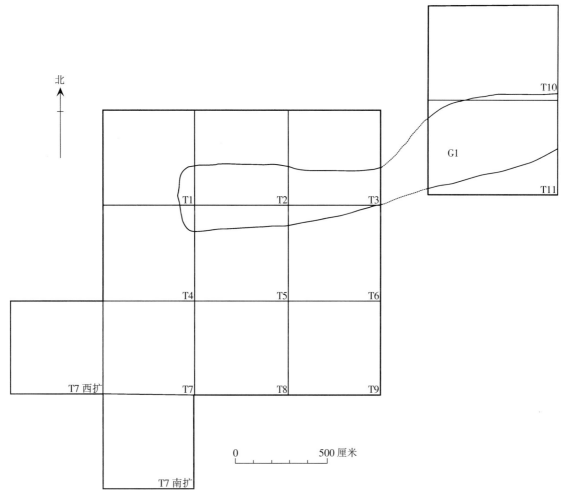

北

T1 T2 T3

G1

T10

T11

T4 T5 T6

T7 西扩 T7 T8 T9

0   500 厘米

T7 南扩

图 3 - 1 - 3 Ⅰ区大溪文化第一期晚段生活遗迹位置图

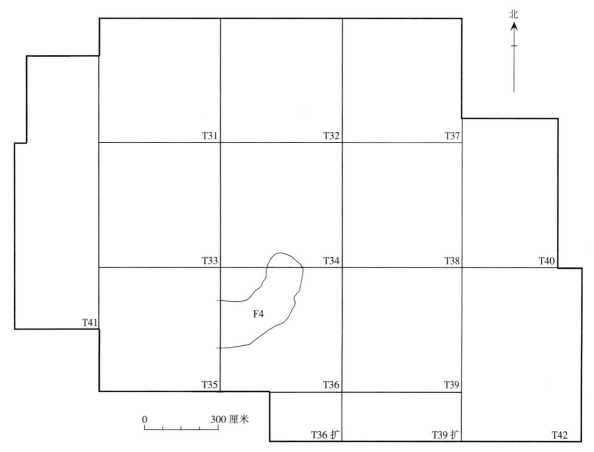

北

T31 T32 T37

T33 T34 T38 T40

F4

T41

T35 T36 T39

0   300 厘米

T36 扩 T39 扩 T42

图 3 - 1 - 4 Ⅲ区大溪文化第一期晚段生活遗迹位置图

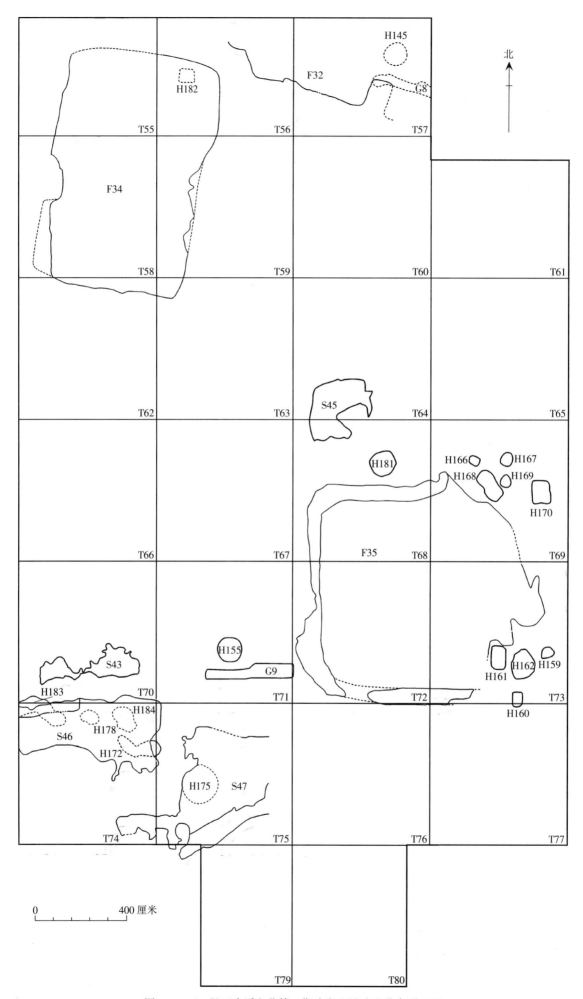

图 3-1-5　Ⅴ区大溪文化第一期晚段生活遗迹分布平面图

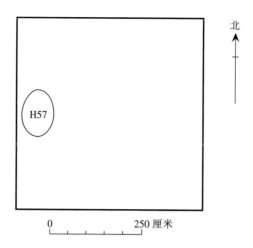

图 3 - 1 - 6　T54 大溪文化第一期晚段生活遗迹位置图

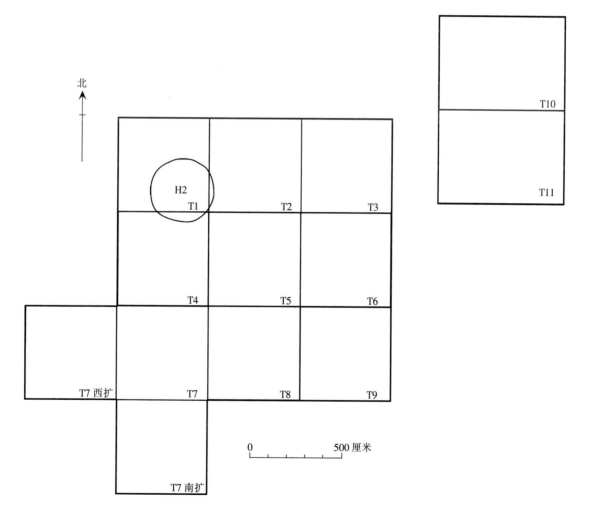

图 3 - 1 - 7　Ⅰ区大溪文化第二期生活遗迹位置图

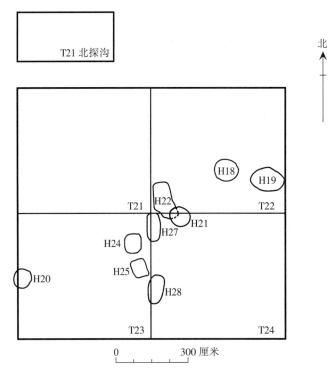

图 3 - 1 - 8　Ⅱ区大溪文化第二期生活遗迹分布平面图

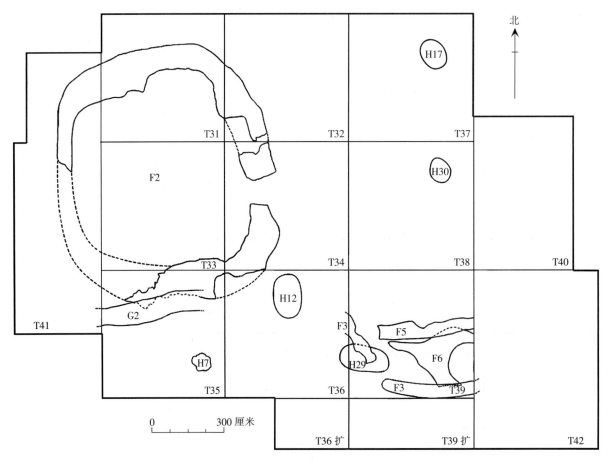

图 3 - 1 - 9　Ⅲ区大溪文化第二期生活遗迹分布平面图

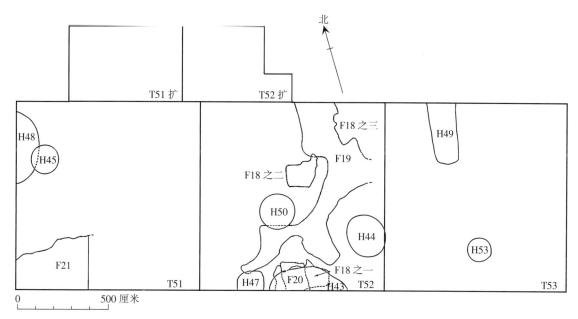

图 3 - 1 - 10　Ⅳ区大溪文化第二期生活遗迹分布平面图

第一节　房屋建筑及相关遗迹

关庙山遗址发现的大溪文化房屋建筑及相关遗迹，包括有房址 25 座（其中形状清楚的 13 座，形状不清楚的 12 座），残居住面和垫层 20 片，红烧土场地 6 片，红烧土堆积 18 片。它们发掘时登记的代号字母为 F（房址）或 S（烧土）。整理资料和编写发掘报告时，本着实事求是的原则，采取两项措施：一是对其属性（房址、残居住面和垫层、红烧土场地、红烧土堆积）经过了重新辨析和归类；二是对其原始代号字母（F 或 S）未作改动和增设，均依照发掘时的原始代号字母。

一　房址

共 25 座（详见附表 1）。房址的分期和分布情况是：

第一期晚段 5 座，都分布在 Ⅴ 区，即 F32、F34、F35、S46、S47（图 3 - 1 - 5）。

第二期 6 座，其中分布在 Ⅲ 区 2 座，即 F2、F3（图 3 - 1 - 9）；Ⅴ 区 4 座，即 F33、S34、S40、S50（图 3 - 1 - 11）。

第三期 12 座，其中分布在 Ⅲ 区 1 座，即 F1（图 3 - 1 - 13）；Ⅳ 区 2 座，即 F9、F22（图 3 - 1 - 14）；Ⅴ 区 9 座，即 F26 ~ F31、F36、S11、S23（图 3 - 1 - 15）。

第四期 2 座，都分布在 Ⅴ 区，即 F24、F25（图 3 - 1 - 20）。

上述 25 座房址中有 12 座属于第三期，20 座分布在 Ⅴ 区。

25 座房址中，只有 1 座即 F28 为半地穴建筑，其余 24 座均为地面建筑。3 座房址即 F35、F2、F28 筑有门道，其余房址都没有门道。

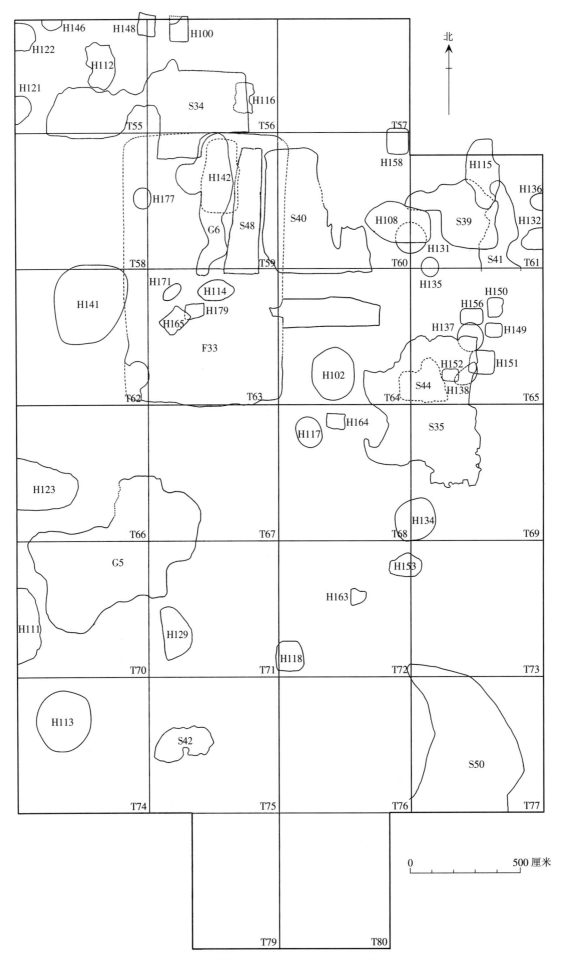

图 3 - 1 - 11　V区大溪文化第二期生活遗迹分布平面图

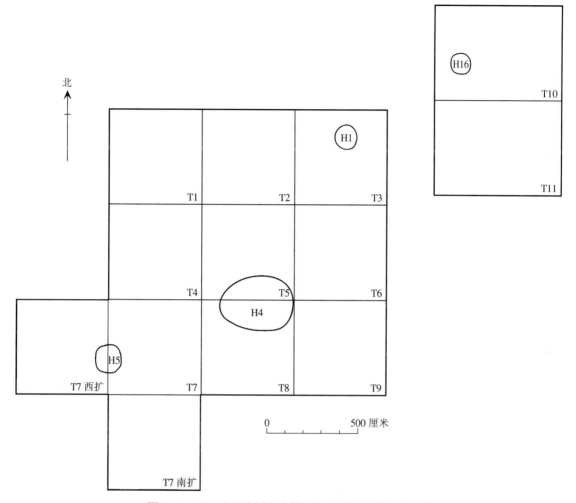

图 3 - 1 - 12　Ⅰ区大溪文化第三期生活遗迹分布平面图

　　25 座房址中，形状清楚的房址有 13 座，即 F1、F2、F9、F22、F25、F26、F28～F30、F33～F36。其中，有 4 座即 F34、F33、F22、F30 保存良好，尤其是 F22、F30 已经就地作回填保护。按照平面形状的不同，13 座房址可分长方形（8 座）、方形（2 座）、圆形（2 座）、椭圆形（1 座）四种。

　　25 座房址中，形状不清楚的疑残房址有 12 座，即 F3、F24、F27、F31、F32、S11、S23、S34、S40、S46、S47、S50。其中，F3、S50 疑为圆形或椭圆形残房址，其余都是疑为方形或长方形残房址。

　　现在按照长方形房址、方形房址、圆形房址、椭圆形房址、疑为方形或长方形残房址、疑为圆形或椭圆形残房址的顺序报道如下。

［一］长方形房址

　　8 座。其中，无条形基槽的 4 座：T58⑦F34（第一期晚段），T63⑥AF33（第二期），T52④AF9、T38④BF1（皆第三期）；有条形基槽的 4 座：T68⑦F35（第一期晚段），T76④BF30、T67④AF36（皆第三期），T77③AF25（第四期）。现分别叙述如下。

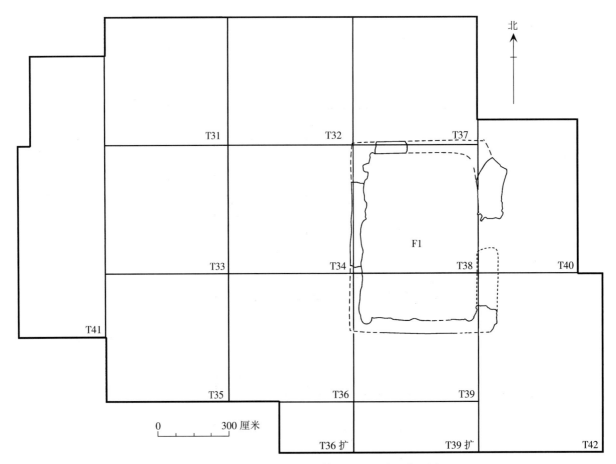

图 3－1－13　Ⅲ区大溪文化第三期生活遗迹位置图

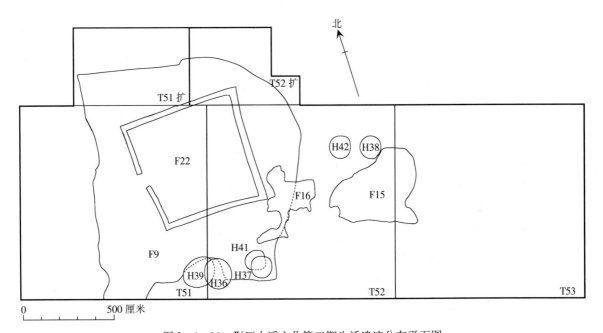

图 3－1－14　Ⅳ区大溪文化第三期生活遗迹分布平面图

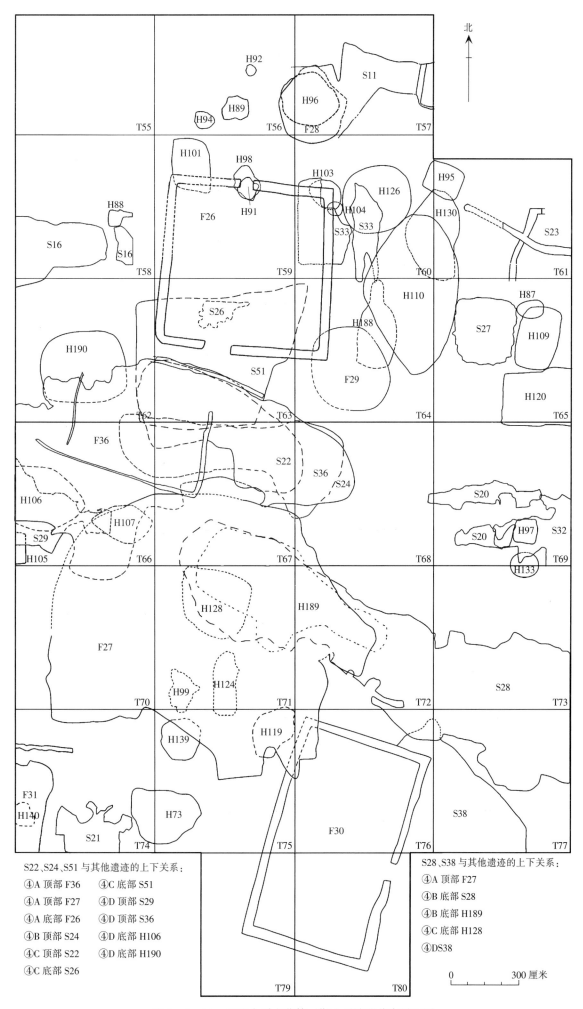

图 3 - 1 - 15　Ⅴ区大溪文化第三期生活遗迹分布平面图

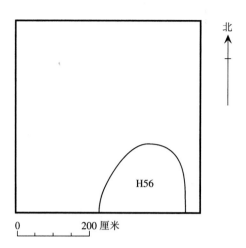

图 3 - 1 - 16　T54 大溪文化第三期生活遗迹位置图

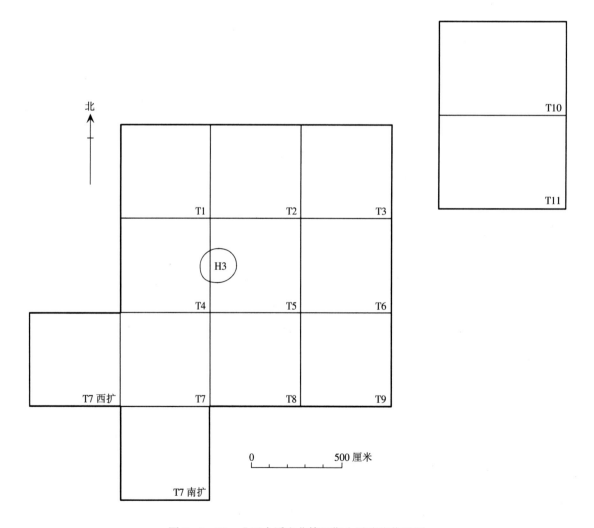

图 3 - 1 - 17　Ⅰ区大溪文化第四期生活遗迹位置图

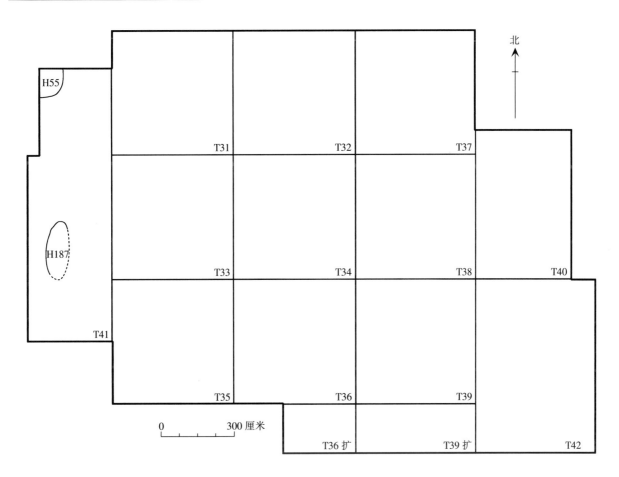

图 3 - 1 - 18　Ⅲ区大溪文化第四期生活遗迹分布平面图

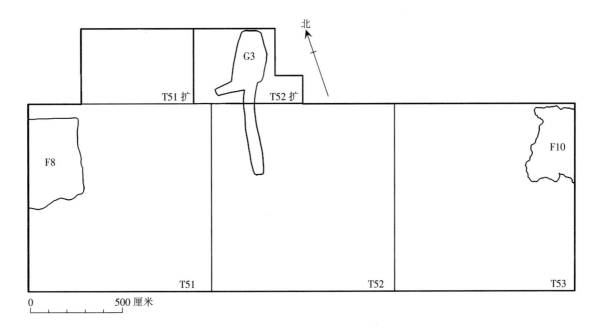

图 3 - 1 - 19　Ⅳ区大溪文化第四期生活遗迹分布平面图

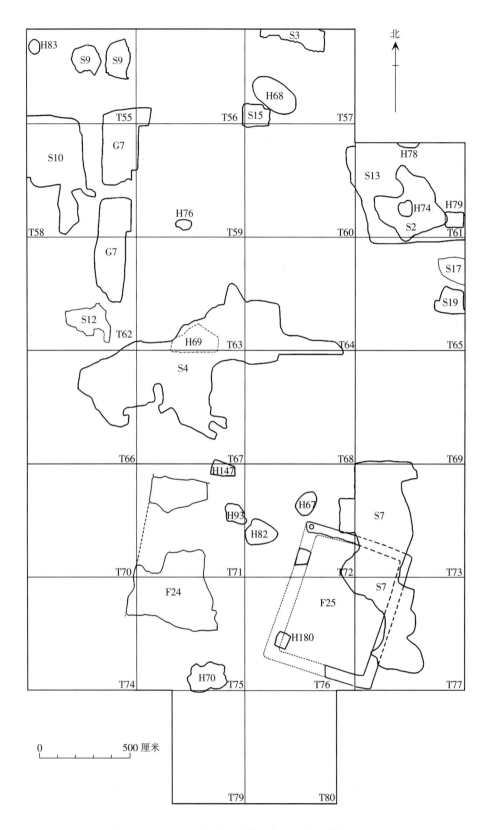

图 3－1－20　Ⅴ区大溪文化第四期生活遗迹分布平面图

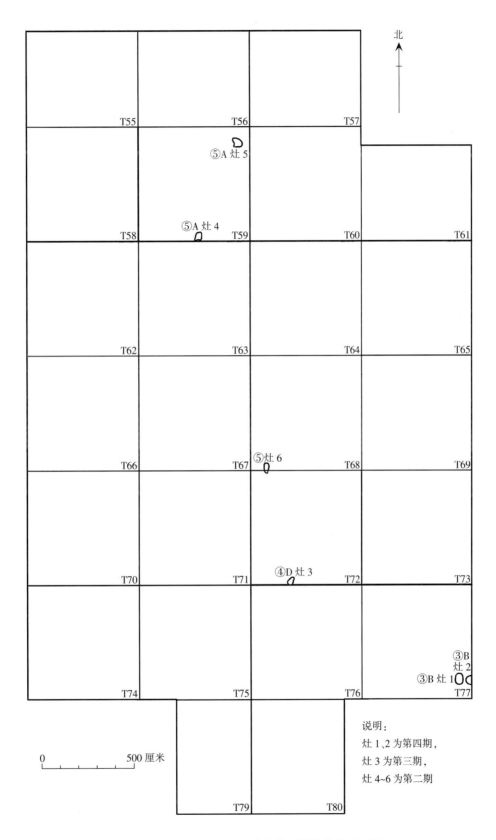

图 3 - 1 - 21　Ⅴ区大溪文化各期零散灶分布平面图

房址 F34

主要位于 T55、T58⑦层顶部，延伸到 T56、T59、T62、T63，南边中部的散水被⑤A 底 H141 打破，屋内西北部被⑤底 H112 打破，屋内东北部叠压在⑦底 H182 之上，东南角的散水叠压在⑥AF33 的垫层之下，属于第一期晚段。28 号柱坑西南 88 厘米处的居住面海拔 47.51 米，距地表深 2.02 米，比遗址西缘的水稻田高 2.03 米。平面呈圆角长方形，门向西，无门道，西壁的方向为北偏东 10°。

F34 由屋内地面、墙壁、屋内支柱、三联灶与火塘、散水五部分构成（图 3 - 1 - 22）。

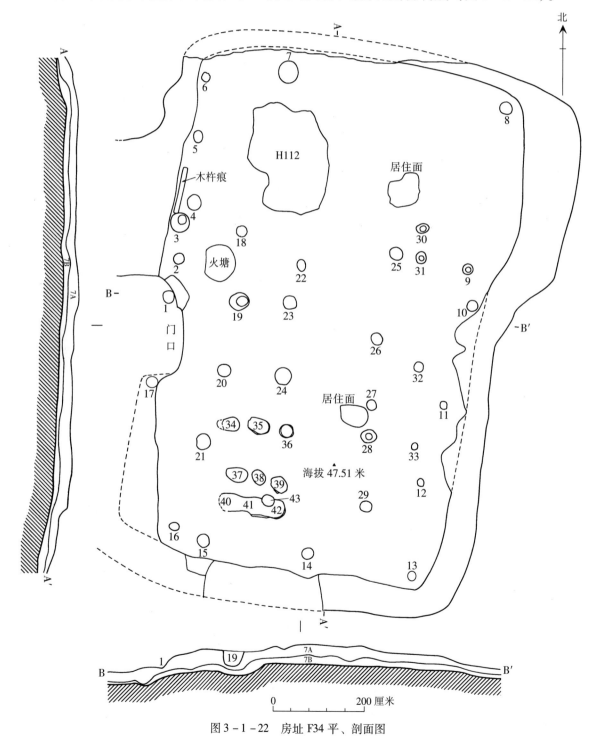

图 3 - 1 - 22　房址 F34 平、剖面图

（一）屋内地面

屋内地面由垫层和居住面两部分构成。

1. 垫层

可分两层：下层即⑦B层，用灰白色黏土铺成，质地较松散，厚8～24厘米；上层即⑦A层，用红烧土渣掺和少量黄色黏土铺成，二者结合紧密，表面较平整，厚12～38厘米。

2. 居住面

在屋内东北部25号柱坑的北边和东南部27、28号柱坑的西边，各残存一片居住面，残长分别为88、68厘米。均为两层，都用黏土泥料抹成，经过烧烤。下层厚约13厘米，深红色；上层厚约2厘米，橙红色，表面平整。

（二）墙壁

没有挖条形基槽，只采用挖柱坑的方式，在地面四周的柱坑内树立木柱，作为墙壁内的主要骨架。有圆形柱坑17个即1～17号，直径20～48、深8～40厘米（图3-1-22，1～17）。其中，3、9号柱坑之内可以看到柱洞（柱坑系指为树立柱子而挖成的坑子，柱洞系指柱脚腐朽后遗留下来的洞穴，在这里可以将"柱洞"与"柱坑"两个概念明确地区分开来）。3号柱坑直径42、柱洞直径20、深40厘米，柱坑呈弧壁、锅底状，柱洞为直壁、底近平。柱洞位于柱坑内的东北部，柱坑内有二层台，（从柱坑底至台面）高15厘米，明显小于柱坑的深度（40厘米），这是柱脚周围空当中所夯的土没有达到柱坑口部所致，木柱周围的空当中用红烧土渣夯实，柱洞内填土（柱脚腐朽后进入的土）为黑灰色土（图3-1-23，3）。9号柱坑直径27、柱洞直径13、深12厘米，柱坑、柱洞均为直壁、平底，柱脚周围空当中所夯的土达到柱坑口部，因此柱坑内没有形成二层台，柱洞内的填土为灰白色松土（图3-1-23，9）。

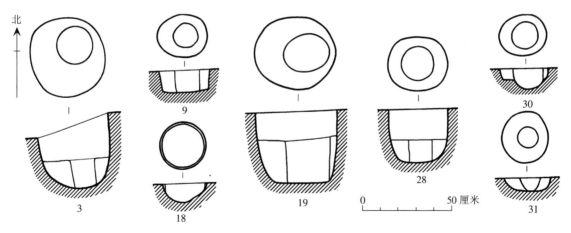

图3-1-23　房址F34柱坑及柱洞平面、剖视图

从四个墙角内侧的柱坑即6、8、13、16号柱坑之间的距离测量，得知东墙长10.36米，南墙残长5.5米，西墙残长6.8米，北墙长6.74米。在线图上将西南角用虚线复原之后，南墙长应为6.5米，西墙长应为9.6米。不包括散水，建筑面积约66平方米，属于大型房址。

西墙中部有门，平面呈凹字形，向屋内凹进约70厘米，南北宽140厘米。门口南侧残，北、南两侧各有一个柱坑，即1号、17号柱坑。1号柱坑直径27、深20厘米；17号柱坑尚存东壁及底部，直径 22、深 23 厘米。两个柱坑的中心相距 180 厘米。这两个柱坑内可以安置门柱，门柱顶上可以架设横向的"过木"，过木上可以架设椽子，门朝屋外开。

外墙倒塌在屋内地面上。由于红烧土墙壁往往从中间的木质骨架处开裂成两半，现存的红烧土块仅是墙壁的一半，即朝屋内半壁或朝屋外半壁。举例如下：

F34∶4（图 3 - 1 - 24，1），为西北角墙壁朝屋内一半。墙体用掺和红烧土渣及少量稻草截段①的黏土泥料筑成，质地松软，抹面用纯黏土（系指没有人为加入"羼和料"的黏土）泥料抹成，质地稍硬，均为橙黄色，根据硬度估计烧成温度约 500℃，残高 13.5、残宽 13.2、半壁厚 8.3 厘米。墙体上有抹面 1 层，厚 0.9～1.3 厘米，横断面呈弧形，表面平整。另一面凹凸不平，是与朝屋外半壁的接触面。墙体内有木柱痕迹，残长 13、直径 7 厘米。

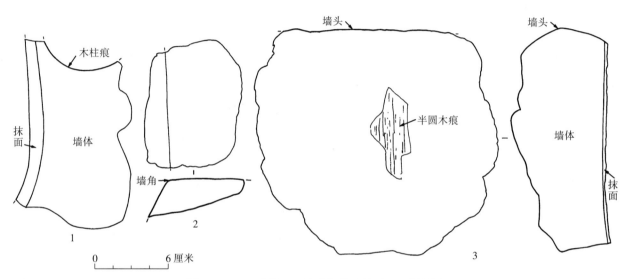

图 3 - 1 - 24　房址 F34 墙壁红烧土块平面、侧视图
1. F34∶4 西北角墙壁朝屋内一半　2. F34∶5 东北墙角　3. F34∶2 西南部墙头朝屋内一半

F34∶5（图 3 - 1 - 24，2），为东北墙角一部分。墙体用掺和少量稻壳的黏土泥料筑成，橙黄色，质地松软，墙体朝屋外一面没有抹面，墙角的两面连成钝角（约 118°），残高 9.5、残宽 7.6、残厚 3 厘米。

F34∶2（图 3 - 1 - 24，3），为西南部墙头朝屋内一半。墙体用掺和红烧土块及少量稻草截段的黏土泥料筑成，质地松软，抹面用掺和少量稻壳的黏土泥料抹成，质地稍硬，均为橙黄色，估计烧成温度约 500℃，残高 17.5、残宽 19.5、半壁厚 7.7 厘米。墙体上有抹面一层，表面略平整，厚 0.3 厘米。墙头上有棱脊，棱脊两侧连成钝角（约 128°），剖面呈人字形，墙头上既没有二层台，也没有抹面，这是在本遗址所见年代最早、没有二层台的墙头。另一面凹凸不平，是与朝屋外半壁的接触面，留有半圆木痕迹 1 条，残长 7.2 厘米，有劈裂痕。

如上所述，墙壁朝屋内一面有抹面，朝屋外一面没有抹面，墙头上既没有二层台，也没有抹面。

---

① 用刀具将稻草切割成一段段，掺和在泥料中起筋骨拉力作用，防止泥料在干燥收缩过程中开裂，这是红烧土特有的"羼和料"，在陶器中未见。

（三）屋内支柱

屋内有圆形柱坑16个，即18～33号柱坑，直径20～44、深7～38厘米（图3-1-22，18～33）。按南北向排列成4行：西起第1行4个即18～21号柱坑；第2行3个即22～24号柱坑，位于屋内纵向中轴线西侧；第3行5个即25～29号柱坑；第4行4个即30～33号柱坑。

有5个柱坑即18、19、28、30、31号柱坑内可以看到柱洞。其中，18号柱坑口径25、柱洞直径23（与柱坑口径相近，因此空当甚小）、深10厘米，柱坑呈锅底状，柱洞为直壁、圜底，洞内填土为黑色松土（图3-1-23，18）。19号柱坑口径38～44、柱洞直径20～25、深38厘米，柱坑呈弧壁、平底，柱洞为直壁、平底，位于柱坑内东部，柱坑内有二层台，（从柱坑底至台面）高24厘米，明显低于柱坑的深度，柱洞内填土为黑色松土（图3-1-23，19）。28号柱坑口径33、柱洞直径17、深28厘米，二层台高11厘米，柱坑呈弧壁、圆角、底近平，柱洞为直壁、平底，柱洞内填土为黄色及灰白色松土（图3-1-23，28）。30号柱坑口径21～26、深6厘米，柱坑呈斜壁、平底，柱洞直径14、深11厘米，明显超过柱坑的深度，这是柱坑所在部位土质松软、柱脚下沉所致，柱洞为直壁、圜底，为了防止柱脚下沉，柱脚周围的空当中用碎陶片和红烧土渣夯实，但是柱脚还是下沉了，柱洞内填土为灰黑色松土（图3-1-23，30）。31号柱坑口径25、柱洞直径11、深7厘米，柱坑呈弧壁、圆角、底近平，柱洞为圜底，柱脚周围的空当中也用碎陶片和红烧土渣夯实，柱洞内填土为灰黑色松土（图3-1-23，31）。

屋内柱坑有两点值得注意：一是柱脚有两种形状，18、30、31号柱脚都修成圜底状，19、28号柱脚都修成平底状，相对而言，平底状的柱脚不易下沉，圜底状的柱脚容易下沉，例如30号；二是30、31号柱脚周围的空当中都用碎陶片和红烧土渣夯实，这是加固柱脚、防止柱脚下沉或歪斜的重要措施。

顺便提及，在屋内西南部有1个属于第6层的柱坑，编号为43，打破41、42号灶（图3-1-22，43）。

（四）三联灶与火塘

1. 三联灶

屋内西南部有9个袋形灶按东西向排列成3行（图3-1-25；图版八，1；表3-1-1），每行3个灶联系在一起，故称"三联灶"，灶膛之间有孔洞相通，灶底相连，灶口之间有红烧土横梁相隔，横梁为南北向，呈拱形，只有西边一个灶有灶门。灶壁和灶底均用黏土泥料抹成，厚2～3厘米，表面光滑，灶壁橙黄色，灶底深红色，质地坚硬，是经过长时间烧火使用所致。灶底建在红烧土垫层内，灶面高于周围地面约8厘米。灶内填土为黄色松土。

（1）第1行三联灶

由34、35、36号灶联系而成。34号灶在西边，灶口呈椭圆形，长轴约40、短轴28厘米，灶底直径46、深34厘米。灶口西侧有灶门，灶门上面的横梁残缺。灶门长约12、底宽16厘米。35号灶在中间，灶口呈椭圆形，长轴50、短轴32、深22厘米。灶口西侧有横梁，宽18、厚4厘米，横梁下面的孔洞呈拱形，底宽34、高24厘米。36号灶在东边，灶口呈圆形，直径46厘米，灶底直径32、深28厘米，东壁垂直。灶口西侧有横梁，宽24、厚4厘米，下面的孔洞呈拱形，底宽34、高26厘米。

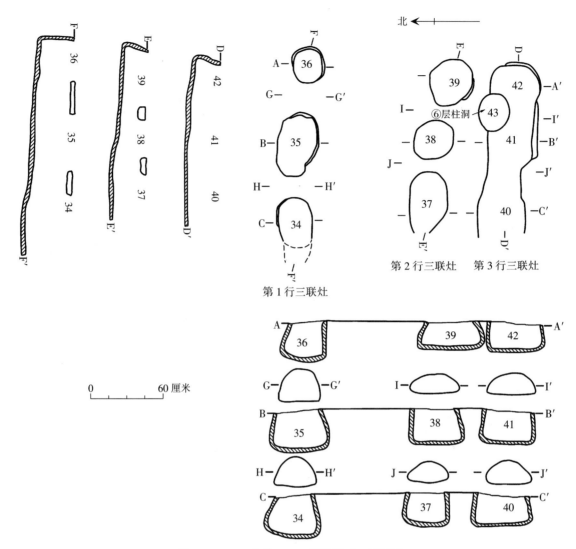

图 3 - 1 - 25 房址 F34 三联灶平面、剖视图

第 1 行三联灶的灶底总长 170 厘米，略呈斜坡状，西端比东端低 13 厘米，有利于火势逐渐上升。

（2）第 2 行三联灶

位于第 1 行三联灶以南，相距 76 ~ 86 厘米。由 37、38、39 号灶联系而成。37 号灶在西边，灶口呈椭圆形，长轴约 42、短轴 30 厘米，灶底直径 32、深 24 厘米。灶内有烧火使用时遗留的炭屑。灶口西侧有灶门，长约 6、底宽 12 厘米，灶门上面的横梁残缺。38 号灶在中间，灶口呈椭圆形，长轴 34、短轴 20 厘米，灶底直径 40、深 24 厘米。灶内也有炭屑。灶口西侧有横梁，宽 10、厚 4 厘米，横梁下面的孔洞略呈拱形，底宽 33、高 18 厘米。39 号灶在东边，灶口呈椭圆形，长轴 40、短轴 34 厘米，灶底直径 48、深 20 厘米。灶口西侧的横梁宽 11、厚 6 厘米，横梁下面的孔洞呈拱形，底宽 40、高 14 厘米。

第 2 行三联灶的灶底总长 136 厘米，略呈斜坡状，西端比东端低 9 厘米，有利于火势逐渐上升。

（3）第 3 行三联灶

位于第 2 行三联灶以南，相距 12 ~ 24 厘米，与南墙相距 50 厘米。由 40、41、42 号灶联系而成，灶门上部、灶口之间的横梁都已经残缺，但是灶壁上部留有断茬。40 号灶在西边，灶口直径 40、灶底直径 44、深 24 厘米。41 号灶在中间，灶口直径 36、灶底直径 40、深 22 厘米。灶西侧的孔洞呈拱形，底宽 38、残高 14 厘米。42 号灶在东边，灶口直径 40、灶底直径 42、深 22 厘米。西侧的孔洞呈拱形，底宽 40、残高 12 厘米。1 个属于第⑥层的柱坑（43 号）打破 41、42 号灶交界处北壁。

表 3-1-1　　　　　　　　　　　房址 F34 三联灶登记表　　　　　　　　　（长度单位：厘米）

| 行别 | 灶号 | 灶口 | | 灶底直径 | 深度 | 灶壁状况 | 灶底状况 | 灶门或孔洞 | 灶内填土及包含物 |
		形状	直径或长轴、短轴						
第1行	34	椭圆形	长轴约 40 短轴约 28	46	34	红烧土	浅黄色烧土	灶口西侧有灶门，门上面有横梁、已残	黄色松土，夹杂较多灰白色土，出土红陶罐口沿 1 片
	35	椭圆形	长轴 50 短轴 32	22	22	红烧土	深红色烧土	灶口西侧有横梁，梁下有孔洞	黄色松土
	36	圆形	直径 46	32	28	红烧土	浅黄色烧土	灶口西侧有横梁，梁下有孔洞	黄色松土，出土红陶 1 片
第2行	37	椭圆形	长轴 42 短轴 30	32	24	红烧土	深红色烧土	灶口西侧有灶门，门上面有横梁、已残	灶内有炭屑，夹杂红烧土渣、少量灰白色土，出土红陶 2 片
	38	椭圆形	长轴 34 短轴 20	40	24	红烧土	深红色烧土	灶口西侧有横梁，梁下有孔洞	灶内有炭屑，黄色松土，出土红陶 2 片
	39	椭圆形	长轴 40 短轴 34	48	20	红烧土	深红色烧土	灶口西侧有横梁，梁下有孔洞	黄色松土，夹杂较多红烧土渣
第3行	40	不详	40	44	24	红烧土	深红色烧土	灶口西侧有灶门，门上的横梁已残	黄色松土，夹杂较多红烧土渣
	41	不详	36	40	22	红烧土	深红色烧土	灶西侧有孔洞，洞上的横梁已残	黄色松土，夹杂较多红烧土渣
	42	不详	40	42	22	红烧土	深红色烧土	灶西侧有孔洞，洞上的横梁已被⑥层的 43 号柱洞打破、并且断裂	黄色松土，夹杂较多红烧土渣

注：有些考古刊物上将椭圆形的尺寸称为"长径""短径"，本报告根据椭圆体的定义将其改称为"长轴""短轴"。

第 3 行三联灶的灶底残长 130 厘米，略呈斜坡状，西端比东端低 6 厘米，有利于火势逐渐上升。

上述三行三联灶有六个特点：一是灶口多数呈椭圆形，口上放置横断面呈圆形的陶圜底罐或釜等炊器之后，旁边自然地留有空隙可以出烟；二是灶底直径大于灶口，因而灶膛的体积较大，可以容纳较多柴草燃料；三是灶膛之间的孔洞呈拱形，因而孔洞上方的横梁比较牢固，不易坍塌；

四是灶门较低，具体地说，三行三联灶的灶底都略呈斜坡状，西端比东端低 6～13 厘米，有利于灶内的火势顺着斜坡逐渐上升；五是置于西边的灶（34、37、40 号灶）上的炊器直接置于火源之上，受热最强，炊器内的食物先煮熟，中间的灶（35、38、41 号灶）和东边的灶（36、39、42 号灶）上的炊器间接地受到火力，经过预热之后，可以依次向西转移，也能较快地将食物煮熟，这样既节省时间又节省燃料，这是三联灶的显著优点；六是在第 1 行与第 2 行三联灶之间、第 3 行三联灶与南墙之间都留有较宽的空地，可供数人同时在空地上进行炊事操作，以便满足集体用餐的需要。三联灶和其间的空地一起构成 F34 的小厨房。

2. 火塘

位于屋内西部偏北，2 号柱坑以东（图 3-1-22），与 2 号柱坑相距 46 厘米。火塘壁与底面用红烧土渣掺和少量黏土筑成，结合紧密。平面呈圆形，直径 76 厘米，但是西部为直边。剖面呈浅坑状，西边与火塘外侧的红烧土地面平齐，其余部分为直壁，底面略平，东部深 12 厘米。

F34 屋内既有三行三联灶，又有火塘，表明两者在使用功能上有所不同：三联灶专门用于炊事活动，火塘则炊事、防潮和冬季烤火取暖三用。

（五）散水

散水用红烧土渣掺和少量黏土铺成，厚 8～22 厘米，平面呈圜状，剖面呈缓坡状向外倾斜，便于排水，保护墙基。东北角、东南角呈圆角，西南角残缺，西北角在发掘区之外。东边散水长 11、北部宽 1.12、南部宽 0.7 米，中部内凹。门口外面的散水比其北侧的散水低 10 厘米。

从上述 F34 各部分之间的关系可知其施工程序如下：先铺设垫层和抹居住面，筑三联灶，挖好柱坑，再建造外墙；墙壁和居住面经过烧烤之后，在屋内树立木柱，架设屋顶的结构层，未见屋面红烧土块，推测用茅草覆盖屋面；最后在屋外铺设散水。

F34 位于关庙山遗址 V 区（关庙山聚落中心区）西北部，建筑面积约 66 平方米，属于大型房址；屋内设施齐全，既有三行三联灶，又有一个火塘，可供多人同时进行炊事活动和冬季烤火取暖。这表明 F34 是第一期晚段聚落的核心建筑，应是大家族的住房，也可能是氏族首领驻地或集会议事的场所。

在 3 号柱坑（图 3-1-22，3）北边有一条南北向的小沟，长 100、宽 10、深 10 厘米，沟壁整齐光洁，横断面和两端都呈弧形，沟内填土为灰色土，这是将一根除去树皮的木杵埋在墙脚之下作为奠基物腐朽之后遗留的痕迹。大溪文化居民以种植水稻作为主要的生活来源，木杵是舂米的工具之一，在关庙山遗址木杵是与陶臼配套使用的。这里顺便提一下，1973 年长江流域第二期文物考古工作人员训练班将湖北宜都县（现名宜都市）红花套遗址作为实习地点，在该遗址 T27 东南部第 5 层曾经发现木杵和土臼遗迹①，这表明在红花套遗址木杵是与土臼配套使用的。

F34 屋内地面上出土的陶器较少，有陶碟 1 型 Ⅱ 式 2 件（F34：96、97，见图 3-4-33，6、

---

① 长江流域规划办公室文物考古队：《宜都红花套原始社会村落遗址一九七三年发掘简报》（执笔者李文杰，铅字打印本）记载："土臼保存较好的有 2 个，都位于 T27 的东南部，锅底状圆坑，周壁坚硬光滑。第 1 号土臼口径 0.44、深 0.29 米，东壁呈斜坡状。第 2 号土臼口径 0.27、深 0.23 米。另外在土臼附近发现木杵痕迹，长 1.40 米，中部较粗，直径 0.14 米，两端呈圆头。"T27 原先是由黄景略辅导训练班学员发掘的，土臼和木杵都是在训练班结束后由李文杰清理的。

5）、1型Ⅲ式3件（F34：39、94、100，见图3-4-33，12、13、9），三足盘1型1件（F34：63，见图3-4-56，1），器盖16型的纽1件（F34：62，见图3-4-156，7）。此外，还有器座1型Ⅰ式（鼓形大器座）残片。

房址 F33

主要位于T59、T63⑥A层，还延伸到T58、T60、T62、T64，北部被⑤A底G6打破，南部被⑤B底H165、H171、H179打破，叠压在疑为方形或长方形残房址⑤A顶S40、⑤A底H114、残垫层⑤B顶S48之下，⑥B顶H142之上，西部垫层叠压在⑦顶F34东南的散水之上，属于第二期。露出时距地表深2.16~2.5米。平面呈圆角长方形，门向东，无门道，东壁方向为北偏东4°。

F33由屋内地面、墙壁、屋内支柱、四联灶与火塘四部分构成（图3-1-26；图版八，2）。

（一）屋内地面

屋内地面由垫层和居住面两部分构成。

1. 垫层

用红烧土块掺和黄色黏土铺成，两者的比例约1∶1，结构紧密，厚4~35厘米，中部较厚稍高。南北长12.2、东西宽5.16米。东南角、东北角呈圆角，西南角和西北部残缺，包括屋内垫层在内，不包括门前的红烧土道路，残存建筑面积约54平方米，图上用虚线复原之后建筑面积约62平方米，属于大型房址。

2. 居住面

仅在10号与11号柱坑之间残存一片，残长140、残宽60厘米，用掺和红烧土渣的黏土泥料抹成，经过烧烤，为橙红色。分为两层，上层厚4.9厘米，表面光平；下层厚4.5厘米。

（二）墙壁

墙壁直接建在垫层上，没有挖条形基槽，采用挖柱坑的方式，存有圆形柱坑2个即1、2号柱坑（图3-1-26，1、2）。1号柱坑在西壁南部，直径14.5、深22厘米（图3-1-27，1；表3-1-2，1）；2号柱坑在北壁东部，直径20、深15厘米（图3-1-27，2；表3-1-2，2）。在柱坑内树立木柱之后，柱脚周围的空当中用红烧土渣夯实。东壁中部偏南有门口，宽94厘米。屋内有门坎（又称门槛、门限），残长70、宽60、高28厘米，外侧垂直。门坎用黏土泥料抹成，经过烧烤。门坎西边有一片地面较低，东西长170、南北宽140厘米，呈缓坡状。门口东边有一条红烧土道路，其做法是：首先挖一条沟槽，东西长320、南北宽66~96、深16~25厘米，横断面呈锅底状；然后用红烧土渣将沟槽填实，作为路面。可能由于当时缺乏其他房屋倒塌而产生的红烧土块可供利用，F33屋外的散水为普通地面，没有用红烧土块铺成散水，只在门外铺设红烧土道路，以便人们出入行走，尤其是在下雨天行走。红烧土道路是第三、第四期大面积红烧土场地的前身之一。

墙壁倒塌在屋内的地面上。现将墙壁红烧土块举例如下：

F33：9（图3-1-28，1；图版九，1），为墙壁。墙体用掺和红烧土渣及少量稻草截段的黏土泥料筑成，朝屋外的抹面（系指在墙体表面抹的泥层）用黏土泥料掺和少量稻壳抹成，朝屋内的抹面用纯黏土泥料抹成，均为橙红色，质地稍硬，估计烧成温度约600℃，残高21.6、残宽16.5、

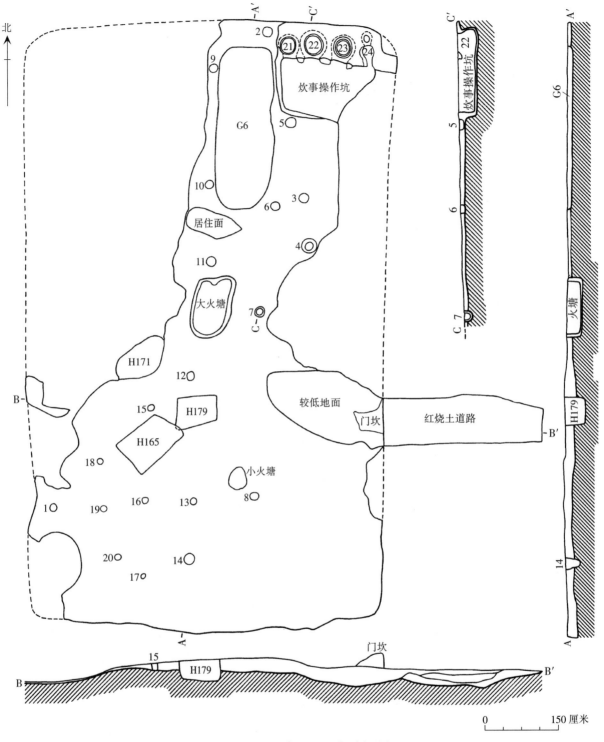

图 3 - 1 - 26　房址 F33 平、剖面图

厚 7～8.5 厘米。朝屋外有抹面 1 层，厚 0.8～2 厘米，表面不平整，抹面上印有茅草痕迹，茅草秆（也称茅草茎）直径 0.2 厘米；朝屋内也有抹面 1 层，厚 0.9～1.4 厘米，表面亦不平整，没有茅草痕迹。

F33：10（图 3 - 1 - 28，2；图版九，2、3），为东墙北段南端（即门口北侧）一半。墙体用黏土泥料掺和红烧土块筑成，抹面用纯黏土泥料抹成，均为橙红色，质地稍硬，估计烧成温度约

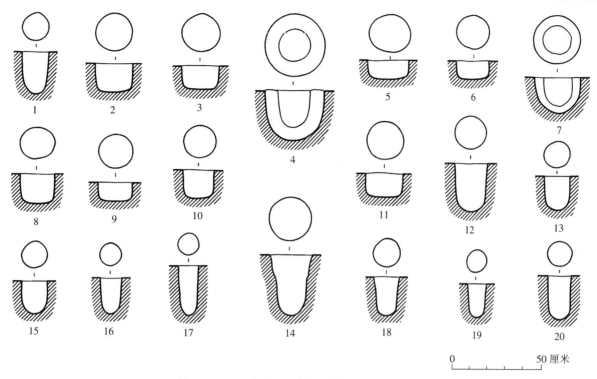

图 3 - 1 - 27　房址 F33 柱坑及柱洞平面、剖视图

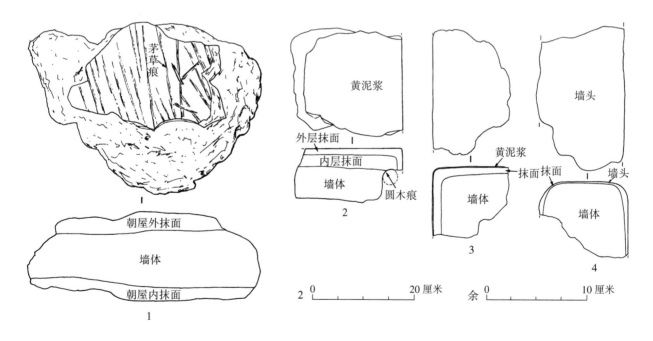

图 3 - 1 - 28　房址 F33 墙壁红烧土块平面、侧视图
1. F33：9 墙壁　2. F33：10 东墙北段南端　3. F33：8 东墙南段北端　4. F33：6 西墙壁墙头

600℃，从屋内测量，残高 20、残宽 22、残厚 10.5 厘米。靠近门口的墙体内有纵向的圆木痕迹 1 条，有树皮痕，残长 19.5、直径 3 厘米。墙的左右两面连成直角。朝屋内的墙体上有抹面 2 层：内层厚 2.4～2.8 厘米；外层厚 1.1～1.5 厘米，表面平整。外层抹面上粉刷黄泥浆 1 层。黄泥浆是用浅灰色黏土淘洗而成的，其含铁量较低，由于烧成温度偏低，泥浆变成黄色。

F33∶8（图3－1－28，3），为东墙南段北端（即门口南侧）一半。墙体用掺和红烧土渣的黏土泥料筑成，抹面用纯黏土泥料抹成，均为橙红色，质地稍硬，从屋内测量，残高11.5、残宽6.5、残厚7.5厘米。墙的左右两面连成直角，两面都有一层抹面，厚0.6～0.9厘米，抹面上粉刷黄泥浆3层，共厚1.5毫米。

上述F33∶10与F33∶8分别位于门口两侧，互相对称，具有类似"门框"的作用。二者的共同点是抹面上粉刷黄泥浆，这见本遗址所见年代最早的墙壁粉刷工艺。

F33∶6（图3－1－28，4），为西墙壁的墙头。墙体用掺和稻草截段的黏土泥料筑成，青灰色，质地松软，这些现象是氧化不充分所致，抹面用纯黏土泥料抹成，橙黄色，质地稍硬，残高7.2、残长13.5、厚8.8厘米。墙头上面平整，从纵剖面上看内外两角都呈圆角，没有二层台。墙体内外两面和墙头上面都有抹面1层，厚0.15～0.6厘米，抹面上没有粉刷黄泥浆。

（三）屋内支柱

屋内存有圆形柱坑18个即3～20号柱坑，直径11.5～32、深10～33厘米（图3－1－26，3～20；图3－1－27，3～20；表3－1－2，3～20）。按南北向排列成5行：东起第1行存有2个（3号、4号）；第2行有4个（5～8号）；第3行有6个（9～14号），位于屋内的纵向中轴线上，树立木柱支撑正脊；第4行存有3个（15～17号）；第5行存有3个（18～20号）。有2个柱坑（4号、7号）内可以看到柱洞：4号柱坑直径32、深26厘米，柱洞直径17、深19厘米，两者都呈圜底，柱脚周围的空当中用红烧土渣掺和黏土夯实，由于所用材料数量较大，夯层顶部略高于柱坑的口部（图3－1－27，4）；7号柱坑直径25、深19厘米，柱洞直径15、深15厘米，两者都呈圜底，柱脚周围的空当中用红烧土渣掺和黏土及陶片夯实（图3－1－27，7）。18个柱坑或柱洞内的填土均为黑灰色松土。

（四）四联灶与火塘

1. 四联灶

屋内东北角有4个袋形灶，即21～24号灶，按东西向联系在一起，故称"四联灶"，各灶的灶门都向南，灶膛之间不通，但是灶面相连（图3－1－26，21～24；图3－1－29；图版九，4；表3－1－3）。灶壁和灶底均用黏土泥料抹成，厚3～9厘米。灶壁为深红色，质地坚硬，灶底为橙黄色，硬度低于灶壁，产生这种差异是火势向上升的缘故。灶口之间的空当下部用灰色黏土填实，上部有抹面1层，厚4～6厘米，经过烧烤，为橙红色。灶面与红烧土地面的高度相近，灶底低于垫层24～39厘米。4个灶内的填土均为黑灰色松土，含木炭较多，尤其是23号灶的底部中央有一堆木炭，其堆积范围最大径30、厚10厘米。各灶的具体情况如下：

21号灶，在最西边。灶口呈椭圆形，长轴29、短轴25厘米，灶膛长46、宽55、深35厘米。灶门呈拱形，宽32、高26厘米。灶门上有横梁，宽11、厚11厘米。

22号灶，在21号灶东侧。灶口呈椭圆形，长轴36、短轴32厘米，灶膛长53、宽55、深38厘米。灶门呈拱形，宽32、高26厘米。灶门上有横梁，宽18、厚12厘米。

23号灶，在22号灶东侧。灶口呈圆形，直径26厘米，灶膛长50、宽45、深40厘米。灶门呈拱形，宽32、高26厘米。灶门上有横梁，宽10、厚15厘米。灶膛的剖面呈翻沿袋形罐状。

表 3-1-2　　　　　　　　　　　房址 F33 柱坑及柱洞登记表　　　　　　　　（长度单位：厘米）

编号	形状	口径或长轴、短轴	深度	坑壁状况	填土	包含物	备注
1	圆形	口径 14.5	22	斜壁，圜底	黑灰色松土		柱坑周围是红烧土壁，即在红烧土垫层上挖坑
2	圆形	口径 20	15	直壁，圆角，平底	黑灰色松土	少量木炭屑	柱坑周围是红烧土壁
3	圆形	口径 20	12	直壁，圆角，平底	黑灰色松土		
4	圆形	柱坑口径 32 柱洞口径 17	柱坑 26 柱洞 19	斜壁，圜底	黑灰色松土	少量木炭屑	柱脚周围的空当中用红烧土掺和黏土夯实，二者比例为 3:1
5	椭圆形	长轴 22 短轴 20	10	直壁，圆角，平底	黑灰色松土	少量木炭屑	
6	圆形	口径 18	10	直壁，圆角，平底	黑灰色松土	少量木炭屑	
7	圆形	柱坑口径 25 柱洞口径 15	柱坑 19 柱洞 15	斜壁，圜底	黑灰色松土	少量木炭屑	柱脚周围的空当中用红烧土掺和黏土及陶片夯实
8	椭圆形	长轴 19 短轴 16	16	直壁，圆角，平底	黑灰色松土		
9	圆形	口径 19	10	直壁，圆角，平底	黑灰色松土	少量木炭屑	
10	圆形	口径 17	15	直壁，圆角，平底	黑灰色松土		
11	圆形	口径 20	12	直壁，圆角，平底	黑灰色松土		
12	圆形	口径 12	24	斜壁，圜底	黑灰色松土		
13	圆形	口径 14	18	直壁，圜底	黑灰色松土		
14	圆形	口径 23	33	斜壁，圜底	黑灰色松土		
15	圆形	口径 14	17	直壁，圜底	黑灰色松土		
16	圆形	口径 12	19	斜壁，圜底	黑灰色松土		
17	圆形	口径 11.5	26	斜壁，圜底	黑灰色松土		
18	圆形	口径 14.5	20	斜壁，圜底	黑灰色松土		
19	圆形	口径 11.5	18	斜壁，圜底	黑灰色松土		
20	圆形	口径 13	23	直壁，圜底	黑灰色松土		

24 号灶，在最东边，特殊之处是有烟道和出烟口。灶口呈圆形，直径 28 厘米。灶口西南侧呈斜坡状，深 22 厘米。南侧有灶门，呈侈口圜底罐形，底宽 16 厘米，灶门上没有横梁。出烟口呈椭圆形，长轴 18、短轴 12 厘米，储烟腔宽 18、烟道长 21 厘米。出烟口南侧有横梁，宽 6、厚 4 厘米。横梁下面有孔洞，呈拱形，底宽 10、高 9 厘米。灶与烟道的底面相连，总长 70 厘米。灶较深，烟道较浅，两者连接处呈斜坡状，以便废烟气顺着斜坡上升再排出灶外。

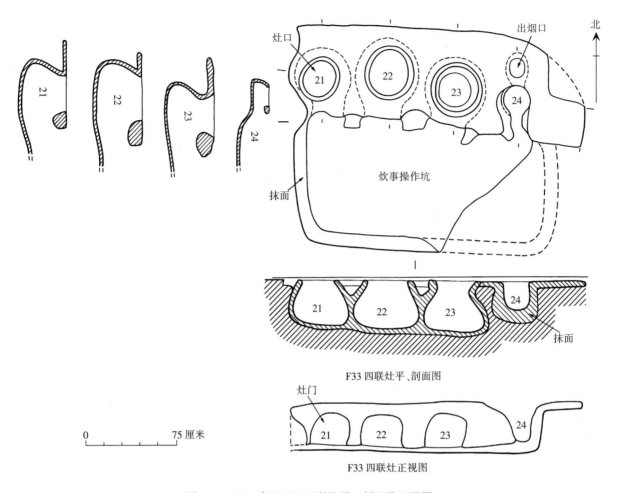

图 3 - 1 - 29　房址 F33 四联灶平、剖面及正视图

　　21 号、22 号两个灶的灶口相隔 28 厘米，灶底相隔 4 厘米。22 号、23 号两个灶的灶口相隔 23 厘米，灶底相隔 6 厘米。23 号、24 号灶的灶口相隔 21 厘米，灶底相隔 15 厘米。21 号灶的西壁与 24 号灶的东壁相距 194 厘米。灶门之间的隔梁下部都向南凸出。

　　上述 F33 的四联灶是由第一期晚段 F34 的三联灶发展而来的。但是，两种灶的排列方法明显不同：三联灶为纵向排列，一个接一个地连接起来；四联灶为横向排列，一个个并排地连接。引人注目的是，F33 的 24 号灶出现烟道和出烟口，它们对灶内的空气形成抽力，可使灶内氧气供应充足，柴草燃烧得比较充分，这是一个明显的进步。

　　四联灶的南边有一个长方形的炊事操作坑（图 3 - 1 - 26；图 3 - 1 - 29），东南部残缺，东西残长 190、南北宽 90、深 32 厘米，明显低于灶面和红烧土地面。西南角呈圆角。坑底有抹面 1 层，厚 4 ~ 6 厘米。坑壁也有抹面 1 层，厚 10 厘米，表面光滑，烧成温度较高，坑壁下端叠压在坑底的抹面之上，这表明先抹坑底，后抹坑壁。抹面都用黏土泥料抹成。坑的西壁北端与 21 号灶相连。坑内的填土中含有木炭和草木灰，木炭和草木灰应是从灶内扒出来的。在灶门前面专门设置此坑，便于屋主人站在坑内进行炊事活动，与 F34 的三行三联灶屋主人只能蹲在地上进行炊事活动相比是一个明显的进步。四联灶和长方形炊事操作坑一起构成 F33 的小“厨房”。

表 3 - 1 - 3　　　　　　　　　房址 F33 四联灶登记表　　　　　　　（长度单位：厘米）

编号	剖面形状	灶			灶门		灶膛				灶口		填土	包含物	灶壁厚度	灶壁烧烤使用程度
		长	宽	高	形状	高	宽	长	宽	深	进深	形状	直径或长轴、短轴				
21	袋形	52	65	39	拱形	26	32	46	55	35	61	椭圆形	长轴29短轴25	黑灰色松土	少量木炭和残陶片	4	灶壁用细泥抹成，经过烧烤，呈紫红色，质地坚硬
22	袋形	57	74	43	拱形	26	32	53	55	38	71	椭圆形	长轴36短轴32	黑灰色松土	较多木炭和残陶片	3	灶壁用细泥抹成，经过烧烤，呈紫红色，质地坚硬
23	袋形	56	70	44	拱形	26	32	50	45	40	68	圆形	26	黑灰色松土	很多木炭和残陶片	4	灶壁用细泥抹成，经过烧烤，呈紫红色，质地坚硬
24	半球形	38	44	32	侈口		16	22	27	22	42	圆形	28	黑灰色松土	较多木炭和残陶片	5	经过烧烤，但火候不如其他三个灶高

注：1. 东西为长。以两灶相连的烧土壁中段为分界线。

　　2. 南北为宽。只包含有灶壁的地方，包括灶门两侧墙，不包括灶面烧土宽度。

　　3. 灶膛进深以灶门口与灶膛烧土隔梁的中线为准。

　　4. 24 号灶北有出烟口，出烟口呈椭圆形，长轴 18、短轴 12 厘米。烟道长 21 厘米。储烟膛宽 18 厘米，储烟膛底部没有红烧土。

　　5. 22 号灶东、西两壁分别与 23 号、21 号灶壁紧密相连（即共用灶壁）。

　　6. 23 号灶内木炭极多，在灶底中部形成一个圆形木炭堆，直径 30、厚 10 厘米。

2. 火塘

屋内设有两个火塘（图 3 - 1 - 26）：中央有一个大火塘，平面略呈椭圆形，东、西两边略直，北边中部内凹。直壁，平底。底部有抹面 1 层，厚 2~3 厘米，四壁也有抹面 1 层，厚 4 厘米。火塘南北长 122、东西宽 84、深 24 厘米。南部偏东有一个小火塘，平面略呈椭圆形，南北长轴 46、东西短轴 36、深 21 厘米，剖面呈锅底状，有抹面 1 层，厚 1~2 厘米。

F33 屋内既有四联灶，又有火塘，表明两者在使用功能上有所不同：灶专门用于炊事活动，火塘则炊事、防潮和冬季烤火取暖三用。

F33 位于关庙山遗址 V 区（关庙山聚落中心区）的中部偏北，其残存建筑面积约 54 平方米，在线图上用虚线复原后建筑面积约 62 平方米，属于大型房址；屋内设施齐全，既有四联灶，又有两个火塘，可供多人同时进行炊事活动和冬季烤火取暖。这些情况表明，F33 是第二期聚落的核心建筑，应是大家族的住房，也可能是氏族首领驻地或集会议事的场所。

F33 东南角的红烧土垫层中有 4 件石斧并排埋在一起作为奠基物（图版九，5）。其中大型石斧BⅡ式1件（F33：3，见图3-5-3，2）、CⅠ式1件（F33：4，见图3-5-4，4）、中型双刃石斧CⅠ式1件（F33：5，见图3-5-18，2）、残存石斧刃部1件（F33：6）。在北部的地面上出土三足盘1型Ⅰ式1件（F33：2，见图3-4-56，2），在2号灶内出土圈足碗8型Ⅱ式1件（F33：1，见图3-4-21，4）。此外，还出土有圜底大盆和鼓形大器座的残片。

房址 F9

主要位于T51东部、T52西部④A层底部，延伸到T51扩、T52扩，东北部被③底G3打破，南边散水被④A顶H36、H37和④A底H39、H41打破，整座房址叠压在④BF22之上，东部叠压在红烧土堆积④AF16之下，属于第三期。5号柱洞以北75厘米处海拔49.20米，比现在遗址西缘的水稻田高3.72米，距地表深0.8米。平面呈长方形，门向南，没有门道，西壁的方向为北偏东14°。

F9由屋内地面、墙壁、屋内支柱、火塘、散水五个部分构成（图3-1-30A；图版一〇，1）。

（一）屋内地面

屋内地面有三层：下层为垫层，用掺和少量陶片的黄色黏土铺成；中层与散水同时形成，两者连成一片，用掺和少量黏土的红烧土块铺成；上层用掺和少量黏土的红烧土渣铺成，经过拍打，结构紧密，表面平整。三层共厚12～35厘米，铺成之后都未经烧烤。

（二）墙壁

没有挖条形基槽。在墙脚部位铺设中层地面的同时树立木柱，用红烧土块和少量黏土将柱脚加以固定，外墙存有圆形柱洞40个即7～46号柱洞，直径12～28、深9～27厘米，边缘至边缘间距25～142厘米（图3-1-30A，7～46；图3-1-31，7～46；表3-1-4，7～46）。其中，北墙中部的28号、29号柱洞为直壁、平底，洞壁规整光滑，应为毛竹（又称南竹）柱洞。从四个墙角柱洞（15、22、34、42号柱洞）之间的距离测量，东墙长6.05、南墙长9.67、西墙长4.92、北墙长8.62米，不包括檐廊和散水，建筑面积约50平方米，属于大型房址。南墙中部的7号、46号柱洞之间有门，宽1.32米。

南墙外侧设有檐廊，存有圆形柱洞8个即47～54号（图3-1-30A，47～54；图3-1-31，47～54；表3-1-4，47～54），直径15～25、深8～15厘米，边缘至边缘间距52～150厘米。檐廊长度应与南墙相同（9.67米），宽90～125厘米。檐廊东端原先应有一个柱洞，已经被破坏，平面图上用虚线表示，没有编号。这些柱洞用于树立廊柱。

从F9的平面图上看，外墙的柱洞排列密集，间距较小；廊柱的柱洞排列较稀，间距较大，原因是：有少量廊柱即可承载檐廊上方另加的屋檐，因为其重量较轻；廊柱排列较稀，以便檐廊透光较好。

廊柱不是突然出现的，应是由擎檐柱演变而来。同属第三期的F1（见图3-1-34）西墙脚外侧有圆形柱洞3个，F26（见图3-1-59A）北墙基东段外侧有圆形柱洞1个，这些柱洞都是用于树立擎檐柱，支撑伸出较长的屋檐，以便保护墙基。F9屋顶南部接出更长的屋檐，不仅可以更好地保护南墙基，而且还在屋檐之下形成一条檐廊便于行走，擎檐柱也就演变成廊柱了。F9的檐廊是我国新石器时代较早檐廊的重要例证。

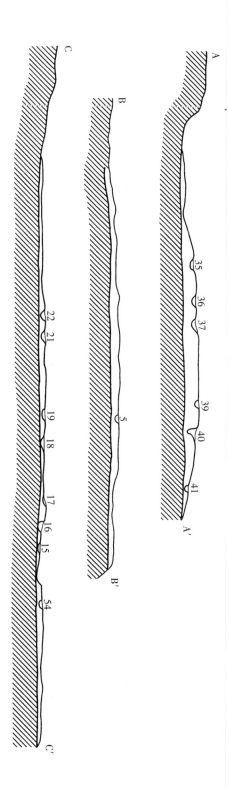

表 3 - 1 - 4　　　　　　　　　　　房址 F9 柱洞登记表　　　　　　　　（长度单位：厘米）

编号	位置	形状	口径	深度	洞壁状况	洞内填土
1	屋内东北部	圆形	25	13.5	红烧土边，锅底状	灰色松土
2	屋内北部	圆形	26	13	红烧土块边，斜壁，圆角，底近平	灰色松土
3	屋内西北部	圆形	18.5	12	红烧土边，斜壁，圆角，平底	灰色松土
4	屋内东南部	圆形	25	12.5	红烧土边，锅底状	灰色松土
5	屋内南部	圆形	15	13.5	红烧土边，直壁，圆角，圜底	灰色松土
6	屋内西南部	圆形	24	21	红烧土边，斜壁，圜底	灰色松土
7	南墙中部	圆形	18	10	红烧土边，斜壁，圜底	灰色松土
8	南墙中部	圆形	19.5	26.5	红烧土边，斜壁，圜底	灰色松土
9	南墙中部	圆形	15	12	红烧土渣边，斜壁，圜底	灰色松土
10	南墙中部	圆形	17	15.5	红烧土边，斜壁，圜底	灰色松土
11	南墙中部	圆形	16	22	红烧土边，斜壁，圜底	灰色松土
12	南墙西部	圆形	28	23	红烧土块边，斜壁，圜底	灰色松土
13	南墙西部	圆形	22	24	红烧土边，斜壁，圆角，圜底	灰色松土
14	南墙西部	圆形	22	15	红烧土渣边，斜壁，圆角，底近平	灰色松土
15	外墙西南角	圆形	16.5	22	红烧土渣边，斜壁，圜底	灰色松土
16	西墙南部	圆形	19	10.5	红烧土渣边，斜壁，圜底	灰色松土
17	西墙南部	圆形	15	25	红烧土边，斜壁，圜底	灰色松土
18	西墙中部	圆形	16	16	红烧土渣边，斜壁，圜底	灰色松土
19	西墙中部	圆形	15	16	红烧土边，斜壁，圜底	灰色松土
20	西墙北部	圆形	16	15	红烧土块边，斜壁，圜底	灰色松土
21	西墙北部	圆形	22	9	红烧土块边，大红烧土块底，侈口，圆角，凸底	灰色松土
22	外墙西北角	圆形	19	19	大红烧土块边，斜壁，圆角，平底，形制规整	灰色松土
23	北墙西部	圆形	16	12.5	红烧土渣边，斜壁，圆角，平底	灰色松土
24	北墙西部	圆形	15	16	红烧土渣边，斜壁，圜底，口东高西低	灰色松土
25	北墙西部	圆形	18	10	大红烧土块边，锅底状	灰色松土
26	北墙中部	圆形	14	15	红烧土渣边，斜壁，圜底	灰色松土
27	北墙中部	圆形	16	22	红烧土渣边，斜壁，圜底	灰色松土
28	北墙中部	圆形	13	10	红烧土渣边，直壁，平底，洞壁规整光滑，为竹洞	浅灰色淤泥
29	北墙中部	圆形	13	10.5	红烧土渣边，直壁，平底，洞壁规整光滑，为竹洞	浅灰色淤泥
30	北墙中部	圆形	15	12	红烧土边，锅底状	灰色松土
31	北墙东部	圆形	15	9	红烧土边，锅底状	灰色松土
32	北墙东部	圆形	20	12.5	红烧土边，锅底状	灰色松土
33	北墙东部	圆形	15	10	红烧土渣边，锅底状	灰色松土
34	外墙东北角	圆形	12	10	红烧土渣边，斜壁，圜底	灰色松土
35	东墙北部	圆形	17	12	红烧土边，锅底状	灰色松土
36	东墙北部	圆形	20	13	红烧土边，锅底状	灰色松土
37	东墙中部	圆形	18	13	红烧土边，锅底状	灰色松土

编号	位置	形状	口径	深度	洞壁状况	洞内填土
38	东墙中部	圆形	15	12	红烧土边，斜壁，圜底	灰色松土
39	东墙中部	圆形	16	10	红烧土边，锅底状	灰色松土
40	东墙南部	圆形	15	27	红烧土边，斜壁，圜底，洞口西高东低	灰色松土
41	东墙南部	圆形	15	19	红烧土边，斜壁，圜底，洞口西高东低	灰色松土
42	外墙东南角	圆形	14	20	红烧土渣边，斜壁，圜底，洞口西高东低	灰色松土
43	南墙东部	圆形	22	17	红烧土边，斜壁，圜底，洞口东高西低	灰色松土
44	南墙东部	圆形	18	13	红烧土边，锅底状	灰色松土
45	南墙东部	圆形	20	13	红烧土边，斜壁，圜底	灰色松土
46	南墙中部	圆形	20	10	红烧土边，锅底状	灰色松土
47	檐廊东部	圆形	25	13	红烧土边，锅底状	灰色松土
48	檐廊东部	圆形	22	12	红烧土边，锅底状	灰色松土
49	檐廊中部	圆形	18	11	红烧土边，斜壁，圜底	灰色松土
50	檐廊中部	圆形	20	15	红烧土边，锅底状	灰色松土
51	檐廊中部	圆形	22	10	红烧土边，锅底状	灰色松土
52	檐廊西部	圆形	23	15	红烧土边，锅底状	灰色松土
53	檐廊西部	圆形	17	8	红烧土边，锅底状	灰色松土
54	檐廊西端	圆形	15	8	红烧土边，锅底状	灰色松土

注：解剖柱洞时均为东西向，剖掉南边半个，从南向北看柱洞的剖面。

墙壁用掺和少量稻草截段和红烧土块的黏土泥料筑成，倒塌在屋内地面上。现将墙壁红烧土块举例如下：

F9：3（图 3 - 1 - 32，1；图版一〇，2），为墙壁朝屋外的抹面。用纯黏土泥料抹成，橙红色，残高 18、厚 4.5 ~ 5.2 厘米。朝屋内一面凹凸不平，是与墙体的接触面。朝屋外一面留有竹笆印痕，由 8 条竹片组成。其中 6 条竹节对齐，是由同一根圆竹劈裂而成的，而且是劈裂后当即粘贴在抹面上的，因而竹片排列得有条不紊，竹片宽 0.7 ~ 1.3 厘米，边缘至边缘间距 0.3 ~ 0.5 厘米，竹黄（竹子的篾青以里的部分，质地较脆）朝下，从剖视图上可以看到，竹节"钉"入抹面中，这样竹片可以牢牢地固定在抹面上。将竹笆粘贴在墙壁上，有两个作用：一是对抹面起加固作用，防止抹面在干燥收缩过程中开裂；二是烧烤墙壁之后，竹笆被烧毁而消失，在墙壁上留有整齐而清晰的竹笆印痕兼有装饰作用，这是大溪文化特有的房屋装饰工艺。

F9：5（图 3 - 1 - 32，3；图版一〇，3），为墙壁朝屋外的抹面。用纯黏土泥料抹成，红褐色，质地较硬，残高 12、厚 4.3 厘米，朝墙体一面较平整。朝屋外一面留有竹笆印痕，由 11 条竹片组成，竹片宽 0.8 ~ 0.9 厘米，边缘至边缘间距 0.15 ~ 0.2 厘米，竹黄朝下。

F9：4（图 3 - 1 - 32，2；图版一〇，4），为残墙体。用纯黏土泥料筑成，橙黄色，质地较硬。值得注意的是，外表留有竹筐底部印痕。其编筐方法是：首先用 4 条纵向竹片与 5 条横向竹片编成筐，这些竹片宽 0.5 ~ 1 厘米不等；然后用 1 条斜向竹片从外侧加固竹筐的底部，防止竹筐变

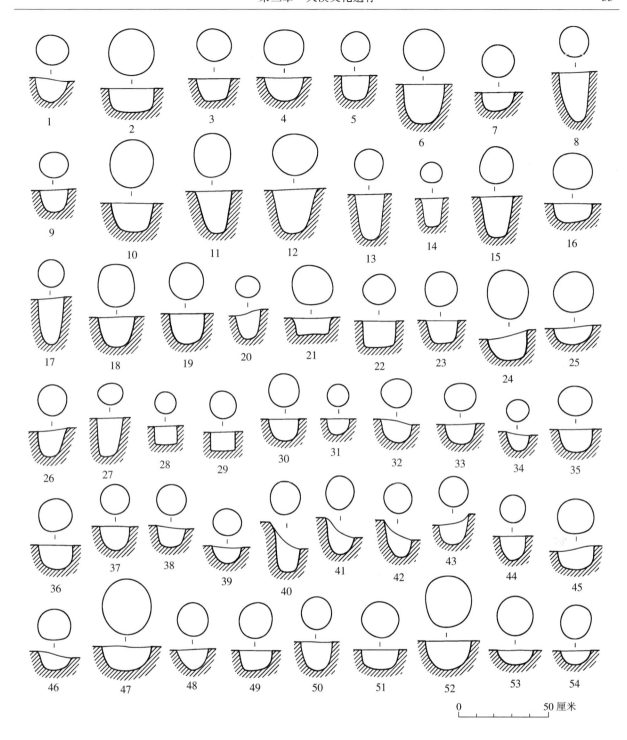

图 3 - 1 - 31　房址 F9 柱洞平面、剖视图

形，此竹片宽 1.8 厘米。以上竹片均为竹黄朝向筐内。这种编筐方法与当地现在的编筐方法相似。竹筐是大溪文化居民运粮食、在建造房屋过程中运土的重要工具。

（三）屋内支柱

屋内有圆形柱洞 6 个即 1～6 号柱洞，直径 15～26、深 12～21 厘米（图 3 - 1 - 30A，1～6；图 3 - 1 - 31，1～6；表 3 - 1 - 4，1～6）。柱洞按东西向排列成两行，1～3 号为北行，4～6 号为南行，两行相距 187 厘米。引人注目的是：没有中间一行即没有承托正脊的木柱，反映出屋顶结

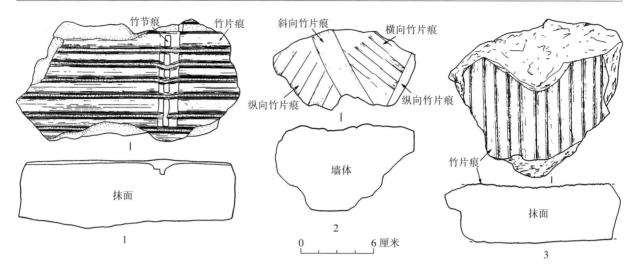

图 3-1-32　房址 F9 墙壁红烧土块平面、侧视图

1. F9∶3 墙壁朝屋外抹面　2. F9∶4 墙体上竹筐底部印痕　3. F9∶5 墙壁朝屋外抹面

构层的架设方法特殊（图 3-1-33）、屋顶覆盖层的重量较轻；房址内未见屋面倒塌的红烧土块，也反映出屋顶的重量较轻，推测用茅草覆盖屋面，屋顶应呈四面坡，而且属于陡坡，以便排水较快，防止茅草被雨水沤烂。

中国社会科学院考古研究所张孝光先生在发掘现场考察了上述 F9 的情况，后来绘制了 F9 的复原示意图（图 3-1-33）。

（四）火塘

屋内东部偏北有一个方形火塘。四壁和底部都有抹面 1 层，厚约 1 厘米，用黏土泥料抹成，表面光平，烧烤之后为橙红色。火塘东西长 67、南北宽 65、深 14~22 厘米。东南角有火塘门，长、宽均为 23 厘米，可以从火塘门掏出灰烬（图 3-1-30B）。

（五）散水

散水用掺和少量黏土的红烧土块铺成，比较薄，北边保存较好，略向外倾斜，便于排水、保护墙脚。东边北部保存较好，南部残。东北角呈圆角。南边西部保存较好，中部和东部残。西边大部分残缺。F9 包括散水南北长 12、东西残宽 10.87 米。

F9 位于关庙山遗址Ⅳ区（关庙山聚落一般居住区）的中部，建筑面积约 50 平方米，属于大型房址；其独特之处是在南墙外侧设有檐廊，屋内没有承托正脊的木柱，这两点在本遗址中是独一无二的。

F9 出土圈足碗 12 型Ⅱ式 1 件（F9∶26，见图 3-4-24，3），平底罐 2 型Ⅱ式 1 件（F9∶1，见图 3-4-103，4），穿孔石斧 1 件（F9∶178，见图 3-5-36，2）等。

房址 F1

主要位于 T38、T39④B 层，延伸到 T32、T34、T36、T37、T40、T42，屋内西南部被③A 底 H9、H10 打破，西墙脚被③A 底 H11 打破，西南散水被③A 底 H8 打破，属于第三期。露出时距地表深 64 厘米。平面呈长方形，剖面呈台形，即屋内地面明显地高于屋外散水。门向东，没有门道。西墙脚的方向为北偏东 5°。

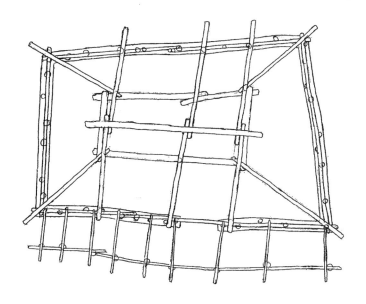

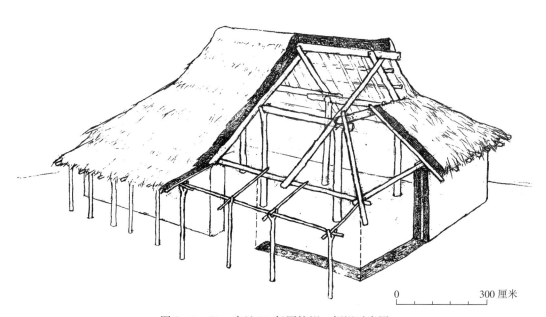

图 3 - 1 - 33　房址 F9 复原俯视、侧视示意图

F1 由墙壁、屋内地面和散水三部分构成（图 3 - 1 - 34）。

（一）墙壁

没有挖条形基槽，墙基的做法有两种：一般部位的做法是在墙脚部位铺设一层红烧土渣，并且掺和少量黄褐色黏土，厚 18～46 厘米，同时树立墙壁的木柱，在地面上形成条形墙基，这种墙基只能承载较小的重量；重点部位（即在四个墙角）的做法是先挖成圆形柱坑，在柱坑内树立木柱之后，柱脚周围的空当中用红烧土渣夯实，墙角部位的木柱和墙基可以承载较大的重量。这种现象反映出先民在建造墙基时具有抓重点带一般的指导思想。在房址的三个角存有圆形柱坑即 1～3 号柱坑（图 3 - 1 - 34，1～3）：1 号在东南角，口径 40、深 24 厘米；2 号在西南角，口径 50、深 30 厘米；3 号在西北角，口径 34、深 20 厘米。东北角已残，原先应有一个柱坑，图上用虚线表示。

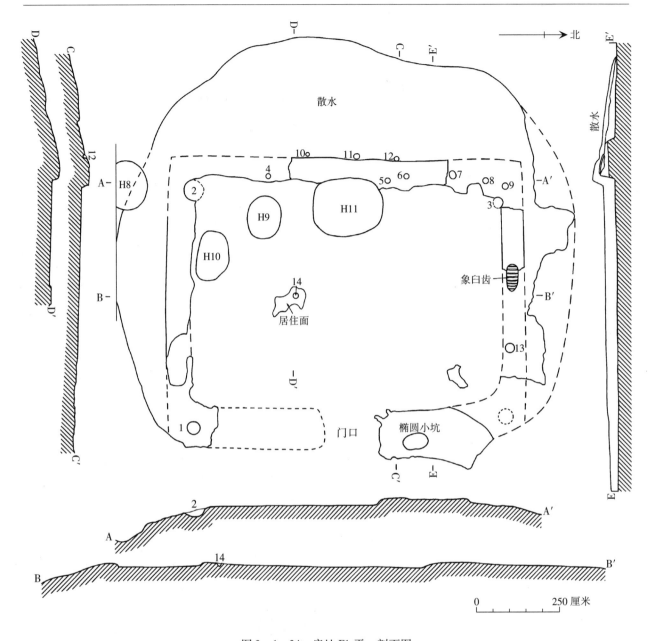

图 3 – 1 – 34　房址 F1 平、剖面图

南墙脚残长 340、宽约 60 厘米。西墙脚残长 700、宽 60 厘米，存有圆形柱洞 6 个即 4 ~ 9 号柱洞（图 3 – 1 – 34，4 ~ 9），口径 12 ~ 18、深约 20 厘米，西墙脚外侧有圆形柱洞 3 个，即 10 ~ 12 号柱洞（图 3 – 1 – 34，10 ~ 12），口径 12 ~ 15 厘米，供树立擎檐柱。北墙脚残长 190、宽 52 ~ 64 厘米，北墙脚东部存有圆形柱洞 1 个即 13 号柱洞（图 3 – 1 – 34，13），口径 30、深 20 厘米。东墙脚北段尚存，南段已残，中部有门口，其宽度不详。

西墙和南墙向屋外倒塌，大量墙壁红烧土残块散落在散水上，发掘时清理掉上部较小的红烧土块之后，露出很大的红烧土块，经测量，长约 40 ~ 100 厘米，一般的红烧土块长约 20 ~ 30 厘米，半壁厚约 8 ~ 10 厘米。墙壁朝屋内的一面有抹面 1 层，用黏土泥料抹成，厚约 1 厘米，表面较平整；朝屋外的一面欠平整。墙壁经过烧烤，抹面为红色，质地较硬，表明烧成温度较高；墙体内部呈灰黑色，质地较软，这是烧成温度较低、氧化不充分、黏土内所含碳素尚未烧尽的缘故。

（二）屋内地面

屋内地面由垫层和居住面两部分构成。

1. 垫层

用灰褐色土铺成，厚 30～40 厘米。

2. 居住面

仅在屋内南部残存一片，残长 110 厘米，用黏土泥料抹成，经过烧烤。有两层：下层为红色，系用黄黏土泥料抹成，厚 6 厘米；上层为白色，系用白黏土泥料抹成，厚 0.5 厘米，呈龟裂状。居住面上存有圆形柱坑 1 个即 14 号柱坑（图 3-1-34，14），直径 14、深 10 厘米，周壁有白黏土抹面 1 层，是从上层居住面延伸下来的，与居住面一起经过烧烤。

（三）散水

位于（地面上的）条形墙基外侧，平面略呈环形，剖面呈斜坡状，便于往外排水。散水用红烧土块和红烧土渣铺成，厚约 10～16 厘米。南边散水宽 1.65 米，西边散水宽 3.4 米。F1 包括散水南北残长 13.2、东西残宽 11.6 米。

F1 位于关庙山遗址Ⅲ区（关庙山聚落一般居住区）的东部，不包括散水南北长 10.6、东西宽约 7.6 米，建筑面积约 80 平方米，是本遗址目前所发现面积最大的房址，白黏土居住面在本遗址是独一份，可见该房址的建筑规模较大、建筑规格较高，可惜墙基和居住面都已被严重破坏，看不到原先的全貌。

西墙脚内埋入筒形瓶 1 型Ⅳ式 3 件（F1：8、10、11，见图 3-4-89，1、7、2）作为奠基物。北墙脚内埋入 1 颗亚洲象的臼齿作为奠基物，这在本遗址是独一无二的。

另外，东墙基北段的椭圆形小坑内出土圈足盘 7 型Ⅴ式 1 件（F1：4，见图 3-4-49，5），圭形石凿Ⅱ式 1 件（F1：6，见图 3-5-45，5）。西墙脚 8 号柱洞内出土圭形石凿Ⅱ式 2 件（F1：1、2，见图 3-5-45，4、3）。

房址 F30

主要位于 T76、T80④B 层，延伸到 T75、T79，北火塘被③底 H180 打破，西北墙基叠压在④A 顶疑为方形或长方形残房址 F27 之下，属于第三期。中火塘北埝以北 20 厘米处的居住面海拔 48.52 米，比现在遗址西缘的水稻田高 3.04 米，距地表深 1.3 米。平面呈长方形，门向东，没有门道，门外有台阶。东壁的方向为北偏东 15°。

F30 由墙壁、屋内地面、屋内支柱、屋顶、火塘、储藏所、散水七部分构成（图 3-1-35；图版一一、一二；图版一三，1）。

（一）墙壁　可分为外墙、隔墙两种。

1. 外墙　可分为墙基、墙身两部分。

（1）墙基

F30 的墙基系指处于地面以下的墙壁基础部分，其做法是：先在地基上挖成长条形基槽，后在基槽内用掺和大量红烧土块的黄黏土泥料填实，形成条形墙基。基槽两壁略直，横断面呈锅底状。东墙基长 925、厚 28～56 厘米，散水以下深 22～38 厘米，中部有门口，宽 74 厘米。门口外侧用大红烧土块砌成台阶一级，台阶平面呈梯形，内侧长220、外侧长185、宽42～58厘米，高于散水4～12厘米，表面欠平整。南墙基（复原）长570厘米，厚28～38、基深34～48厘米。西墙基（复原）长940厘米，厚36～42、基深10～18厘米。北墙基长576、厚36～40、基深20～40厘米。不包括散水和门外的台阶，F30的建筑面积约52平方米，属于大型房址。

为了就地回填保护该房址，东墙基南段和南墙基东段没有进行解剖，其余几段墙基都经过解剖，在已经解剖的墙基内发现有圆形柱洞10个，即11～20号柱洞，口径8～12、深8～19厘米，柱洞边缘至边缘间距70～302厘米（图3－1－35，11～20；图3－1－36，11～20；表3－1－5，11～20）。其中18、20号柱洞内的填土为灰色松土，这是木柱腐朽后灰色松土落入洞内所致；其余柱洞内都有淤泥，这是木柱腐朽后遇上大雨淤泥流入洞内的结果。

（2）墙身

F30的墙身系指处于地面以上的墙壁的主体部分，倒塌在屋内。南墙基11号柱洞北侧有大块墙身倒塌在居住面上，东西残宽110、南北残长（即南墙残高）90厘米，墙脚厚28厘米，从高80厘米处测量厚度为24厘米，由此可知，墙身下部较厚，上部较薄，比较稳固。墙身用掺和少量稻草截段（将稻草切割成一段段）和红烧土渣（呈碎屑状的红烧土）的黄黏土泥料筑成，经过高温烧烤，黏土内的铁质已经充分氧化，主要呈红褐色，质地坚硬如岩石，局部甚至已经烧流变形（陶瓷工艺上称为"过烧膨胀"），出现大量孔隙，呈蜂窝状。墙身倒塌后裂成两半，露出内部骨架的痕迹。骨架主要由纵向排列的半圆木、圆木及半圆竹组成，共发现半圆木痕迹33条，直径3.5～10厘米；圆木痕迹3条，直径5～5.5厘米；半圆竹痕迹7条，直径0.9～2.1厘米。三种痕迹混杂而陈，相邻两痕迹边缘至边缘间距0～6.3厘米。另外，还发现横向的半圆竹痕迹2条，直径1～1.1厘米；圆竹痕迹1条，直径2厘米；圆木痕迹1条，直径4厘米。这些横向的竹、木用于固定纵向的木、竹。有的木、竹骨架上留有麻绳绑扎痕迹，绳粗（指横剖面）0.6～1.2厘米，由此可知，先民是用麻绳将（分散的）纵向、横向的木、竹绑扎在一起，形成（整体的）墙壁骨架。目前在本遗址的木结构遗迹上未见榫卯接合的痕迹。墙身外表用抹子略加抹平，局部存有抹面1层。

现将墙壁红烧土块举例如下：

F30:89（图3－1－37，1；图版一七，1），为墙壁一半。用掺和红烧土块的黏土泥料筑成，红褐色，局部烧流，内部有孔洞呈蜂窝状，残高14.5、残宽23、半壁厚15.5厘米。外表欠平整。另一面有枋木（加工成方柱形的木材）痕迹1条，残长7.4厘米，枋木两个侧面宽度分别为6厘米和5厘米，枋木是用圆木（也可称为"原木"，是采伐后未经加工的木料）劈裂而成的，应是先将圆木劈裂成为半圆木（与圆木相对而言），再将半圆木劈裂成为枋木，劈裂面上未作进一步加工，留有树木年轮的纹理，这种纹理呈平行线状，其横断面呈波折状（以下将木料劈裂面上的树木年轮纹理简称为"劈裂痕"）；还有圆木痕迹1条，残长5.3、直径10厘米，留有树皮的纹理，这种纹理呈块状（以下将木料外表呈块状的树皮纹理简称为"树皮痕"）。

F30:94（图3－1－37，2；图版一七，2），为墙壁一半。用纯黏土泥料筑成，红褐色，残高12.4、残宽7.8、半壁厚6.8厘米。外表抹平，上留有竹席印痕，竹篾宽2.5～3、厚0.5、边缘至边缘间距2.5毫米，用竹篾编成人字纹。

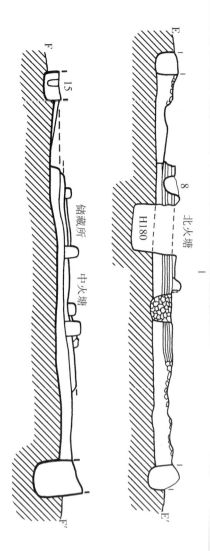

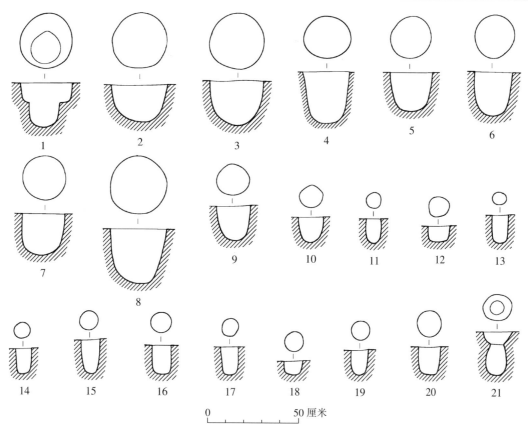

图 3-1-36　房址 F30 柱洞及火种坑平面、剖视图

表 3-1-5　　　　　　　　房址 F30 柱洞及火种坑登记表　　　　　　　　（长度单位：厘米）

编号	位置	形状	柱坑口径	柱洞口径	深度	坑壁或洞壁状况	坑内或洞内填土	备注
1	南火塘东南角与东墙南段之间	圆形	24~28	17	柱坑25 柱洞23	红烧土块边，斜壁，圜底	灰色松土，柱脚周围的空当中用红烧土渣填实	平面有两圈，剖面有二层台
2	北火塘与东墙北段之间	圆形	27~30		19	红烧土块边，斜壁，圜底	灰色松土	
3	南火塘西南角南侧	圆形	28~29		23	红烧土块边，斜壁，圜底	灰色松土	
4	中火塘与北火塘之间	圆形	28		26	红烧土块边，斜壁，圜底	灰色松土	
5	北火塘与北墙之间	圆形	22		20	红烧土块边，斜壁，圜底	灰色松土	
6	储藏所西南角外侧	圆形	19		22	红烧土块边，斜壁，圜底	灰色松土	

编号	位置	形状	柱坑口径	柱洞口径	深度	坑壁或洞壁状况	坑内或洞内填土	备注
7	储藏所西埂向北延伸的红烧土埂西侧	圆形	23		22	红烧土块边，斜壁，圜底	灰色松土	
8	北火塘西埂北部外侧	圆形	29		28	红烧土块边，斜壁，略呈圜底	灰色松土	柱脚周围有红烧土埂，用于防火，保护柱脚
9	门口之内南边	圆形	17		18	红烧土渣边，斜壁，圜底	淤泥	可安装门轴，两扇门朝屋内对开
10	门口之内北边	圆形	13		14	红烧土块边，斜壁，圜底	灰色松土	可安装门轴，两扇门朝屋内对开
11	南墙中部偏东	圆形		8	13	红烧土渣边，壁略直，圜底	淤泥	
12	南墙中部偏西	圆形		12	8	红烧土渣边，直壁，圆角，平底	淤泥	
13	西南墙角	圆形		8	15	灰色土边，直壁，圜底	淤泥	
14	西墙南部	圆形		9	13	灰色土边，直壁，略呈圜底	淤泥	
15	西墙南部	圆形		10	19	红烧土渣边，斜壁，圜底	淤泥	
16	西墙中部偏南	圆形		10	12	红烧土渣边，直壁，圜底	淤泥	
17	西墙北部	圆形		9	15	红烧土块边，直壁，圜底	淤泥	
18	西墙北部	圆形		10	8	红烧土块边，斜壁，圜底	灰色松土	
19	北墙中部偏西	圆形		10	13	红烧土块边，直壁，圜底	淤泥	
20	东墙北端	圆形		10	12	红烧土渣边，直壁，圜底	灰色松土	
21	屋内西北角	圆形	火种坑口径15	二层台直径8	23	周壁用黏土泥料抹成，内壁光滑，为青灰色烧土壁，呈敞口、束颈、椭圆腹、圜底	灰色松土	俯视有内外两圈，侧视有二层台，表面有烟熏痕迹

注：东墙基南段和北段的大部分、南墙基东段都保存较好，因就地回填保护 F30，这几段墙基都未进行解剖，其中应当也有柱洞。
21 号为火种坑，青灰色烧土壁是经过长期烧烤所致。

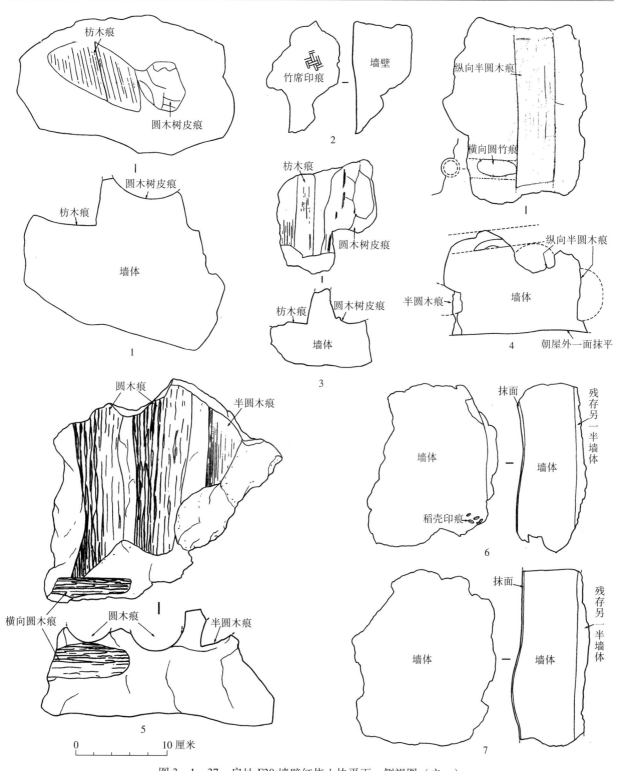

图 3 - 1 - 37　房址 F30 墙壁红烧土块平面、侧视图（之一）

1. F30：89 墙体一半　2. F30：94 墙壁一半　3. F30：93 墙壁一半　4. F30：78 墙壁一半　5. F30：123 墙体内圆木痕

6. F30：108 墙壁朝屋外一半　7. F30：101 墙壁朝屋外一半

　　F30：93（图 3 - 1 - 37，3；图版一七，5），为墙壁一半。用掺和少量稻草截段的黏土泥料筑成，橙红色，残高 10.5、残宽 10.8、半壁厚 8 厘米。外表欠平整。另一面有枋木痕迹 1 条，残长 7.9 厘米，两个侧面残宽分别为 3.4 厘米和 2 厘米，面上留有劈裂痕；还有圆木痕迹 1 条，残长

7.6、直径约 5 厘米，留有树皮痕。

F30：78（图 3-1-37，4；图版一七，3、4），为墙壁一半。用纯黏土泥料筑成，深红色，质地较硬，估计烧成温度约 800℃，残高 19.5、残宽 15.5、半壁厚 10.7 厘米。外表抹平。墙体内部有纵向的半圆木痕迹 3 条：中间一条残长 15.5、直径 4.3 厘米，右边一条直径 5.4 厘米，左边一条甚残。3 条木料分散排列，劈裂面朝向不一。还有横向的圆竹痕迹 1 条，残长 4.4、直径 2 厘米，位于中间那条木料的内侧，它对纵向木料起固定作用。

这里需要说明的是，F30 墙体内的骨架大多数采用劈裂的半圆木。与（较为"圆滑"的）圆木相比，半圆木具有两个明显的优点：一是劈裂面上有树木年轮纹理，呈现为粗糙的接触面，可以与泥料结合得更加牢固；二是半圆木两侧有棱角，泥料可以牢牢地"咬住"骨架，使墙体比较牢固。由此可见，大溪文化居民已经熟练地掌握了土木混用的工程做法。

F30：123（图 3-1-37，5；图版一七，6），为墙壁一半。用掺和少量稻草截段及红烧土渣的黏土泥料筑成，含有个别陶片。表面为橙黄色，内部为青灰色，这是表面与内部的烧成温度存在高低差别所致。残高 21.5、残宽 23.7、半壁厚 11 厘米。外表凹凸不平。另一面有纵向的圆木痕迹 2 条，（从左往右数）残长分别为 16.4 厘米和 18.7 厘米，直径分别为 5 厘米和 5.5 厘米，都有树皮痕；半圆木痕迹 1 条，残长 8.5 厘米，有劈裂痕。在这些纵向木料外侧有横向的圆木痕迹 1 条，残长 8.3、直径 4 厘米，有树皮痕，它对纵向木料起固定作用。

F30：108（图 3-1-37，6；图版一八，1、2），为墙壁朝屋外一半。墙体用掺和少量稻草截段的黏土泥料筑成，含有个别陶片，抹面用纯黏土泥料抹成，均为红褐色，质地坚硬，残高 17、残宽 12.5、半壁厚 6.3 厘米。外表有抹面 1 层，厚 0.1~0.3 厘米，表面平整，留有一道道用工具（抹子）抹平的痕迹，抹面上还留有完整的稻壳印痕 5 粒，其特点是短而粗，从稻壳的长宽比来看，似粳稻。由此可见，F30 的墙体上局部有抹面 1 层。另一面残存一部分属于朝屋内一半的墙体，残厚 1.3 厘米。

F30：96（图版一八，3、4），为墙壁的一半。红褐色，质纯坚硬，掺少量稻草截段，残宽 22、厚 7~8 厘米。内面凹凸不平，并粘附着另一半的小块。外面抹平，外表见有一粒稻壳印痕，长 0.6、宽 0.3 厘米。

F30：101（图 3-1-37，7；图版一八，5），为墙壁朝屋外一半。墙体和抹面都用纯黏土泥料筑成，红褐色，质地坚硬，估计烧成温度约 900℃，残高 18.5、残宽 15.4、半壁厚 5.8~6.5 厘米。外表有抹面 1 层，厚 0.2 厘米，表面平整。另一面残存一部分属于朝屋内一半的墙体，残厚 1.3 厘米。

上述 F30：108 和 F30：101 都表明墙壁的内外两半是先后分别筑成的。两半是以墙体内部的木质骨架为界，两半之间能够粘附牢固，表明其成型的时间相距很近，也就是说，先筑成的半壁尚未变干变硬时，紧接着就筑另外半壁，使二者形成一个整体。

F30：91（图 3-1-38，1；图版一八，6），为墙壁朝屋外一半。用掺和红烧土块的黏土泥料筑成，红褐色，烧流变形，由于内部有孔洞呈蜂窝状，质地变轻，但是坚硬，估计烧成温度约1050℃，残高 24、残宽 9.5、半壁厚 15.5 厘米。外表略平整，留有少量茅草印痕。内部有纵向的半圆木痕迹 3 条，都有劈裂痕，第 1 条劈裂面朝屋外，甚残，第 2 条残长 12、直径 5 厘米，第 3 条残长 17.7、直径 3.2 厘米。后两条为侧放。

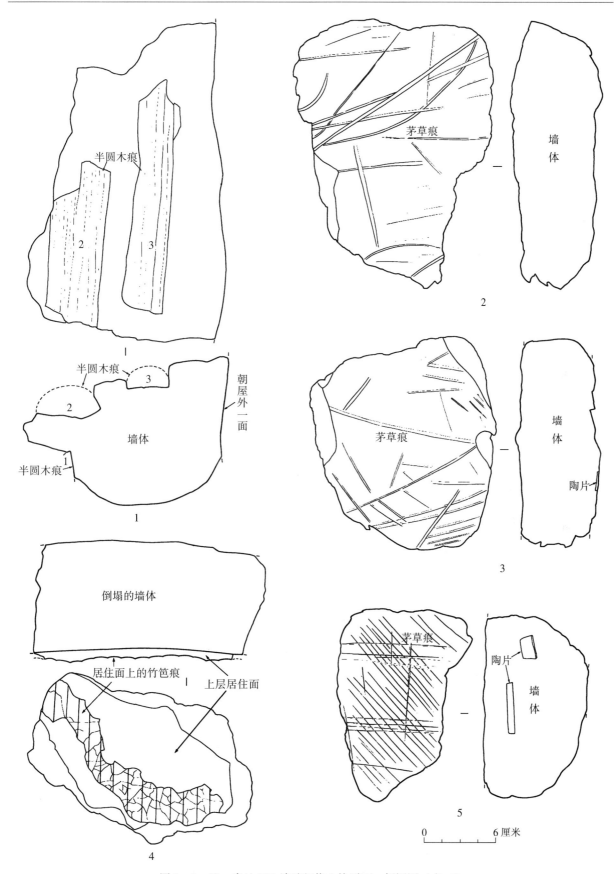

图 3-1-38　房址 F30 墙壁红烧土块平面、侧视图（之二）

1. F30:91 墙壁朝屋外一半　2. F30:82 墙壁朝屋外一半　3. F30:112 墙壁朝屋外一半　4. F30:109 南墙墙壁朝屋内一半
5. F30:105 墙壁朝屋外一半

F30：82（图 3 - 1 - 38，2；图版一九，1），为墙壁朝屋外一半。用掺和红烧土渣的黏土泥料筑成，含有个别陶片，红褐色，烧流呈蜂窝状，质地坚硬，残高 14.2、残宽 20、半壁厚 6.2 厘米。外表有茅草印痕，大多数方向一致，茅草秆直径（图上用双线表示茅草秆痕，单线表示茅草叶痕，下同）2 ~ 4 毫米。先民将茅草粘贴在墙壁上，目的是防止墙壁表面的干燥速度太快，在干燥收缩过程中产生开裂现象。另一面粗糙不平，是与朝屋内一半的接触面。

F30：112（图 3 - 1 - 38，3；图版一九，2），为墙壁朝屋外一半。用纯黏土泥料筑成，但是含有个别陶片（见剖视图），红褐色，质地坚硬，残高 16、残宽 14、半壁厚 6 厘米。外表不平整，留有交错的茅草印痕，茅草秆直径 3 ~ 5 毫米。另一面粗糙不平，是与朝屋内一半的接触面。

F30：109（图 3 - 3 - 38，4；图版一九，3），为南墙墙壁朝屋内一半。南墙大片倒塌在居住面上（图 3 - 1 - 35），这是从南墙上取下来（朝屋内一半）的一小块。墙体用纯黏土泥料筑成，红褐色，质地坚硬，估计烧成温度约 900℃，半壁厚 7.8 ~ 8.2 厘米。朝屋内一面抹平，没有抹面，但是，在倒塌之后粘附了上层居住面，上层居住面已经呈龟裂状，居住面上留有南北向的竹笆痕迹，竹片宽 1 ~ 1.2 厘米，相依排列，竹黄朝下。墙体的另一面略平，是与朝屋外一半的接触面。

F30：105（图 3 - 1 - 38，5；图版一九，4），为墙壁朝屋外一半。用掺和红烧土渣的黏土泥料筑成，含有个别陶片（见剖视图），橙红色，质地稍硬，估计烧成温度约 700℃，残高 14、残宽 10.3、半壁厚 8 厘米。外表留有交错的茅草印痕，茅草秆最粗的直径达 5 毫米。

上述 F30：123、108、82、112、105 都含有个别陶片，这些陶片应是建房者在房址附近不干净的地面上和泥时无意中混入的，而不是作为"羼和料"，这表明对建造房屋所用的泥料要求不太严格，属于"粗放经营"。与此相反，制陶所用泥料则比较严格。

F30：95（图 3 - 1 - 39，1；图版一九，5、6），为墙角朝屋外一半。用掺和红烧土块及少量粗砂的黏土泥料筑成，橙红色，残高 19.2、残厚 9.5 厘米。墙角左右两面的夹角为 98°。外表留有纵向的手指抹痕 2 条。这里需要说明的是，F30 墙壁外表一般用抹子抹平，徒手抹平的现象罕见。内部有纵向的半圆木痕迹 2 条：左边一条残长 16、直径 2.2 厘米；右边一条残长 6.2、直径 4.2 厘米，都有劈裂痕。还有麻绳痕迹 6 段，多呈横向，有的呈弯曲状从木料上绕过，绳粗 0.7 ~ 1.2 厘米，应是用麻绳将半圆木捆绑在木柱上加以固定的痕迹。

F30：103（图 3 - 1 - 39，2；图版二〇，1），为墙壁朝屋外一半。用掺和粗砂、细砂的黏土泥料筑成，红褐色，质地坚硬，残高 16.8、残宽 17、半壁厚 8 厘米。外表较平整，留有茅草印痕，大多数方向一致，茅草秆粗 2 ~ 3 毫米；还留有椭圆形手指窝 1 个。另一面凹凸不平且粗糙，是与朝屋内一半的接触面。

F30：126（图 3 - 1 - 39，4；图版二〇，2），为墙壁朝屋外一半。用掺和大量细砂的黏土泥料筑成，红褐色，质地坚硬，残高 10、残宽 8.7、半壁厚 4.6 厘米。外表抹平，留有树叶印痕 5 片，树叶较小，叶脉清晰，边缘无锯齿。另一面粗糙，但是平整，是与朝屋内一半的接触面。

F30：120（图版二〇，3），为墙壁拐角。用掺和红烧土渣的黏土泥料筑成，含个别陶片，红褐色，残高 22.2、厚 7 ~ 8 厘米。一面平而粗糙，另一面抹平，留有茅草印痕。

F30：121（图 3 - 1 - 39，3；图版二〇，4），为墙头。用掺和少量稻草截段的黏土泥料筑成，红褐色，质地坚硬，估计烧成温度约 900℃，残高 13、残宽 8、厚 9.7 厘米。外表用抹子抹过但是

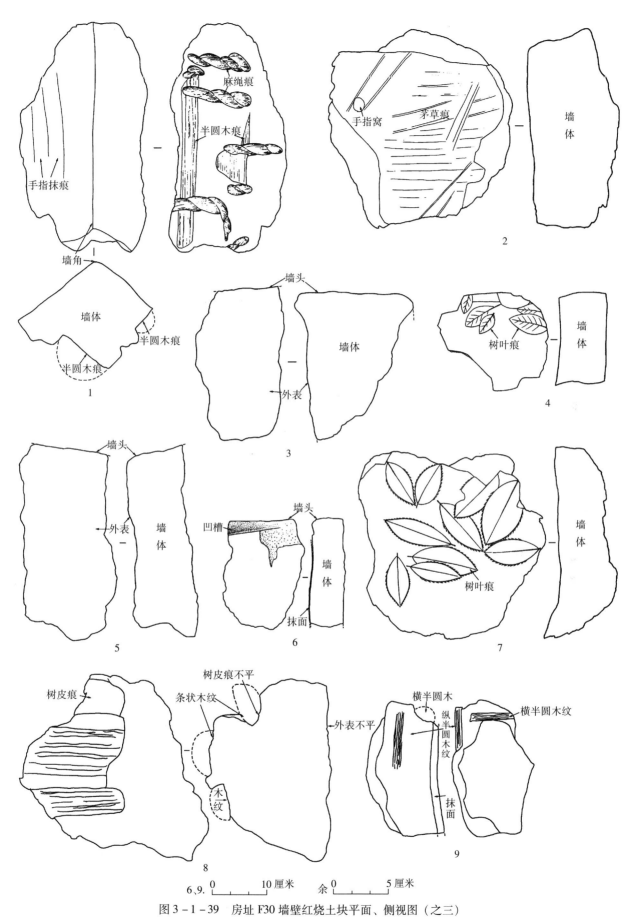

图 3 - 1 - 39　房址 F30 墙壁红烧土块平面、侧视图（之三）

1. F30：95 墙角朝屋外一半　2. F30：103 墙壁朝屋外一半　3. F30：121 墙头　4. F30：126 墙壁朝屋外一半　5. F30：122 墙头朝屋外一半
6. F30：119 墙头朝屋外一半　7. F30：125 墙壁朝屋外一半　8. F30：86 墙壁　9. F30：73 墙壁一半

不平整。墙头上也用抹子抹过，略平整，没有二层台，内外两侧的拐角都呈圆角。

F30：122（图 3 - 1 - 39，5；图版二〇，5），为墙头朝屋外一半。用纯黏土泥料筑成，红褐色，质地坚硬，估计烧成温度约 900℃，残高 17、残宽 8.4、半壁厚 5 厘米。外表留有用抹子抹过的痕迹，但是不平整。另一面凹凸不平且粗糙，是与朝屋内一半的接触面。墙头上面略平整、略向外倾斜，没有二层台。

F30：119（图 3 - 1 - 39，6；图版二〇，6），为墙头朝屋外一半。墙体和抹面都用纯黏土泥料筑成，红褐色，质地坚硬，估计烧成温度约 900℃，残高 19.5、残宽 13.8、半壁厚 6 厘米。墙体上有抹面 1 层，厚 0.2 厘米，表面平整。另一面凹凸不平，是与朝屋内一半的接触面。墙头上面略平整，没有二层台，没有抹面。外表有一道横向的凹槽，是用抹子压成的，最深处 0.3 厘米，距墙头顶端 1.3～2.4 厘米。

这里需要说明三点：第一，F30 墙头上没有二层台与屋顶上椽子排列密集（椽间空当子较小，不需要用茅草填充）相适应；第二，F30 没有二层台的墙头与 F22 有二层台的墙头形成鲜明对照，二者虽然都属于大溪文化第三期，但是，在工程做法上属于两个不同的发展系列；第三，本期 F30 没有二层台的墙头是承袭了第一期晚段 T58⑦F34 和第二期 T63⑥AF33 没有二层台墙头的形式。

F30：125（图 3 - 1 - 39，7；图版二一，1、2），为墙壁朝屋外一半。用掺和少量稻草截段的黏土泥料筑成，含有个别稻壳，红褐色，质地坚硬，残高 16.2、残宽 15.4、半壁厚 5 厘米。外表抹平，留有树叶印痕 10 片，树叶较大，最长的一片为 6.5 厘米，树叶边缘都呈锯齿状。另一面粗糙不平，是与朝屋内一半的接触面。

上述 F30：125 与 F30：126 都有树叶印痕，但是树叶形状明显不同，属于两种树。这些树叶印痕应是先民正在筑墙时，或遇"秋风扫落叶"将树叶吹来，飘落在墙壁上所致，由此推测先民可能是在秋季建造房屋的。

F30：86（图 3 - 1 - 39，8；图版二一，3），为墙壁。橙红色，外表凹凸不平，残厚 8.5 厘米。内部存有并排的 3 条木板（半圆木）痕，木纹较顺直，最大一条直径 3.5、残长 7.3 厘米。

F30：73（图 3 - 1 - 39，9；图版二一，4），为墙壁一半。用黏土掺和红烧土渣筑成，红褐色，残高 22、残厚 14.5 厘米。外表一层抹面略平，系纯黏土，厚 1.5 厘米。存纵向半圆木痕一条残长 12 厘米，横向半圆木痕一条残长 9.5 厘米，两条直径均 4 厘米。

F30：76（图版二一，5），为墙壁朝屋外一半。用掺和红烧土块的黏土泥料筑成，红褐色，烧流变形，多孔隙，质地坚硬。承蒙宜昌市陶瓷研究所测定，这块红烧土的烧成温度为 900℃，吸水率为 79.23%（详见附录二）。这里需要说明的是："烧流"在陶瓷工艺上称为"过烧"，烧流的原因是烧成温度偏高，超过了陶土的耐火度，吸水率甚高是烧流的墙壁内有大量孔隙的缘故。在关庙山遗址所发现的房址中，F30 墙壁的烧成温度是最高的，这表明大溪文化第三期达到了红烧土房屋建筑技术的高峰。

还需要说明的是：考虑到经过实测的红烧土块的烧成温度甚少，在本发掘报告中，参照少量经过实测确知烧成温度的房屋红烧土块标本的性状（主要指硬度），对其他类似性状的房屋红烧土块的烧成温度标出了估计数。这样做的好处是：可以大概了解未经实测的红烧土块的烧成温度，如果说经过实测的烧成温度是点，那么，估计的烧成温度则是面，点面结合就可以大体上了解房屋红烧土块烧成温度的全貌。

现将 F30 墙壁红烧土块的特征归纳如下：

第一，筑墙所用的泥料，少数为纯黏土，多数掺和稻草截段或砂粒，有些掺和红烧土渣或红烧土块。稻草截段起筋骨拉力作用，可以防止墙体在干燥收缩过程中开裂；红烧土是“熟料”，具有一定的强度和硬度，筑墙时可以防止墙体坍塌，由于“熟料”的膨胀系数较小，还可以防止墙壁在烧成收缩过程中开裂；砂粒的作用众所周知，与在夹砂陶器中的作用相同。

第二，墙壁红烧土块比较厚，半壁厚为 10 厘米左右，比红烧土屋面要厚得多；墙体内部有半圆木骨架；外表基本上没有抹面，只在局部有抹面。墙头上没有二层台。

第三，在筑墙所用黏土相同（均为黄黏土）的条件下，由于墙壁各部位的烧成温度存在高低的不同，墙壁的颜色也随之呈现为红褐、深红、橙红、橙黄的差别，烧成温度越高，颜色越深，质地越硬。其中以红褐色为主，质地坚硬，甚至局部烧流，例如 F30：76 墙壁红烧土块的实测烧成温度为 900℃（见附录二）。

第四，根据屋内柱坑和墙基内柱洞的分布情况，推测 F30 的南墙和北墙为山墙。山墙系指人字形屋顶（两坡屋顶）的房屋两侧的墙壁，该墙壁中央高，左右两边低。

2. 隔墙

隔墙系指在屋内起分隔空间作用的墙壁，位于房址南部，从中火塘西南角至东墙南段，将屋内空间分隔成南、北两间，南间居住面积约 10 平方米，北间居住面积约 32 平方米（图 3－1－35）。筑隔墙时没有挖基槽，直接建在红烧土块垫层之上，用黏土泥料筑成，经过烧烤，为红褐色，东端、西端各有一段被第③层扰乱，复原后长 282 厘米，残高 14～24、下部厚 15、上部厚 10厘米。隔墙内没有柱洞。由于隔墙不是承重墙，墙体比较薄，结构比外墙要简单得多。推测隔墙不高，墙头平齐，达不到屋顶，是半截子墙。

（二）屋内地面

屋内地面由垫层和居住面两部分构成。

1. 垫层

在外墙的范围之内用红烧土块掺和少量黏土铺成，铺设之后未经烧烤，厚 6～32 厘米。红烧土块长度多为 5 厘米左右。

2. 居住面

在中火塘之外的垫层之上，用掺和少量稻壳的黏土泥料抹成，经过烧烤。

（1）南间的居住面

主要为红褐色，烧成温度相当高，有 4 层，共厚 8～12 厘米。第 1 层烧烤成龟裂状，局部已经脱落。引人注目的是，第 1、2 层之间夹有竹笆层，是用竹片按南北向排列而成的，竹黄①朝下，已经烧成白色灰烬。例如 F30：134（图 3－1－40，1；图版二一，6），是发掘时从南间居住面上取下来的一块，用纯黏土泥料抹成，红褐色，质地坚硬，估计烧成温度约 900℃，为第 2、3 层居住面：第 2 层残长 6.7、厚 0.8 厘米，上面有竹笆印痕，竹片宽 1.8 厘米，竹黄朝下；第 3 层残长

---

① 方言，竹黄是与竹青相对而言。竹竿的外表呈绿色，称为竹青，韧性较强；竹青以内材质呈黄色，称为竹黄，韧性较弱。

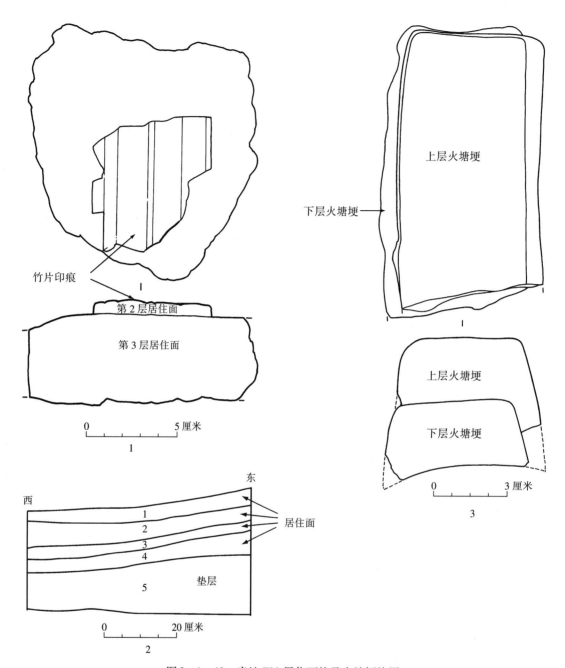

图 3 - 1 - 40　房址 F30 居住面块及火塘埂块图

1. F30：134 南间居住面块平面、侧视图　2. 从 H180 北壁看 F30 居住面和垫层剖面图　3. F30：137 中火塘北埂块平面、侧视图

12、厚 4.3 厘米，下面粗糙不平，是与第 4 层居住面的接触面。

又如隔墙南侧第 2 层居住面上的竹笆痕（图 3 - 1 - 41），在东西宽 43 厘米的范围内，有南北向的竹片痕迹 39 条，归属于 8 根圆竹，从西往东各根圆竹分别劈成 6、5、4、5、5、5、4、5 条竹片，凡是属于同一根圆竹的竹片，竹节都大致对齐，且均为竹黄朝下，竹节"钉入"居住面内，将竹片牢牢地固定在居住面上，竹片宽 0.4 ~ 0.9 厘米，边缘至边缘间距 0 ~ 0.2 厘米。

隔墙南侧用黏土泥料抹成一条贴面，其横断面呈直角三角形，底边宽 0.4、高 0.8 厘米，用贴面压住竹笆层的北端，由于竹笆被压，此处的竹笆印痕较深，第 1 层居住面的北端叠压在贴面之

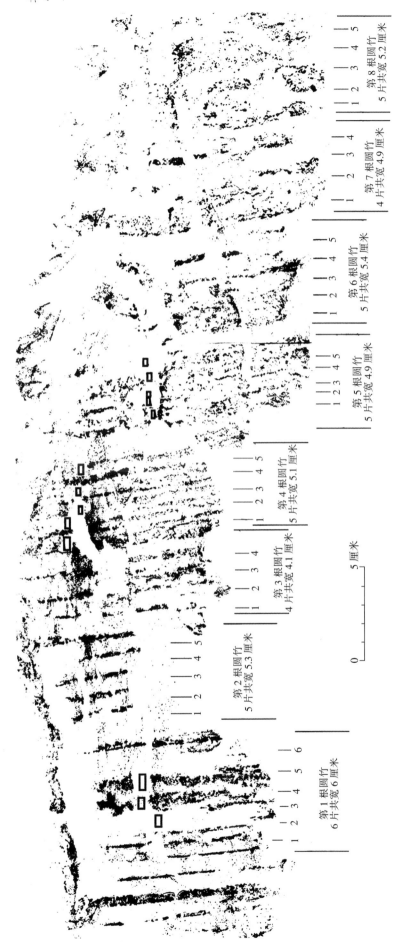

北

第 1 根圆竹
6 片共宽 6 厘米

第 2 根圆竹
5 片共宽 5.3 厘米

第 3 根圆竹
4 片共宽 4.1 厘米

第 4 根圆竹
5 片共宽 5.1 厘米

第 5 根圆竹
5 片共宽 4.9 厘米

第 6 根圆竹
5 片共宽 5.4 厘米

第 7 根圆竹
4 片共宽 4.9 厘米

第 8 根圆竹
5 片共宽 5.2 厘米

0　　　　5 厘米

图 3-1-41　房址 F30 隔墙南侧第 2 层居住面上的竹笆痕拓片

上，其剖面呈弧形上翘（见图3－1－35，平面图，D—D′剖面图）。上述用贴面压住居住面与竹节"钉入"居住面，二者都对竹笆层起固定作用。

（2）北间的居住面

主要为深红色，烧成温度稍低于南间的居住面（图版一三，2）。居住面之间所夹的竹笆层，其竹片按东西向排列，朝向不同于南间的居住面，竹黄朝下。北火塘以南原来有5层居住面，第1层已经脱落，第2~5层共厚6~10厘米。第1、2层之间夹有竹笆层，第2层上面留有竹笆痕迹。例如中火塘北侧第2层居住面上的竹笆痕迹（图3－1－42，1；图版一四，1、2），在南北宽24.5厘米的范围内，有东西向的竹片痕迹26条，归属于2根圆竹。其中北边一根，在9.4厘米范围内有竹片痕迹13条，竹节对齐；南边一根，在13厘米范围内有竹片痕迹13条，竹节大致对齐。均为竹黄朝下，竹片宽0.4~0.8厘米，边缘至边缘间距0.1~0.3厘米。

又如中火塘东侧第2层居住面的竹笆痕迹（图3－1－42，2；图版一五，1~4），在南北宽12厘米的范围内，有东西向的竹片痕迹15条，竹节大致对齐，均为竹黄朝下，是用同一根圆竹劈裂的，竹片宽0.4~0.8厘米，边缘至边缘间距0.1~0.2厘米。

在中火塘北埂外侧、东埂外侧各有一条用黏土泥料抹成的贴面，压住竹笆层，起固定竹笆的作用，由于竹笆被压，这两处竹笆的印痕都较深（见图3－1－35，平面图，B—B′剖面图，F—F′剖面图；图版一四，3、4）。

北火塘以北有4层居住面保存较好，共厚7~16厘米。第2、3层居住面之间夹有竹笆层，按东西向排列，大部分尚未暴露。由于第③层H180打破了F30的北火塘、北火塘以北的居住面和垫层，从H180的北壁可以看到F30居住面和垫层的剖面（图3－1－40，2）：第1层，深红色，质地坚硬，厚3.1~5厘米；第2层，橙黄色，质地松软，厚5~7.5厘米；第3层，上面为黑色，表面有东西向的竹笆层痕迹，也就是说，在第2、3层居住面之间夹有竹笆层，往下逐渐变成灰色，质地较软，厚3.1~3.8厘米；第4层，橙黄色，质地较硬，厚3.8~7.5厘米。四层居住面的颜色不同，质地软硬不一，表明不是一次烧烤而成，而是多次烧烤而成。第5层为垫层，用长度5~10厘米、质地坚硬的红烧土块掺和少量灰色黏土铺成，垫层的表面、底面都不平整。

F30整座房址居住面的共同点是：在居住面之间普遍夹有竹笆层。差别有两点：第一，北火塘以南的竹笆层都夹在第1、2层居住面之间，北火塘以北的竹笆层夹在第2、3层居住面之间，可见竹笆层所在的层位不同；第二，南间（隔墙以南）的竹片都呈南北向，北间（隔墙以北）的竹片都呈东西向，竹片的朝向不同。从总体上看，F30居住面之间的竹笆层是以北火塘、隔墙为界分三次铺设而成的。

可以设想，铺设竹笆层的具体做法是：在建房现场将新砍伐来的圆竹劈裂成竹片，当即粘贴在居住面上，有些人将圆竹劈裂成竹片，有些人将竹片铺设在居住面上，分工明确，配合默契，因而能够做到竹片排列得有条不紊，竹节大致对齐。

建房者在两层居住面之间夹竹笆层的做法，目前在本遗址只见于F30，先民这样做的本意可能是为了防止居住面在干燥收缩过程中开裂，换言之，这是为了解决居住面开裂问题而进行的尝试，类似现代的科学实验。可是，在烧烤居住面的过程中，竹笆被烧毁成为灰烬，出土时白色灰烬尚存，不但竹笆层失去了作用，而且在两层居住面之间出现了缝隙，这缝隙的存在有损于居住

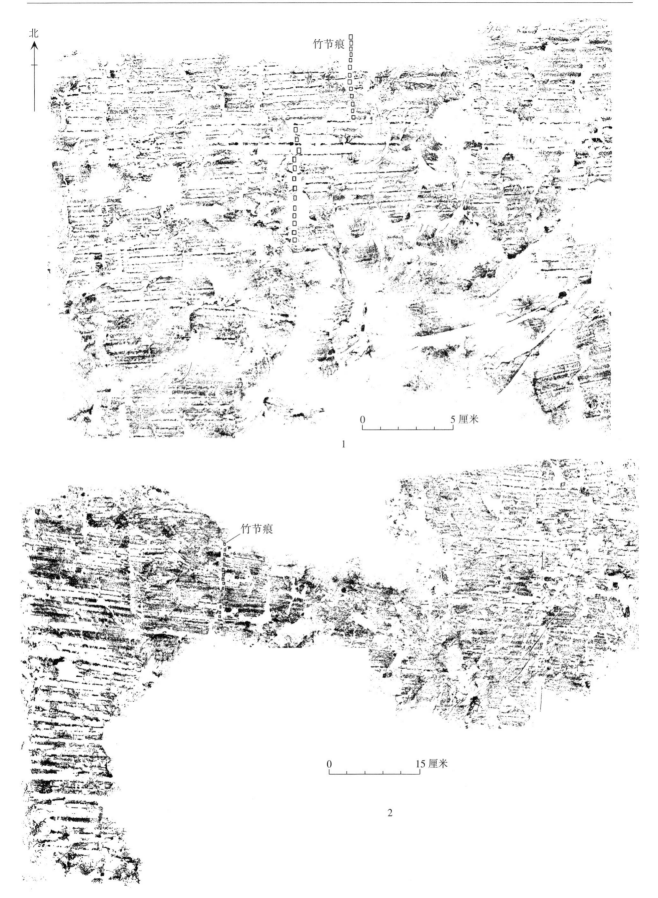

北

竹节痕

0　　　　　　5 厘米

1

竹节痕

0　　　　　　15 厘米

2

图 3 - 1 - 42　房址 F30 第 2 层居住面上的竹笆痕拓片

1. F30 中火塘北侧第 2 层居住面上的竹笆痕拓片　2. F30 中火塘东侧第 2 层居住面上的竹笆痕拓片

面，有可能导致居住面开裂，例如北火塘以南的第1层居住面局部已经开裂而且脱落，其主要原因是竹笆层夹在第1、2层居住面之间，人在第1层居住面上活动时，离缝隙较近，震动较大，会引起第1层居住面开裂。但是，北火塘以北的居住面保存较好，其主要原因是竹笆层夹在第2、3层居住面之间，人在第1层居住面上活动时，离缝隙较远，震动较小，没有导致第1、2层居住面开裂。先民尝试的结果表明：竹笆层夹在第1、2层居住面之间欠妥，夹在第2、3层之间达到了预期的目的，发挥了良好的作用。

（三）屋内支柱

屋内有圆形柱坑10个，即1～10号柱坑，柱坑内的填土为灰色松土（图3-1-35，1～10；图3-1-36，1～10；表3-1-5，1～10）。其中8个即1～8号柱坑较大，口径19～30、深19～28厘米，都呈圜底状，柱坑周壁为灰土边，没有抹面，按南北向排列成3行，东行存有2个即1、2号，中行存有3个即3～5号，西行存有3个即6～8号。其中1号保存最好，柱坑口径28、深25厘米，柱洞口径17、深23厘米。柱坑底部垫一层红烧土渣，厚2厘米，起"暗础"作用，防止柱脚下沉，柱脚周围的空当中用红烧土渣夯实，防止木柱歪斜，剖面形成二层台，这是柱脚周围空当中所夯的红烧土渣没有达到柱坑口部所致，（从柱坑底至台面）高12厘米。8号柱坑靠近北火塘，在柱坑口部外侧即柱脚周围用掺和红烧土渣的黏土泥料筑成小埂，呈圆圈状，对木柱起防火作用，残存北边半圈，厚4～6、高10厘米。中行柱坑内树立木柱承托正脊，推测正脊的脊檩由南、北两根圆木连接而成。东行、西行柱坑内树立木柱承托檩条。

门口内侧有2个小柱坑，即9、10号柱坑，都呈圜底状。9号口径17、深18厘米，10号口径13、深14厘米。两个柱坑相距146厘米，柱坑内可以安置门柱，门柱顶上可以架设过木，过木上可以架设椽子，门朝屋内开。此前，第一期晚段F34的门朝屋外开，与F30开门的方向相反。

这里顺便提及，有一个属于第3层（第四期）的柱坑打破③H180西南角和④BF30的北火塘中部，呈圆形锅底状，口径30、深28厘米。柱坑底部垫一层红绕土渣，厚10厘米。填土内存有一段炭化木柱，已经用于测定第3层的年代（详见附录六，ZK-0991）。

（四）屋顶

屋顶由结构层和屋面层两部分构成。结构层包括木质的脊檩、檩条、椽子等。其中，脊檩有正脊、垂脊之分，正脊是屋顶上最高的横向圆木，呈水平状，垂脊置于南、北两堵山墙的墙头上，呈倾斜状；檩条是架在山墙上面用来支持椽子的圆木，呈水平状；椽子是放在脊檩和檩条上架着屋面的木条或竹条，以木条为主，呈倾斜状。屋面层是用黏土泥料抹成的"泥背顶"，它包括：在正脊和垂脊上面抹泥形成的泥屋脊，在椽子上面抹泥形成的泥屋面，在屋檐上面抹泥形成的泥屋檐。"泥背顶"烧烤后成为红烧土屋面层。上述属于结构层的木质正脊、垂脊与属于屋面层的泥质正脊、垂脊是质地和内涵不同的概念。泥质正脊、垂脊都是"坯体"，原先叠压在木质正脊、垂脊之上，"坯体"烧烤后变成红烧土正脊、垂脊，我们现在所看到的都是红烧土正脊、垂脊。

现将正脊、垂脊、屋面、屋檐倒塌的红烧土块分别叙述如下。

1. 正脊

在居住面上出土正脊倒塌的红烧土7块，举例如下：

F30:31（图3-1-43，1；图版二二，1、2），为正脊端，是正脊南端的装饰物（其作用近似后世的鸥吻），F30 中火塘东南角外侧出土。用纯黏土泥料筑成，红褐色，质地坚硬，残长 16.5、宽 10.5～16、高 9.3 厘米。俯视呈梯形，好像鱼头；前端略平直，前部中央有一条棱脊，内侧呈斜坡状；后部有一个略呈三角形的凹槽，凹槽底部剖面呈 S 形，凹槽是与后续部分的相接处，两段之间采用企口接合的方式。仰视背面，留有一层层大泥片和 8 道泥片缝隙，由此可见，正脊端采用泥片贴筑法成型；值得注意的是，有一条横向的竹片痕迹，残长 10.5、宽 0.8、厚 0.7 厘米，竹黄朝下；在竹片后方有一条竹篾痕迹，宽 1 厘米，捆绑在竹片上，竹篾弯曲成弧形。以竹片和竹篾作为正脊端的骨架，并且用竹篾将正脊端固定在（木质的）正脊南端之上，这表明正脊端是在木质正脊上面现场制作的，而不是在地面上做好之后再移到木质正脊上面去的。

F30∶36（图 3-1-43，10；图版二二，3、4），亦为正脊端，是正脊北端的装饰物，F30 北部居住面上出土。用黏土泥料筑成，含有个别碎陶片，红褐色，质地坚硬，残长 9.3、宽 14、高 10.5 厘米。顶部呈圆角拱形，左边略残，共有指窝 5 个：前面有 3 个，其中 2 个为较大较深的指窝，均为直径 2、深 4.5 厘米，1 个为较小较浅的指窝；左、右两侧各残存指窝 1 个。下面略平，粘附一层白色高岭土，厚 1 毫米。该正脊端大致呈人头形，或许以象征性的手法用指窝表示人的五官，与 T59④AF26 奠基坑内出土的人头形红烧土（F26∶20，见图 3-4-178）相比不尽相似。

F30∶37（图 3-1-43，2；图版二三，1～3），为正脊。用掺和少量砂粒及稻壳的黏土泥料筑成，含有个别碎陶片，橙黄色，质地稍硬，估计烧成温度约 600℃，残长 18.3、宽 12.8、高 8.5 厘米。有两层：俯视下层呈凹槽状，横断面呈凹字形，其下部左、右两侧残，应与屋面相连，下面略平，在这一层下面应当还有一层挨着木质正脊，已经脱落；上层位于凹槽之内，横断面略呈圆角方形，顶部呈拱形，其内部用一条枋木作为骨架，枋木痕迹残长 12、宽 2.7、高 2 厘米，一端为平头。另一端的左下方留有稻草印痕。可见筑泥质正脊的程序是：先制作下层（凹槽），后在凹槽之内制作上层（拱形脊）。

F30∶38（图 3-1-43，3；图版二三，4～6），亦为正脊，原先应与 F30∶37 连为一体，但是其间缺失一段。用掺和少量砂粒及稻壳的黏土泥料筑成，橙黄色，质地稍硬，残长 15、残宽 8.7、高 8.3 厘米。形状与 F30∶37 相同，凹槽左侧留有枋木印痕，枋木上有劈裂痕，两面的夹角呈钝角，可知制作凹槽时以枋木作为"外模"。凹槽的右边已经脱落，露出上层的右侧有（从凹槽内壁翻印下来的）枋木印痕，可知制作凹槽时以枋木作为"内模"，凹槽成型之后立刻将枋木撤出，只留下枋木印痕。由于同时利用"外模"和"内模"成型，凹槽能够取直、形制规整。上层内部有枋木痕迹 1 条，残长 15、宽 1.6、高 2.5 厘米，这条枋木留在屋脊内作为骨架。需要说明的是，在本遗址的大溪文化遗存中，利用木料做骨架的做法只见于屋脊，不见于火塘埂（例如 F30∶137，图 3-1-40，3），这是红烧土屋脊与火塘埂在结构上的明显区别。

F30∶28（图 3-1-43，5），为正脊下层，F30 东南部出土。用掺和少量稻壳的黏土泥料筑成，红褐色，质地坚硬，残长 13.5、残高 7.5、厚 1.6～3.5 厘米。上面粗糙，是与它上面一层的接触面。下面留有木质正脊痕迹，残长 13、直径 15 厘米。

上述 F30 正脊的南端（F30∶31）好像鱼头，北端（F30∶36）大致呈人头形，可能意味着人与自然和谐相处，这种屋脊端在中国新石器时代房址中尚属首次发现。引人注目的是，泥质正脊是

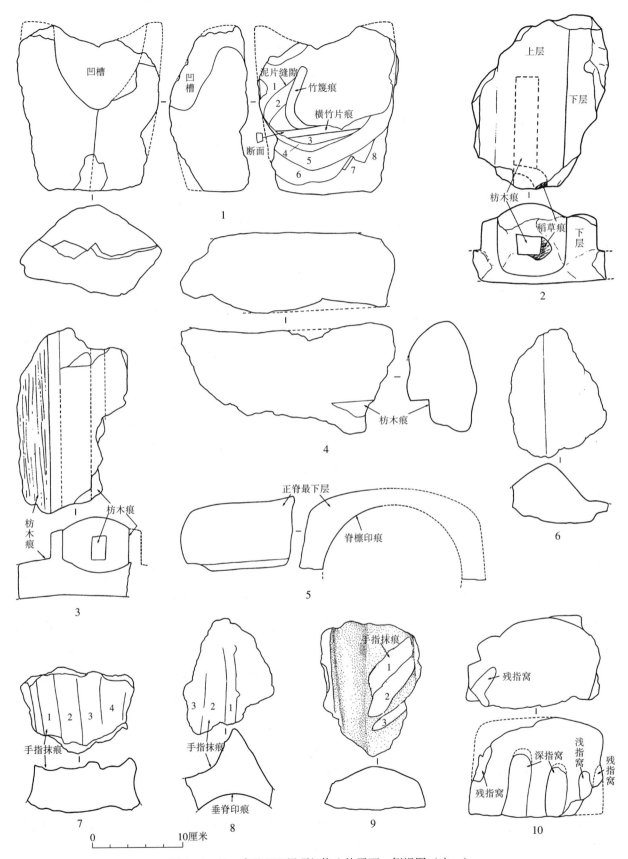

图 3-1-43　房址 F30 屋顶红烧土块平面、侧视图（之一）

1. F30：31 正脊端　2. F30：37 正脊　3. F30：38 正脊　4. F30：41 垂脊　5. F30：28 正脊下层　6. F30：40 垂脊　7. F30：34 垂脊端下层
8. F30：55 垂脊　9. F30：39 垂脊端上层　10. F30：36 正脊端

在屋顶上现场制作的，采用泥片贴筑法、"外模"制法、"内模"制法成型，并且以枋木作为泥质正脊内部的骨架，分段制作，各段之间以企口方式相接。需要说明的是，模制法在大溪文化陶器的成型方法中未见，在泥质屋脊的成型方法中却已经出现。虽然在大溪文化的制陶工艺与土木建筑工程中都利用黏土泥料，但是"坯体"的成型方法存在一些差异。在江汉地区，石家河文化陶鬶、陶盉的"袋足均为模制，内壁平整，为素面模具的印痕"①。

2. 垂脊

在居住面上出土垂脊倒塌的红烧土5块，叙述如下：

F30：41（图3－1－43，4；图版二二，5、6），为垂脊。用掺和少量砂粒的黏土泥料筑成，红褐色，质地坚硬，残长23、残宽8、高12厘米。比正脊要窄得多，正视顶部平齐，从横断面看顶部呈拱形，表面抹平，右侧有抹面1层，用白色高岭土抹成，厚1毫米。下面有枋木痕迹1条，是以枋木作为骨架，枋木两面的夹角略呈直角，残长4.5厘米。

F30：40（图3－1－43，6），亦为垂脊。用掺和少量砂粒的黏土泥料筑成，红褐色，质地坚硬，残长14、残宽10.3、高6厘米。上面有棱脊，从横断面看顶部略呈钝角，表面抹平，下面残。

F30：55（图3－1－43，8；图版二四，1），亦为垂脊。用纯黏土泥料筑成，红褐色，质地坚硬，残长11.2、宽9.2、高6.9厘米。上面有棱脊，横断面呈锐角，左侧面有横向的手指抹痕3条，右侧面抹平，下面留有木质垂脊痕迹，残长10、直径13厘米。

F30：39（图3－1－43，9；图版二四，2），为垂脊端的上层。用黏土泥料筑成，含有个别陶片，橙黄色，质地较软，估计烧成温度约600℃，残长14.5、宽10.8、高4.5厘米。俯视呈舌形，从横断面看顶部呈拱形。上面右边有斜向的手指抹痕3条，左边抹平。下面凹凸不平，是与下层的接触面。

F30：34（图3－1－43，7；图版二四，3），为垂脊端下层。用掺和少量砂粒的黏土泥料筑成，深红色，质地较硬，残长9.3、宽12.5、高5厘米。俯视后端较宽，前端较窄。上面有纵向的手指抹痕4条，形成4条浅槽，这些浅槽是故意抹成的，以便下层与上层接合牢固。左右两侧呈弧形内凹，表面抹平。下面残，凹凸不平。

上述垂脊与正脊的差别在于：垂脊比正脊要窄得多，由于几个人同时制作，其形状难免不一致；垂脊端的形状和做法比正脊端要简单得多，但是局部也以枋木作为骨架；泥质垂脊下面的木质垂脊较细，（F30：55）直径为13厘米，泥质正脊下面的木质正脊较粗，（F30：28）直径为15厘米。

3. 屋面

屋面系指处于屋脊与屋檐之间的覆盖层。在居住面上出土屋面倒塌的红烧土3块，叙述如下。

F30：45（图3－1－44，7；图版二四，5、6），为靠近正脊的屋面。用掺和少量稻草截段的黏土泥料抹成。值得注意的是：上面为橙色红色，质地稍硬，表明烧成温度较高；下面逐渐变为黄色，质地较软，表明烧成温度较低，这种现象应是在屋面之上（即在"泥背顶"上面）进行烧烤

---

① 李文杰：《肖家屋脊遗址石家河文化制陶工艺》，见湖北省荆州博物馆、湖北省文物考古研究所、北京大学考古学系石家河考古队：《肖家屋脊》（上）附录二，文物出版社，1999年。

所致。残长 20、残宽 20.5、（不包括从椽间空当中挤下来的泥凸）厚 8.8 厘米。下面从不同角度观察这块屋面：

从仰视图（右图）上看，下面（从左往右）有纵向的圆木椽痕迹 1 条，有树皮痕，残长 10.2 厘米；圆竹椽痕迹 1 条，残长 14、直径 2.3 厘米，壁光滑；半圆木椽痕迹 2 条，左边一条残长 18.5、直径 5 厘米，右边一条残长 15.4 厘米，两条都有劈裂痕。椽边缘至边缘间距 0.7～2.7 厘米不等。由于椽的间距适当，一部分泥料从椽间的空当中挤下来形成"泥凸"，泥凸牢牢地"咬住"椽子。假如间距太大，泥凸会下坠而脱落。

从侧视图（中图）上看，靠近正脊的侧面有 2 条横向并排的圆竹痕迹，残长分别为 5.5 厘米和 8.6 厘米，直径均为 1 厘米。这些圆竹在屋面与正脊之间的连接处起骨架作用。引人注目的是：在泥凸的侧面，留有泥料与半圆木椽之间摩擦时产生的平行线状纹理，经过测量，纹理与半圆木椽边缘所成角度为 73°。从理论上讲，由于重力（地心对泥料的吸引力）作用，这些纹理应与水平面垂直，即纹理与水平面所成角度应为 90°，据此计算出 F30 屋顶的坡度为 90°－73°＝17°。屋顶的坡度系指半圆木椽边缘（也就是屋脊与屋檐之间的连接线）与水平面之间所成的角度，坡度大的为陡坡，坡度小的为缓坡，17° 属于缓坡，便于在屋顶上面抹泥或再进行烧烤。屋面的上面呈弧曲状。

从俯视图（左下图）上看，上面留有横向的手指抹痕 4 条。这里需要说明的是：徒手抹泥是 F30 屋面常用的一种做法，但是在 F30 墙壁上一般都用抹子抹泥，可见屋面与墙壁的做法不同。在下部边缘的上面留有两道凹槽，是用剥去树皮、呈圆头状的木棍压成的，排列成外八字形，其右边还有一道凹槽，已残。可以设想，先民抹泥屋面是分段进行的，先抹高处，后抹低处，从屋脊附近开始，至屋檐结束。相邻两段之间采用互相叠压和企口接合的方式，外八字形凹槽与它相接那一段边缘的外八字形泥凸，两者卡入接合可以防止滑脱，从而使两段泥屋面接合牢固。

从另一侧视图（左上图）上看，有 2 条并列的圆竹痕、2 条半圆木椽痕、1 条圆竹椽痕、1 条圆木椽痕，椽间空当中有挤下来的"泥凸"。

F30：46（图 3－1－45，1；图版二四，4），亦为靠近正脊的屋面。用掺和稻草截段的黏土泥料抹成，红褐色，质地坚硬，残长 11.9、残宽 21 厘米，距屋脊较近处厚 9.5 厘米，较远处厚 5 厘米。上面有横向的手指抹痕 5 条，是用右手从左往右抹成的，大拇指的抹痕（1 号）略残，靠近正脊处有一个凹槽，两端呈圆角，是用剥去树皮、两端呈圆头的木棍压成的，右端打破了小拇指的抹痕（5 号）。下面有纵向的半圆木椽痕迹 1 条，残长 4.7 厘米，有劈裂痕。

从上述 F30：45、F30：46 可以看到，圆木棍是在屋顶上分段抹泥时使用的工具，其用途是在泥屋面上压成凹槽，使各段之间形成企口接合。这种剥去树皮、两端呈现圆头的木棍类似现在的擀面杖，应是最原始的抹子，可以用它将泥屋面抹平，比现代泥瓦匠所用（有器身、有柄）的抹子要简单得多。

F30：92（图 3－1－44，6），为屋面，用纯黏土泥料抹成。有两层：下层厚约 7.5 厘米，为深红色；上层厚约 0.5 厘米，为橙黄色。两层颜色深浅不同是所用泥料含铁量高低不同所致。残长 10.5、残宽 14.8 厘米。上面有斜向的手指抹痕 2 条。下面有纵向的半圆木椽痕 4 条：2 条劈裂面朝上，其中较长的一条残长 8.8、直径 5 厘米，二者边缘至边缘间距 2.3 厘米；2 条为侧放，其中一条有劈裂痕，另一条有树皮痕。椽子属于屋顶上的结构层，F30屋顶上所用的半圆木椽，大多数为劈裂面朝上。劈裂面朝上有两个优点：一是可以使结构层的上面比较平整，从而使覆盖在它上面的泥屋面也比较平整，有利于排除雨水；二是由于劈裂痕呈现为粗糙面，可以使泥料与木料粘结得更加牢固。

4. 屋檐

屋檐是屋顶伸出墙外的部分。居住面上出土屋檐倒塌的红烧土18块，举例如下：

F30∶64（图3-1-44，1；图版二五，1），为屋檐。用纯黏土泥料抹成，橙红色，质地稍硬，估计烧成温度约600℃，残长9.3、残宽9.8厘米，屋面厚2.5厘米。上面抹平。从侧视图上看（右图），前面为檐口，面呈弧形内凹，上侧有明显棱脊，其横断面呈锐角，檐口残宽6.8、高3.2厘米，从棱脊处测量厚2.6厘米。从仰视图上看（左图），下面有纵向的半圆木椽痕2条，劈裂面朝上，残长分别为8.4厘米和8.7厘米，椽的边缘至边缘间距2.2厘米，椽之间有挤下来的泥凸，其横断面呈弧形。

F30∶32（图3-1-44，2），为屋檐，F30中部居住面上出土。用纯黏土泥料抹成，橙黄色，质地稍硬，估计烧成温度约600℃，残长12、残宽14.5厘米，屋面厚约4厘米。从俯视图上看（左图），上面有横向手指抹痕4条。从侧视图上看（中图），前面为檐口，面微内凹，上侧有明显棱脊，其横断面呈尖状，檐口残宽7.5、高4.3厘米，从棱脊处测量厚5.2厘米。从仰视图上看（右上图），下面有纵向的半圆木椽痕3条，均为劈裂面朝上，中间一条较长，残长11.7厘米。椽的边缘至边缘间距1~3厘米不等。

F30∶69（图3-1-44，3；图版二五，2），为屋檐。用纯黏土泥料抹成，橙红色，质地稍硬，残长10.3、残宽8.6厘米，屋面厚5厘米。从俯视图上看（左图），上面有横向手指抹痕5条。从侧视图上看（中图），檐口的上部内凹、下部外鼓，上侧有明显棱脊，其横断面略呈直角，檐口残宽6.5、高5厘米，从棱脊处测量厚5.9厘米。从仰视图上看（右下图），下面有纵向圆竹椽痕1条，壁光滑，残长9、直径1.8厘米。

F30∶61（图3-1-44，4；图版二五，3、4），为屋檐。用纯黏土泥料抹成，橙红色，质地稍硬，残长12.7、残宽11.7厘米，屋面厚2.5厘米。从俯视图上看（左图），上面有横向手指抹痕3条，其中第1、2两条相依，第3条离得较远，是另一次抹成的。从侧视图上看（中图），前面为檐口，面微内凹，上侧有明显棱脊，其横断面略呈直角，檐口残宽11、高4.5厘米，从棱脊处测量厚5.1厘米。从仰视图上看（右上图），下面有纵向的半圆木椽痕1条，残长12.3、直径6厘米，劈裂面朝上，有劈裂痕；竹片椽痕1条，残长9.8、宽3.3厘米，竹黄朝下；圆竹椽痕1条，壁光滑，残长6.3、直径1.4厘米。半圆木椽与竹片椽相依；竹片椽与圆竹椽边缘至边缘间距0.8厘米，二者之间有挤下来的泥凸。

F30∶67（图3-1-44，5；图版二六，1、2），为屋檐。用纯黏土泥料抹成，橙红色，质地稍硬，残长7.5、残宽8厘米，屋面厚2.8厘米。从俯视图上看（左图），上面有横向手指抹痕3条。从侧视图上看（中图），前面为檐口，面微内凹，上侧有明显棱脊，檐口残宽7.8、高2.8厘米，从棱脊处测量厚4厘米。从仰视图上看（右上图），下面有纵向的半圆木椽痕2条，一条劈裂面朝上，另一条树皮痕朝上。椽的间距0.6厘米。

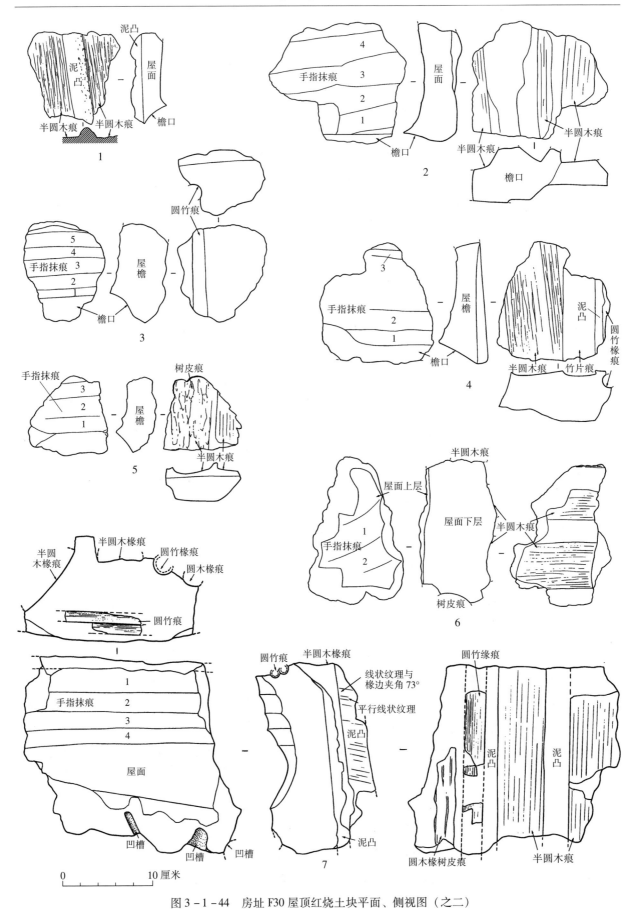

图 3 - 1 - 44　房址 F30 屋顶红烧土块平面、侧视图（之二）
1. F30∶64 屋檐　2. F30∶32 屋檐　3. F30∶69 屋檐　4. F30∶61 屋檐　5. F30∶67 屋檐　6. F30∶92 屋面　7. F30∶45 屋面

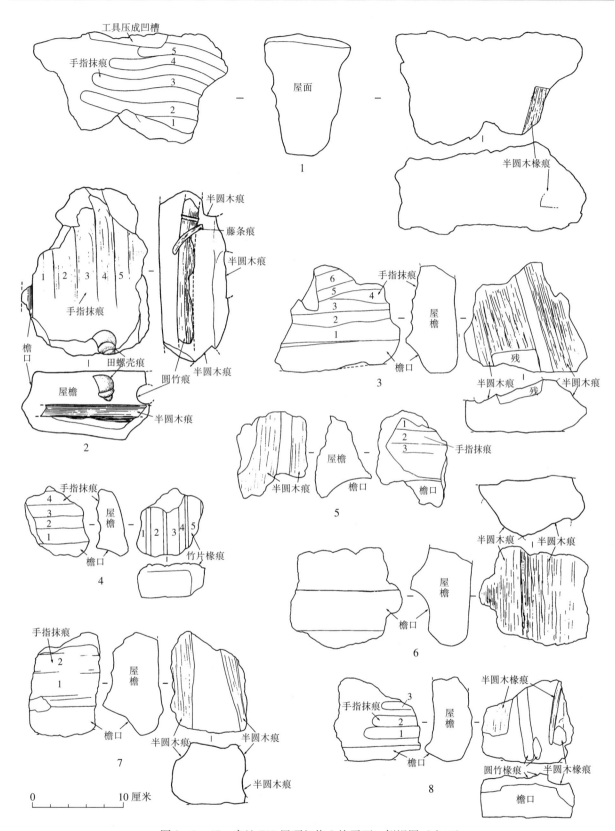

图 3 - 1 - 45　房址 F30 屋顶红烧土块平面、侧视图（之三）

1. F30:46 屋面　2. F30:116 屋檐　3. F30:58 屋檐　4. F30:71 屋檐　5. F30:63 屋檐　6. F30:57 屋檐

7. F30:62 屋檐　8. F30:68 屋檐

F30：116（图 3 - 1 - 45，2），为屋檐。用掺和细砂的黏土泥料抹成，深红色，质地稍硬，残长 14、残宽 18 厘米，屋面厚 7.3 厘米。从俯视图上看（左上图），上面有横向手指抹痕 5 条，是用右手从左往右抹成的；引人注目的是有完整的（从水田内采集来的）田螺壳印痕 1 个，田螺壳深深地陷入屋面之内，应是无意中混入泥料中的。从一个侧视图上看（左下图），前面为檐口，面内凹，上侧微起棱脊，其横断面呈圆角，檐口残宽 4.7、高 4.3 厘米，从棱脊处测量厚 6.4 厘米。从另一个侧视图上看（右图），下面有纵向的半圆木椽痕 3 条，都有劈裂痕，最长一条残长 11 厘米，中间一条直径 4.8 厘米，椽的边缘至边缘间距 3.9～5.5 厘米；在木椽上方有横向的圆竹痕 1 条，竹节清晰可见，直径 1.8 厘米；还有藤条痕 1 条，从圆竹上绕过，藤条横断面呈圆形，直径 0.5 厘米，是用藤条将圆竹与木椽捆绑在一起，起加固作用。藤为木本植物，实心，具有韧性，弯曲变形时不易折断，因此可以作为捆绑材料，但在本遗址用藤条捆绑是罕见现象。在后来第四期疑为方形或长方形残房址 F24 的红烧土垫层上残存一片荆条编织物，已经烧成黑色木炭状，经纬清晰（见图 3 - 1 - 79，1），也是罕见现象。

F30：58（图 3 - 1 - 45，3；图版二五，5），为屋檐。用掺和少量稻草截段的黏土泥料抹成，橙红色，质地稍硬，残长 11.5、残宽 13 厘米，屋面厚 4.1 厘米。从俯视图上看（左图），上面有横向手指抹痕 6 条，其中第 1～4 条是先抹成的，第 5、6 条是后抹成的，第 5 条打破第 3、4 条。从侧视图上看（右图），前面为檐口，面微内凹，上侧有棱脊，下侧外鼓，檐口残宽 13、高 4.1 厘米，从棱脊处测量厚 5.6 厘米。从仰视图上看（右上图），下面有纵向的半圆木椽痕 2 条，均为劈裂面朝上，有劈裂痕，残长分别为 8.7 厘米和 12.4 厘米，椽的边缘至边缘间距 1.2 厘米。

F30：71（图 3 - 1 - 45，4；图版二六，3、4），为屋檐。用纯黏土泥料抹成，橙黄色，质地松软，估计烧成温度约 500℃，残长 7、残宽 6.7 厘米，屋面厚 2 厘米。从俯视图上看（左图），上面有横向手指抹痕 4 条。从侧视图上看（中图），前面为檐口，面微内凹，上侧有明显棱脊，檐口残宽 5.5、高 2.7 厘米，从棱脊处测量厚 3.4 厘米。从仰视图上看（右上图），下面有纵向并排的竹片椽痕 5 条，竹片残长 4.9、宽 0.7～1.3 厘米，椽的边缘至边缘间距 0.4 厘米，竹黄朝上。以竹片作为椽子在 F30 是罕见现象。

F30：63（图 3 - 1 - 45，5；图版二六，5、6），为屋檐。用纯黏土泥料抹成，红褐色，质地较硬，残长 8.3、残宽 7.5 厘米，屋面厚 2.8 厘米。从俯视图上看（右图），上面有横向手指抹痕 3 条。从侧视图上看（中图），前面为檐口，面呈弧形内凹，上侧有明显棱脊，其横断面呈尖状，檐口残宽 4、高 5.5 厘米，从棱脊处测量厚 6 厘米。从仰视图上看（左图），下面有纵向半圆木椽痕 2 条，劈裂面朝上，有劈裂痕，椽的边缘至边缘间距 1.3 厘米。

F30：57（图 3 - 1 - 45，6；图版二七，1、2），为屋檐。用掺和少量稻壳的黏土泥料抹成，橙红色，质地稍硬，残长 10、残宽 11 厘米，屋面厚 4.9 厘米。从俯视图上看（左图），上面有用工具横向抹平的痕迹，在 F30 的屋檐上面，用工具抹平是罕见现象。从侧视图上看（中图），前面为檐口，面呈弧形内凹，上侧起棱，下侧明显外鼓，檐口残宽 12、高 5 厘米，从棱脊处测量厚 6.7 厘米。从仰视图上看（右下图），下面有纵向相依的半圆木椽痕 2 条，残长均为 10 厘米，右边一条直径 6.5 厘米，两条均为劈裂面朝上，有劈裂痕。

F30：62（图 3 - 1 - 45，7；图版二五，6），为屋檐。用纯黏土泥料抹成，橙红色，质地稍硬，残长10.9、残宽7.2厘米，屋面厚4.9厘米。从俯视图上看（左图），上面有横向手指抹痕2条。从一个侧视图上看（中图），前面为檐口，面内凹，上侧有明显棱脊，其横断面略呈直角，檐口残宽7、高5.2厘米，从棱脊处测量厚6.4厘米。从仰视图上看（右上图），下面有纵向半圆木痕2条：左边一条劈裂面朝上，右边一条侧放，两条都有劈裂痕。从另一个侧视图上看（右下图），还有一条半圆木痕，侧放，有树皮痕。

F30∶68（图3-1-45，8；图版二七，3、4），为屋檐。用纯黏土泥料抹成，深红色，质地较硬，残长8.9、残宽9.5厘米，屋面厚3.9厘米。从俯视图上看（左图），上面有横向手指抹痕3条。从侧视图上看（中图），前面为檐口，面略平，上侧有棱脊，其横断面略呈圆角，檐口残宽8.5、高2.5厘米，从棱脊处测量厚4.3厘米。从仰视图上看（右上图），下面有纵向相依的圆竹椽痕2条，壁光滑，其中一条残长7.5、直径1.2厘米；半圆木椽痕2条，其中一条在左边，劈裂面朝上，有劈裂痕，另一条在右边，为侧放，有树皮痕。

F30∶52，为屋檐。用纯黏土泥料抹成，橙红色，质地稍硬。承蒙宜昌市陶瓷研究所测定，这块红烧土的烧成温度为620℃，吸水率为27.99%（详见附录二）。

现将F30屋面和屋檐红烧土块的特征归纳如下：

第一，只在结构层的上面（朝天空一面）抹泥，目前未见结构层的下面（朝屋内一面）抹泥。这一点与筑墙时在骨架两面抹泥明显不同。在结构层上面抹泥的理由是：压住屋面铺苫物，或可以再在"泥背顶"上面进行烧烤，使泥屋面变成红烧土屋面，更好起到防水和保温作用。结构层的下面则没有必要抹泥，即便抹泥也难以待牢，很容易脱落。

第二，抹泥屋面所用的泥料多数为纯黏土（系指没有人为加入"羼和料"的黏土），只有少数人为掺和砂粒、稻草截段或稻壳作为"羼和料"。未见掺和红烧土渣或红烧土块，这一点与筑墙体所用的泥料明显不同。相对而言，对抹泥屋面的泥料要求较严格。

第三，屋面和屋檐红烧土块比墙壁红烧土要薄得多，檐口的特征与墙头的特征明显不同。只要仔细辨认，即可将屋面与墙壁、檐口与墙头区分开来。F30椽子排列较密集，椽间空当子较小，因此空当中没有必要使用茅草作为填充材料。

第四，经测定，F30∶52屋檐红烧土块的烧成温度为620℃，而F30∶76墙壁红烧土块的烧成温度为900℃（见附录二）。二者相差悬殊可能是建房者采用二次烧烤法所致：第一次只烧烤墙壁和居住面；第二次在屋内树立木柱、架设屋顶结构层和覆盖泥屋面层之后，在"泥背顶"上面进行烧烤。

第五，檐口是房屋的脸面，做成弧形内凹，上侧有棱脊，而且此处较厚，这样既可以使该部位更加牢固，又使檐口整齐划一，具有装饰作用，体现了先民的审美观念。

根据F30屋内柱坑的排列状况和出土的正脊、垂脊、屋面、屋檐红烧土块，推测其屋顶有一条南北向的正脊和四条垂脊，屋顶呈现两面坡的形式，其坡度约17°。

本所的张孝光先生根据以上情况绘制了F30复原示意图（图3-1-46）。

（五）火塘

在屋内南北向的中轴线上有3个方形火塘，即中火塘、南火塘、北火塘（图3-1-35；图版一六，1~4）。

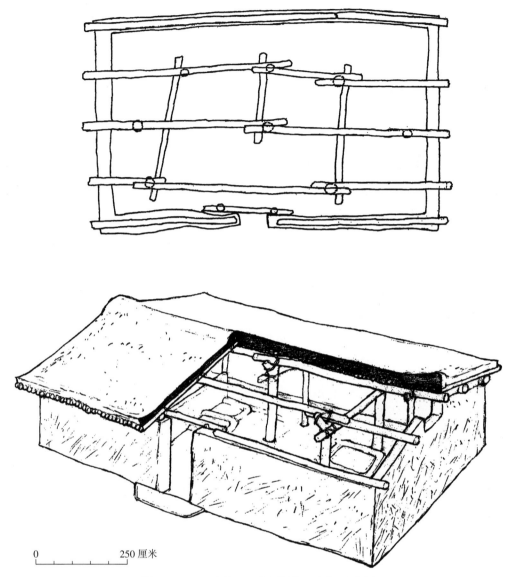

图 3 - 1 - 46　房址 F30 复原俯视、侧视示意图

1. 中火塘

位于北间南端，在隔墙西段北侧，有上、下两层火塘。

（1）下层火塘

建在垫层上，为红褐色，东、西、北三边有埂。东埂的北端残，残长 90、复原后长 115 厘米，有两段：南段长 36、宽 12 厘米，高于垫层 20 厘米，横断面呈方形；北段残长 54、北部宽 14.3、中部宽 8、高 9～14 厘米，低于南段，横断面呈圆角方形。以隔墙西段代替火塘南埂，中部偏西残，复原后长 114 厘米。这表明其施工的程序是：先建造隔墙，后建造火塘。西埂长 110 厘米，顶部呈圆角方形，有两段：南段长 28、宽 14、高 22 厘米；北段长 82、宽 13～16、高 8～10 厘米，低于南段。北埂的东端稍残，残长 100、复原后长 105 厘米，宽 9、高 4 厘米，横断面呈梯形。火塘之内抹成底面 3 层，共厚 8 厘米，没有夹竹笆层，这一点与居住面（夹竹笆层）的做法明显不同。西北角呈圆角。东埂和北埂外侧（外侧属于居住面）各有一段贴面，为橙红色。东埂的贴面横断面略呈直角三角形，底边宽 4.3、高 5.4 厘米，下面有东西向的竹笆痕迹。北埂的贴面横断面略呈等腰三角形，底边残宽6、高4厘米，南侧有一条东西向的半圆木印痕，下面有东西向的竹笆痕迹。上述贴面都贴在火塘埂的外侧，其作用是压住竹笆层。

（2）上层火塘

上层火塘埂为灰红色，东、西埂分别附加在下层火塘东埂北段、西埂北段之上，北埂附加在下层火塘北埂之上。东埂残长31、宽9～14、高7厘米，西埂残长63、宽11、高8厘米，北埂残长70、宽9、高4厘米。北埂的横断面呈梯形。例如F30：137（图3－1－40，3），是发掘时从中火塘北埂（包括下层火塘北埂和上层火塘北埂）上取下来的一段，用掺和大量稻壳及少量砂粒的黏土泥料筑成，为红褐色，质地坚硬，估计烧成温度约900℃。包括上、下两层，横断面都略呈梯形，两层的上部宽均为9厘米，高均为4厘米；下层残长17.5厘米，上层残长17厘米；上面和两侧面都抹平。在本遗址的大溪文化遗存中，凡是火塘埂都不用木料作为骨架，只有红烧土屋脊才用枋木作为骨架。

在上层火塘之内西南部增设一条曲尺形埂，东段长46、宽12、高12厘米，南端与隔墙连接；北段长72、宽10、残高12厘米，西端与西埂连接。在火塘东北部增设一条弧形埂，宽10、高10厘米，东端与东埂连接，北端与北埂连接，中段残。在东埂与曲尺形埂的东段之间增设一条小埂，东西长12、宽6～8、高16厘米。这3条埂将方形大火塘分隔为四个小火塘，其中，以西南角的较大，东北角的次之，西北角的再次之，东南角的最小，可以同时使用、分别煮或蒸不同食品。原先是一个大火塘，后来分隔为四个小火塘，这种变化应与适应食品多样化的需要有关，反映出人们的饮食逐步改善。

2. 南火塘

位于南间北部偏东，隔墙西段南侧，有上、下两层火塘。

（1）下层火塘

建在第1层居住面上，东、南、西三边有埂，呈灰色，质地坚硬。西南角和北部被第3层扰乱。东埂横断面呈拱形，残存两段，复原后长116、宽10、高8厘米。南埂横断面呈方形，残长100、复原后长120厘米，宽11、高6厘米。西埂横断面呈拱形，残长43、复原后长120厘米，宽10、高11厘米。以隔墙西段代替北埂，残长94、复原后长112厘米。这表明其施工的程序是：先建造隔墙，后建造火塘。火塘之内抹成底面3层，共厚4厘米，呈灰白色，质地坚硬。

（2）上层火塘

上层火塘埂附加在下层火塘埂上，为红褐色，厚约4厘米，横断面呈拱形。东埂中段倒塌在火塘外侧。在火塘西部增设一条东西向的埂，形如一把菜刀，有两段：西段好像刀把，横断面呈拱形，长10、宽5、高5厘米，西端与西埂连接；东段好像刀身，横断面呈方形，长26、宽11、高7厘米。

3. 北火塘

位于北间的中部偏北，与中火塘相距1.9米，建在第1层居住面上，呈深红色，四边有埂，横断面呈圆角方形。东埂的南端残，残长120、复原后长130厘米，宽10～18、高10厘米。南埂长110、宽18～22、高10厘米。西埂长136、宽12～16、高8厘米。北埂被③底H180打破，残长44、复原后长122厘米，宽14、高8厘米。以第1层居住面作为火塘底面，唯东北角在居住面之上加抹一层底面，平面呈方形，东西长34、南北宽34、厚2厘米。

西埂南端延伸出一条曲尺形埂，横断面呈拱形，北段长30、宽8～10、高8厘米；南段向西拐，长26、宽9～10、高7厘米，此埂的用途不详。在东埂南段外侧的第1层居住面上，用黏土泥料筑成一个红烧土台，这是北火塘的附属设施，平面呈梯形，西北角被第3层扰乱，东边长40、南边宽38、西边长50、北边残宽16（复原后宽40）、高15厘米，上面平整，可以放置炊器等。

如上所述，中火塘的下层火塘建在垫层上，是先建造的，先使用，南火塘的下层火塘和北火塘都建在第1层居住面上，是后建造的，后使用，二者先后间隔一段时间。最后中、南、北三个火塘并存、同时使用一段时间。由此可知，F30使用的年限较长，随着居住人口的增加，逐渐增加和完善屋内设施。

屋内西北角有火种坑1个即21号（图3-1-35，21；图3-1-36，21；表3-1-5，21），敞口、束颈，从俯视图上看有内、外两个圈，外圈即口径15厘米，内圈为二层台，直径8厘米，从剖视图上看呈凹沿圜底罐状，深23厘米，周壁用黏土泥料抹成，内壁光滑，呈青灰色，留有烟炱。坑内保存的火种应是长期不灭，可以随时向F30的各火塘以及同时期其他房屋的火塘提供火种。这是在本遗址内发现的两个火种坑之一，另一个在第三期疑为方形或长方形残房址F31的火塘内西北角（见图3-1-76）。

（六）储藏所

建在中火塘西侧第1层居住面上，平面呈长方形（图3-1-35；图版一六，5、6）。南、西、北三边有埂，为橙黄色，质地较软，烧成温度明显低于火塘，换言之，没有烧火使用的痕迹，可见不是火塘。南埂顶部略呈圆角方形，长80、宽10、高10厘米，东端与隔墙西端连接。西埂横断面呈拱形，中部残，复原后长120、宽12、高10厘米。北埂被第3层破坏，东、西两端尚存，东端与中火塘西北角连接，复原后长70厘米。以中火塘的西埂代替储藏所的东埂，长110厘米。由此可见，建造储藏所的时间晚于中火塘的上层火塘。储藏所内抹成底面1层，厚2厘米，为橙黄色，质地较软。储藏所是火塘的附属设施，建在火塘旁边，主要当可用于储藏食物，也可以存放柴草。

储藏所的西埂向北延伸出一条埂，为橙红色，横断面呈拱形，南北长100、东西宽16～18、高8厘米。此埂用途不详。

（七）散水

F30周边的散水宽约1米，厚约10厘米，用红烧土渣掺和少量黏土铺成，表面较平整，略向外倾斜，便于排水，保护墙基。北边的散水与红烧土场地S28（详见附表3）南边相连，F30东北墙角与S28相距80厘米，屋主人前往场地进行活动很方便。

从上述F30各部分之间的叠压关系和连接状况，可知其施工程序是：先建造外墙、屋内垫层、隔墙；再建造中火塘的下层火塘和居住面；然后建造南火塘的下层火塘和北火塘。这些设施都经过人工烧烤之后，在屋内树立木柱，覆盖屋顶的结构层，再于结构层上面抹泥形成"泥背顶"，假定红烧土屋面也是人工烧烤而成的，应在"泥背顶"上面进行烧烤；最后铺设屋外的散水、用红烧土块砌成门外的台阶。至于中火塘和南火塘的上层火塘、储藏所、从储藏所西埂向北延伸的那条埂，都是后来建造的。

F30 的墙壁、居住面、火塘、储藏所和屋面等都是红烧土。承蒙宜昌市陶瓷研究所的吴崇隽、庞金艳同志测定：墙壁红烧土块 F30：76 的烧成温度为 900℃，吸水率为 79.23%；屋檐红烧土块 F30：52 的烧成温度为 620℃，吸水率为 27.99%（详见附录二）。二者的烧成温度及吸水率相差悬殊，表明不是一次烧烤而成。假定都是人工烧烤而成，则应采用二次烧烤法：第一次烧烤墙壁和居住面，第二次烧烤"泥背顶"。

F30 位于关庙山遗址 V 区（关庙山聚落中心区）的东南部，其建筑面积约 52 平方米，属于大型房址；居住面之间夹竹笆层的做法很特殊，独一无二；屋内设施齐全，有三个规模较大的火塘和一个火种坑，可供多人同时进行炊事活动和冬季烤火取暖；似人头形和似鱼头形的屋脊端装饰可能意味着人与自然和谐相处。以上情况表明 F30 是第三期聚落的核心建筑，应是大家族的住房，也可能是氏族首领驻地或集会议事的场所。

F30 屋内放置的器物有：储藏所南埂北侧放置大型石斧 C V 式 1 件（F30：21，见图 3 - 5 - 5，3），刃部置于埂上，该石斧可能用于砍柴。储藏所北侧的居住面上正放平底罐 4 型 1 件（F30：22，见图 3 - 4 - 104，10），已被压碎，破碎之后腹部有一块陶片被烧流变形（修复后显示出这块陶片向外鼓出，烧流部分以破裂线为边界）；甑 3 型 I 式 1 件（F30：23，见图 3 - 4 - 124，2），已被压碎，局部烧流变形；圈足盘 7 型 VI 式 1 件（F30：24，见图 3 - 4 - 50，10），已经烧流变形。储藏所之内东北角放置器盖 6 型 IV 式 1 件（F30：25，见图 3 - 4 - 150，2），已经烧流变形，呈一边高一边矮。南火塘之内东部放置器盖 8 型 I 式 1 件（F30：26，见图 3 - 4 - 152，1），口朝上。中火塘东埂外侧放置器盖 6 型 IV 式 1 件（F30：27，见图 3 - 4 - 150，1），口朝下。这些都是屋主人使用过的器物。其中 4 件陶器（F30：22~25）烧流变形或局部烧流变形，都出自中火塘附近，或许与屋主人用火不慎引起火灾有关。

另外，F30 填土内还出土中型双刃石斧 C VII 式 1 件（F30：13，见图 3 - 5 - 20，2），小型单刃石斧 B VI 式 1 件（F30：16，见图 3 - 5 - 34，5）。

房址 F35

位于 T68、T69、T72、T73⑦层顶部，屋内中部被⑤B 底 H134 打破，H134 西南边的⑥层扰坑打破 F35 的垫层，H134 东边的⑥层扰坑打破 F35 的居住面，屋内西南部叠压在⑥B 底 H163 之下，属于第一期晚段（图 3 - 1 - 47A）。5 号柱洞以东 230 厘米处垫层海拔 47.39 米，距地表深 2.25 米。仅存西部半座房址，复原后应呈圆角长方形，门向北，有门道，西壁内侧的方向为北偏西 2°。

屋内地面由垫层和居住面两部分构成。垫层用灰白色黏土铺成，四周与散水相连，二者同时铺成。东部存有一片居住面，面积约 14 平方米，用黏土泥料抹成，经过烧烤，为红色或青灰色，质地松软，估计烧成温度约 500℃。

墙基建在垫层内，即先铺垫层，后挖条形基槽，再用掺和大量红烧土块的黏土将基槽填实，形成条形墙基。南墙基残长 456、厚 64、深 15 厘米。西墙基长 806、厚约 55、深 20 厘米。北墙基西段（门口以西部分）长 552、厚 65、深 20 厘米。西南角、西北角呈圆角。北墙基西段的东端呈弧形向北延伸，成为门道的墙基，南北长 44 厘米，虽然北墙基东段已经消失，但是门口东侧存有圆形柱洞 1 个即 1 号，口径 18、深 14 厘米，应是北墙基东段之内的柱洞，因此，可以测量出门口

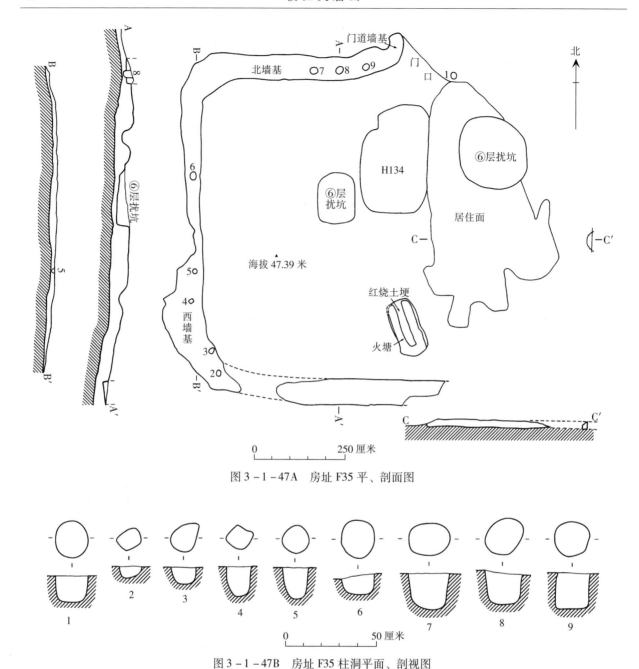

图 3-1-47A　房址 F35 平、剖面图

图 3-1-47B　房址 F35 柱洞平面、剖视图

宽约 140 厘米（图 3-1-47B，1；表 3-1-6，1）。门道墙基之上筑墙壁，以便架设雨棚。西墙基和北墙基内共发现圆形柱洞 8 个即 2～9 号，口径 12～22、深 6～19 厘米（图 3-1-47B，2～9；表 3-1-6，2～9）。F35 包括墙基、门道在内南北宽 9 米，因东部残缺，残边参差不齐，东西残存最长处 9.95 米，残存建筑面积约 76 平方米。

　　墙壁倒塌在居住面上，现将墙壁红烧土块举例如下。

　　F35：88（图 3-1-48，1），为墙壁一半。用掺和大量稻草截段及少量稻壳的黏土泥料筑成，橙黄色，质地稍硬，估计烧成温度约 600℃，残高 10.8、残宽 8.4、半壁厚 5.5 厘米。外表抹平。一侧有竹柱痕 1 条，壁光滑，残高 9、直径 9.5 厘米，应是毛竹（又称南竹）痕迹，竹柱上有竹篾捆绑痕迹 2 组，每组 2 条并列，竹篾宽 6 毫米。

表 3-1-6　　　　　　　　　　　房址 F35 柱洞登记表　　　　　　　　　（长度单位：厘米）

编号	位置	形状	口径	深度	洞壁状况	洞内填土及包含物
1	门口东侧	圆形	18	14	斜壁，圆角，底近平，底部打入灰白色黏土（生土）	浅灰色黏土
2	外墙西南角	略呈圆形	12	6	锅底状	浅灰色黏土
3	西墙基南段	略呈椭圆形	13	9	锅底状	浅灰色黏土
4	西墙基中段	略呈圆角方形	13	16	斜壁，圜底	浅灰色黏土
5	北墙基西段	圆形	13	17	斜壁，圜底，底部打入灰白色黏土（生土）	浅灰色黏土
6	北墙基西段	圆形	17	11	斜壁，圜底	灰色松土，含有少量红烧土渣
7	北墙基西段	圆形	22	19	斜壁，圜底，底部打入灰白色黏土（生土）	浅灰色黏土
8	北墙基西段	略呈圆形	22	18	斜壁，圆角，底近平，底部打入灰白色黏土（生土）	浅灰色黏土
9	北墙基西段	圆形	18	19	直壁，平底，底部打入灰白色黏土（生土）	浅灰色黏土

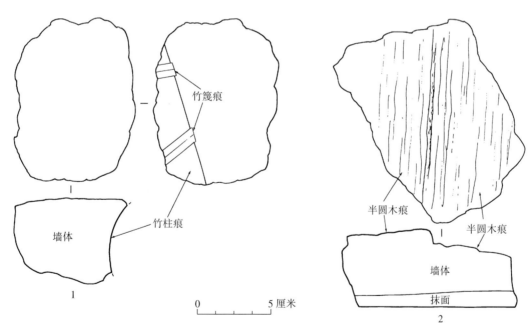

图 3-1-48　房址 F35 墙壁红烧土块平面、侧视图
1. F35：88 墙壁一半　2. F35：1 墙壁一半

　　F35：1（图 3-1-48，2），为墙壁一半。墙体用掺和少量稻壳及红烧土渣的黏土泥料筑成，橙黄色，质地松软，残高 13.4、残宽 11、半壁厚 4 厘米。墙体上有抹面 1 层，抹面用纯黏土泥料抹成，橙红色，质地稍硬，厚 1 厘米。另一面有纵向相依的半圆木痕 2 条，都有劈裂痕。

南墙基以北 64 厘米处有一个火塘（图 3 - 1 - 47A），略呈圆角长方形，西北—东南长 157 厘米，东北—西南宽 75 厘米，深 24 厘米，壁和底都有抹面 1 层，用纯黏土泥料抹成，壁厚 4 ~ 10、底面厚 1 厘米。中部抹成一条红烧土埂，长 120、宽 20 ~ 23 厘米，将大火塘分隔为东、西两个长条形小火塘。南边开口，是放入柴草、掏出灰烬的地方。

F35 位于关庙山遗址 V 区（关庙山聚落中心区）的东南部偏北，残存建筑面积约 76 平方米，属于大型房址。

F35 出土陶圜底碟 1 型 I 式 1 件（F35：103，见图 3 - 4 - 33，2）。

房址 F25

位于 T72、T73、T76、T77③A 层底部，被①CG11、②H65、③底 H180 打破，叠压在残居住面③A 顶 S7 之下，露出时距地表深 0.65 ~ 0.75 米，属于第四期（图 3 - 1 - 49）。

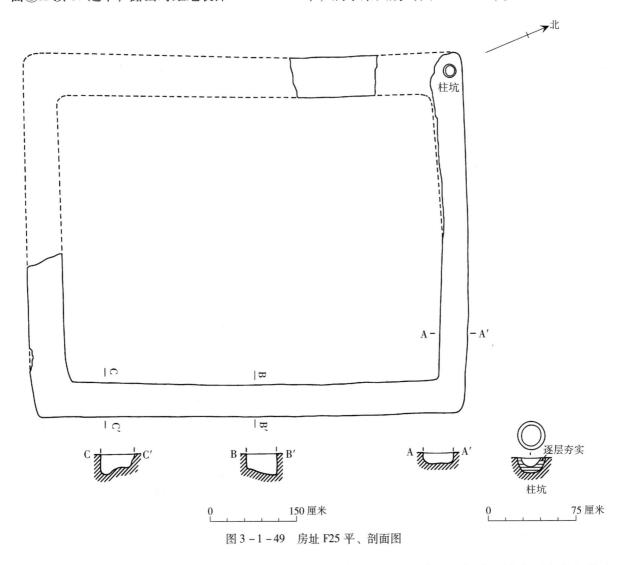

图 3 - 1 - 49　房址 F25 平、剖面图

墙基平面呈圆角长方形，东墙基的方向为北偏东 21°。门向不详。长条形基槽内用大量红烧土块掺和少量灰色黏土填实，宽 20 ~ 60、深 20 ~ 65 厘米。东墙基长 7.2 米，南墙基东段残长 2.7 米，西墙基北段残长 15.4 米，北墙基长 5.98 米。墙角呈圆角。包括墙基在内，东北至西南长 7.6

米，西北至东南宽 6 米，建筑面积约 43 平方米。在西北角的墙基内存有圆形柱坑及柱洞 1 个，从平面看有内、外两圈，柱坑呈锅底状，坑壁为红烧土边，口径 23、深 12 厘米；柱坑之内的柱洞也呈锅底状，口径 17、深 8 厘米，这表明柱脚修成圜底状。在柱坑内树立木柱的方法清晰可见：先在柱坑底部用青灰色黏土逐层夯实，共厚 3~4 厘米，起"暗础"作用，防止柱脚下沉；树立木柱之后，柱脚周围的空当中用青灰色黏土逐层夯实，使柱脚固定，防止木柱歪斜。这是目前在本遗址所见柱坑底部和柱脚周围的夯层最清晰的一例，虽然夯实所用的材料不是红烧土，但是夯实的方法具有代表性。然后用红烧土块掺和黏土将条形基槽填实。这种在条形基槽内挖柱坑，树立木柱后再将基槽填实的做法，曾见于第三期的疑为方形或长方形残房址 S23（图 3 - 1 - 78，1；详见附表 1），二者的共同点是用柱坑和基槽内的填充物对柱脚加以双重固定，即以"双保险"的做法提高柱脚的稳固性。柱洞内的填土为灰白色松土，夹有极少薄胎红陶片。

在屋内中部偏东残存一片红烧土居住面，南北长约 1 米，表面平整，居住面之下为灰白色黏土垫层。居住面与垫层共厚 35~40 厘米。

F25 位于关庙山遗址 V 区（关庙山聚落中心区）的东南部，建筑面积约 43 平方米，属于中型房址。

房址 F36

位于 T62、T63、T66、T67④A 层顶部，东北角门口外被③A 底 H69 打破，西北角被红烧土堆积③B 顶 S12 打破，东南角叠压在④A 顶 F27 之上，西北部叠压在④D 底 H190 之上，属于第三期（图 3 - 1 - 50A）。露出时距地表深 1~1.2 米。平面大致呈长方形，门向东，没有门道，东墙基的方向为北偏东 10°。

F36 所在地原先是一片红烧土场地，F36 是在废弃的红烧土场地上挖墙基的基槽建造而成的，因此，墙内地面与墙外散水是在建房之前同时铺成的，二者连成一个整体，难以分开，有上、下两层：下层为垫层，用灰黄色松土铺成，厚 5~12 厘米；上层为地面，用红烧土块掺和少量黏土铺成，厚 4~28 厘米，红烧土块长度多为 10~15 厘米，其中大多数是墙壁倒塌的红烧土块。两层铺设之后都未经烧烤。

在红烧土场地北部的地面上挖成 4 条不够直的沟作为 F36 墙基的基槽，大致围成长方形，基槽两壁不规整，底部凹凸不平。东墙基长 3.24 米，宽 16~20、深 6 厘米，北部留有门口，宽 1.5 米，特殊的是门口不在东墙基中部。南墙基长 7.2 米，宽 10~20、深 2~6 厘米，东端与东墙基大致连成直角，西部明显多出一段。西墙基残长 2.96 米，宽 6~13 厘米，特殊的是与南墙基不相连，留有 34 厘米宽的空当。北墙基残长 4.7 米，宽 12~24 厘米，东部明显多出一段。东墙基、南墙基都用红烧土块掺和灰褐色土填实而成。西墙基、北墙基只用灰土填实。F36 包括墙基在内东西长约 6、南北宽约 5 米，残存建筑面积约 27 平方米。包括东边、南边、西边的散水在内东西长约 10、南北宽约 7.2 米，总面积约 60 平方米，总面积这么大表明此地原先是一片红烧土场地，换言之，原先的红烧土场地面积约 60 平方米。

在 F36 墙基范围内东部的垫层之内有一个奠基坑，平面呈葫芦形，东西长 70、南北宽 33 厘米（图 3 - 1 - 50B），剖面呈锅底状。坑内埋入数件黑陶，复原曲腹杯 1 型 Ⅱ 式 1 件（F36：25，见图

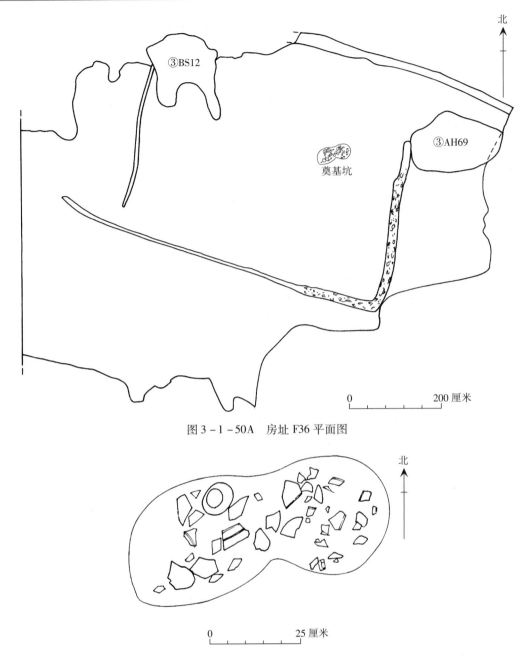

图 3 - 1 - 50A 房址 F36 平面图

图 3 - 1 - 50B 房址 F36 奠基坑平面图

3 - 4 - 81，2）、4 型 I 式 1 件（F36：20，见图 3 - 4 - 82，7）。这些器物应是在铺设红烧土场地时埋入垫层内的奠基物，虽然与 F36 同属于第三期，但是具体年代应稍微早于 F36。

　　F36 位于关庙山遗址 V 区（关庙山聚落中心区）中部偏西，建筑面积约 27 平方米。其特点是：在废弃的红烧土场地上建造而成，因而先铺设地面和散水，后挖成墙基的基槽；墙基不直，北墙基东部和南墙基西部各多出一段，西墙基与南墙基之间不相连，留有一个较小的空当；门口的位置不正规，不是在东墙基中部，而是在东墙基北部留有一个较大的空当作为门口；墙基内没有柱洞，只用红烧土块掺和灰褐色土填实或者只用灰土填实；墙内地面上没有柱坑，推测是露天的，没有顶棚；在地面上未见人居住过的痕迹。上述迹象表明 F36 的形状很不规整，工程做法很不规范，这应是一座简易的木竹篱笆墙建筑物，由于篱笆的材料比木柱要细得多，都已经腐烂，

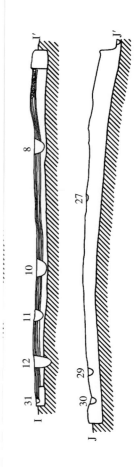

在墙基内没有留下痕迹，该建筑物不是供给人居住的房屋，可能是饲养家畜的圈栏。虽然在 F36 未见家畜圈栏的直接证据，但在 T10、T11 发现第三期用 7 头整猪作为婴儿瓮棺墓群的随葬品（见图 3 – 3 – 12，2），可以间接地证明当时家畜饲养业已经有较大发展。

[二] 方形房址

2 座 即 T51、T52④BF22 和 T59④AF26（皆第三期），都有条形墙基。

房址 F22

主要位于 T51 东北部、T52 西北部④B 层，延伸到 T52 扩方，整座房址叠压在④A 底 F9 之下，东北角被③底 G3 打破，属于第三期。经 ^{14}C 年代测定，ZK – 0891 为距今 5505 ± 135 年（经树轮校正，详见附录六）。上层火塘埂的西南角（F22 的制高点）海拔 48.72 米，距第 1 层（石家河文化层）地表深 1.28 米，比 F9 中部居住面低 0.48 米，比现在遗址西缘水稻田高 3.24 米。平面呈方形，由于屋内的居住面略高于屋外的散水，剖面略呈台形，屋顶呈四面坡形式，门向西，门外有红烧土门坎，无门道，西壁北段方向为北偏西 3°。

F22 由墙壁、屋内地面、屋内支柱、屋顶、火塘、散水六部分构成（图 3 – 1 – 51；图版二八、二九）。

（一）墙壁 可分为外墙和隔墙两种。

1. 外墙

外墙是承重墙，可分为墙基、墙身两部分。

（1）墙基

墙基是墙壁的基础，有上、下两部分：下部系指散水以下部分，这是真正的墙基。其做法是：先挖成长条形基槽，基槽壁较直，底略平，后在基槽内用掺和大量红烧土渣的黏土填实，黏土与红烧土渣结合紧密，填实后未经烧烤。上部系指散水以上、居住面以下部分，实际上不是墙基，而是墙身残留在墙基上的部分。墙身的做法是：墙体用掺和大量红烧土渣、红烧土块和少量陶片的黏土泥料筑成，外侧或内外两侧有一层抹面，经过烧烤成为红烧土，在 F22 的平面图上用粗线条表示尚存于墙基上的红烧土抹面。上、下两部分紧密相连。

东墙基北端略残，残长 580、厚 32 ~ 36 厘米，散水以下部分深 6 ~ 18 厘米。第 1 层居住面以下、散水以上部分高 10 ~ 16 厘米，外侧中部偏北存有一段抹面，残长 198、厚 1 厘米。根据抹面颜色的不同可分北、南两段：北段长 148 厘米，烧烤之后呈青灰色，青灰色是渗入炭粒所致；南段长 50 厘米，烧烤之后呈橙红色。

南墙基长 567、厚 31 ~ 33、散水以下部分深 6 ~ 28 厘米。散水以上部分高 2 ~ 24 厘米，两侧尚存数段抹面，厚 2 ~ 4 厘米，经过烧烤，均为橙红色。

西墙基长 574、厚 27 ~ 30、散水以下部分深 28 ~ 32 厘米。散水以上部分高 4 厘米，中部有门口，内侧宽 76、外侧宽 80 厘米。门口南侧墙基厚 27 厘米，门口北侧墙基厚 30 厘米，横断面都略呈直角。门口外侧有门坎（又称门槛、门限），用掺和大量红烧土渣的黏土泥料抹成，内侧略直，外侧呈弧形，南北长 103、东西宽 28 厘米，内侧两端与外墙面之间连接紧密，外侧有抹面 1 层，厚 1～1.3 厘米，经过烧烤，为橙红色，顶部的抹面受长期使用触碰磨损而残缺。门坎残存部分高于居住面 6 厘米，其作用是防止雨水流入屋内。门朝屋内开。

北墙基长 640、厚 28～31、散水以下部分深 10～32 厘米。散水以上部分高 6～10 厘米，外侧存有两段抹面，中部一段残长 285、厚 1 厘米，经过烧烤，为橙红色。

外墙基的四个墙角都略呈直角。F22 包括外墙的墙基在内，不包括散水，建筑面积约 35 平方米。

在墙基内发现圆形柱洞 20 个即 17～36 号（图 3-1-51，17～36；图 3-1-52；表 3-1-7，17～36）。其中，20 号较大，口径 20、深 24 厘米；其余都较小，口径 6～13、深 5～38 厘米，柱洞边缘至边缘间距 44～160 厘米。从柱洞的形状、洞壁情况和洞内的填充物观察，既有木柱，又有竹柱。18 号柱洞口径 12、深 25 厘米，下部较细，直径 8 厘米并且向西拐，这是柱脚的形状不规整所致，洞内存有炭化木柱。23 号柱洞平面、剖面都呈椭圆形，从剖视图上看，南北向与东西向的尺寸明显不同，这也是柱脚的形状不规整所致，口径 12～13、腹径 14～16、深 38 厘米，洞壁为光滑的红烧土，洞壁光滑是木柱剥去树皮所致，洞内有一段炭化木柱，高 24 厘米，已用于测定 ^{14}C 年代（见附录六，ZK-0891）。28、34～36 号的洞壁光滑笔直，原来应有竹柱。大多数柱洞位于墙基中间，有少数柱洞即 17、20、35、36 号位于墙基内侧，半个柱洞处于居住面内，可以设想，半根柱子裸露在墙壁之外。在 F22 以东约 10 米处，发现墙壁红烧土残块［附］T53④：222（图 3-1-53，6；图版三一，1、2），为墙壁一半，橙黄色，厚 11～12.5 厘米。外表略平，但是有一道凹槽，是半根竹柱遗留的痕迹，残长 21、直径 3.8 厘米，竹节直径 5 厘米；另一面凹凸不平，是与另一半的接触面。这块红烧土证实了半根柱子裸露在墙壁之外的情况。由此可以得出一个重要推论：外墙内的柱子只在筑墙过程中起支撑作用，并没有承载屋顶重量的作用，在烧烤墙壁时即使柱子被烧毁也不会影响外墙的承重能力，因为外墙被烧烤成坚硬的红烧土墙壁之后，可以与屋内木柱一起承载屋顶的重量。

表 3-1-7　　　　　　　　　　房址 F22 柱坑及柱洞登记表　　　　　　　　　　（长度单位：厘米）

编号	位置	形状	柱坑口径	柱洞口径或长轴、短轴	柱坑深度	柱洞深度	坑壁或洞壁状况	柱洞内填土	备注
1	火塘西侧	圆形	30	口径 18	24		红烧土块边，斜壁，圆角，底不平	灰色松土	有二层台，其口径 25
2	火塘东侧	圆形	26	口径 20	18		红烧土块、居住面边，斜壁，圜底	灰色松土	
3	屋内西部	圆形	22	口径 17	17		红烧土块、居住面边，斜壁，底不平	灰色松土	
4	屋内西北角	圆形	25	口径 18	19		红烧土块边，直壁，圆角，平底	灰色松土	
5	屋内北部	圆形	22	口径 16	17.5		红烧土块边，斜壁，圆角，底不平	灰色松土	柱洞位于柱坑内的南边
6	屋内北部	圆形	17	口径 17	12		红烧土块边，斜壁，圜底	灰色松土	柱洞与柱坑口径相同，二者重合

编号	位置	形状	柱坑口径	柱洞口径或长轴、短轴	柱坑深度	柱洞深度	坑壁或洞壁状况	柱洞内填土	备注
7	屋内北部	圆形	23	口径 17	23		红烧土块边，侈口，斜壁，圜底	灰色松土	
8	屋内东北角	圆形	28	口径 20	20		居住面、红烧土块边，斜壁，圆角，平底	灰色松土	柱洞位于柱坑内的东边
9	屋内东部	圆形	24	口径 16	12		红烧土块边，圜底	红烧土渣	柱洞位于柱坑内的北边
10	屋内东部	圆形	22	口径 16	23		居住面、红烧土块边，斜壁，圜底	灰色松土	
11	屋内东部	圆形	23	口径 16	18	15	柱坑呈斜壁、圜底，抹面厚 0.5 厘米，柱脚周围空当中用红烧土渣夯实，厚 2 厘米	灰色松土	有二层台，其口径 21，台下露出第二层居住面
12	屋内东南角	圆形	23	口径 18	25		居住面、红烧土块边，斜壁，底不平	灰色松土	
13	屋内南部	圆形	20	口径 16	16		红烧土块边，斜壁，圜底	灰色松土	有二层台
14	屋内南部	圆形	34	口径 18	32		居住面、红烧土块边，直壁，圆角，平底	灰色松土	二层台位于柱坑内东北，柱洞位于柱坑内西南
15	屋内西南角	圆形	21	口径 16	19.5		居住面、红烧土块边，斜壁，底不平	灰色松土	
16	屋内西部	圆形	23	口径 15	16		居住面、红烧土渣边，直壁，圜底	灰色松土	二层台位于柱坑内东南，柱洞位于柱坑内西北
17	西墙基北段	圆形		口径 10		5	红烧土块边，直壁，圜底	灰色松土	半个柱洞位于居住面内
18	西墙基北段	圆形		口径 12		25	红烧土块边，洞的下部向西斜，东壁曲折，是柱脚不直所致	黑灰色松土，存有炭化木柱一段	二层台以下为淤土
19	墙基西北角	圆形		口径 9		10	红烧土块边，直壁，圆角，平底	灰色松土	
20	北墙基西部	圆形		口径 20		24	红烧土渣边，东南直，西北斜，圜底	淤沙	半个在居住面内

编号	位置	形状	柱坑口径	柱洞口径或长轴、短轴	柱坑深度	柱洞深度	坑壁或洞壁状况	柱洞内填土	备注
21	北墙基西部	圆形		口径 10		17	红烧土块边，直壁，圆角，平底	灰色松土	
22	北墙基中部	圆形		口径 13		11	红烧土渣边，斜壁，圜底	灰色松土	
23	北墙基东部	椭圆形		长轴 13 短轴 12		38	光滑红烧土边，口小，腹大，圜底	灰色松土，深 10 厘米以下为淤泥、存有一段炭化木柱	洞内的炭化木柱高 24 厘米
24	北墙基东部	圆形		口径 11		11	红烧土块边，直壁，圆角，平底	灰色松土	
25	北墙基东部	圆形		口径 10		11	灰土边，斜壁，圜底	浅灰色淤泥	
26	东墙基北部	圆形		口径 10		10	红烧土渣边，斜壁，圜底	灰色松土	洞壁光滑，清理时，填土自行脱落
27	东墙基北部	圆形		口径 9		6	红烧土块边，斜壁，圜底	灰色松土	
28	东墙基南部	圆形		口径 7		11	红烧土渣边，直壁，圆角，平底	灰色松土	
29	东墙基南部	圆形		口径 10		10	红烧土渣边，斜壁，圜底	灰色松土	
30	外墙基东南角	圆形		口径 10		10	红烧土块边，直壁，圆角，斜底	沙土	
31	南墙基东部	圆形		口径 8		6	红烧土块边，斜壁，圜底	黄色沙土	
32	南墙基中部	圆形		口径 8		12	红烧土渣边，直壁，圜底	灰色松土	洞口西高东低
33	南墙基西部	圆形		口径 10		13	红烧土渣边，直壁，圜底	灰色松土	洞口北高南低
34	外墙基西南角	圆形		口径 6		12	居住面边，直壁，圜底	灰色松土	
35	西墙基南段	圆形		口径 8		11	居住面边，直壁，圜底	灰色松土	半个在居住面内
36	西墙基南段	圆形		口径 8		11	居住面边，直壁，圜底	灰色松土	半个在居住面内

注：屋内 11 号柱坑经过解剖。由于 F22 就地回填保护，屋内其他柱坑未经解剖。

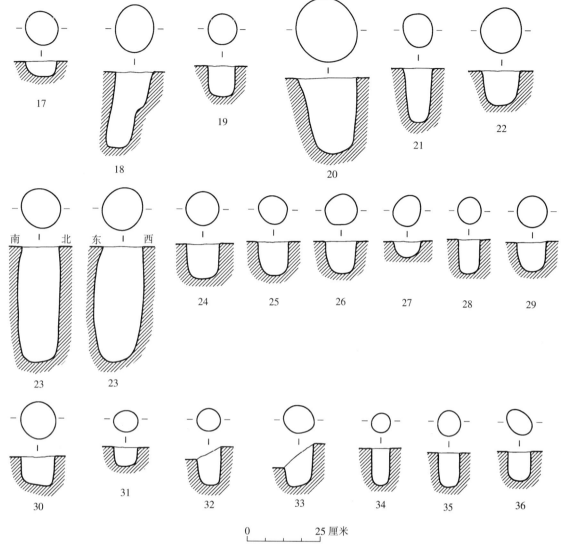

图 3 - 1 - 52　房址 F22 外墙墙基内柱洞平面、剖视图

（2）墙身

墙身系指处于居住面以上的墙壁。四壁都向外倒塌在散水上。

北墙西段残存大块墙身，东西残宽 150、南北长（即墙身高）175 厘米，墙头厚 13 厘米，往下逐渐变厚，墙脚厚 31 厘米，墙脚比墙头厚得多，比较稳固。墙头上有二层台，从墙头至墙脚都有抹面。

西墙以门口为界分为北、南两段：北段墙身东西长（即墙身高）175 厘米；南段倒塌时向外闪出，但是墙头仍然保持一条直线，南北残宽 170 厘米。墙头上有二层台。

出土时，南墙的墙身仍有数段残存在墙基之上，与墙基相连，具体情况如下：在东南角存有一段墙身，抹面厚 2 厘米，残高 2.5 厘米；南墙基北侧存有一段墙身，抹面厚 2 厘米，残高 3 厘米。在南墙基西部 33 号柱洞附近，墙基南侧存有一段墙身，抹面厚 2 厘米，残高 5 厘米；墙基北侧存有两段墙身，东边一段抹面厚 3 厘米，残高 2 厘米，西边一段抹面厚 2 厘米。在 34 号柱洞东边残存一段墙身，朝屋内一侧东西残宽 23、高出居住面 8 厘米，半壁厚 18（包括抹面厚 4）厘米，与居住面大体垂直。

另外，在南墙东部外侧有一块倒塌的墙身，东西残宽52、南北残长（即残高）40、厚23厘米。

四个墙角都略呈直角。

墙身用掺和大量红烧土渣、红烧土块及少量陶片的黏土泥料筑成。倒塌之后都从中间的木竹骨架处开裂成两半，露出骨架的痕迹。在墙身倒塌的红烧土块上共发现纵向的半圆木痕15条，直径5.5~7厘米；圆木痕5条，直径3.3~5.4厘米；竹片痕3条，宽1.5~1.7厘米；圆竹痕2条，直径3~5厘米。还发现横向的圆竹痕2条，直径2.5~4.5厘米；半圆竹痕1条，直径1.5厘米。横向的圆竹、半圆竹用于夹住和固定纵向的木竹骨架。还有利用麻绳绑扎骨架的痕迹，绳粗0.8厘米。墙身内壁和外表都有抹面，一般为一层，局部有二层，每层厚0.2~3.5厘米，用掺和少量稻壳和稻草截段的黏土泥料抹成，表面平整，经过烧烤，主要为橙黄色或橙红色，局部为红褐色或青灰色。在四壁朝屋内的抹面上，从墙头至墙脚普遍粉刷黄泥浆，各处1~11层不等，每层厚0.5~2毫米，与抹面一起经过烧烤。黄泥浆应是用浅灰色黏土淘洗而成的，遗址所在地的生土中就有浅灰色黏土层，其含铁量较低，在烧成温度较低条件下变为黄色，在烧成温度较高条件下变为橙黄色。粉刷黄泥浆具有装饰作用，是房屋内的装饰工艺，也可以使屋内显得比较明亮，具有实用性。朝屋外的抹面上没有粉刷黄泥浆。

现将墙壁红烧土块举例如下：

F22：131（图3-1-53，1；图版三一，3），为北墙壁西部朝屋外一半。墙体用掺和红烧土块的黏土泥料筑成，橙黄色，墙体上有抹面2层，都用纯黏土泥料抹成，内层为橙黄色，烧成温度稍低，外层为橙红色，烧成温度较高，残高12.5、残宽18.5、半壁厚7.5厘米。内层抹面厚1.9厘米，外层抹面厚1~1.5厘米，表面抹平。另一面有纵向的半圆竹痕3条，边缘至边缘间距1~1.5厘米，中间一条残长9厘米，直径均为1.5厘米，两条竹黄朝屋外，一条竹黄朝屋内；在纵向半圆竹的外侧，有横向的半圆竹痕1条，残长8.3厘米，用于夹住和固定纵向的半圆竹。纵向者与横向者大致垂直相交。

F22：130（图3-1-53，2；图版三一，4），为北墙壁西部朝屋内一半。墙体用掺和红烧土渣的黏土泥料筑成，橙黄色，质地松软，抹面用纯黏土泥料抹成，橙红色，烧成温度较高，残高18.8、宽15.9、半壁厚5.5厘米。墙体上有抹面1层，厚1厘米，抹面上粉刷黄泥浆2层。另一面凹凸不平，有纵向的圆木痕1条，残长14、直径3.3厘米，呈弯曲状，有树皮痕。

F22：136（图3-1-53，3；图版三二，1），为北墙壁朝屋外一半。墙体和抹面都用纯黏土泥料筑成，橙黄色，质地稍硬，估计烧成温度约600℃，残高16.5、残宽17、半壁厚6厘米。墙体上有抹面1层，厚0.5~2厘米，表面抹平。另一面有纵向枋木痕3条，枋木是方柱形的木材，用圆木劈裂而成。左边一条面上未经加工，留有劈裂痕；中间和右边两条面上都经过（石锛类工具的）加工，劈裂痕已消失，显得光平。左边的残长14、宽2.3厘米，中间的残长15、宽6.3厘米，右边的残长10厘米。枋木边缘至边缘间距0.4~1.2厘米。

F22：138（图3-1-53，4；图版三二，2、3），为北墙壁朝屋内一半。墙体用掺和少量稻壳的黏土泥料筑成，由于尚未烧烤透彻，黏土内所含炭素尚未烧尽而呈灰色，质地粗糙且松软，抹面用纯黏土泥料抹成，红褐色，质地稍硬，残高23、残宽18、半壁厚8.5厘米。墙体上有抹面1

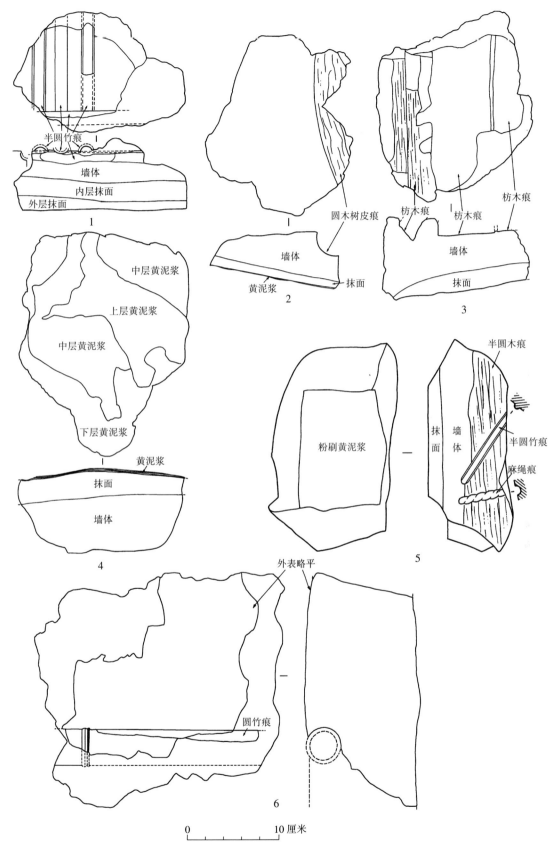

图 3 - 1 - 53　房址 F22 墙壁红烧土块平面、侧视图（之一）

1. F22∶131 北墙壁西部朝屋外一半　2. F22∶130 北墙壁西部朝屋内一半　3. F22∶136 北墙壁朝屋外一半
4. F22∶138 北墙壁朝屋内一半　5. F22∶142 北墙壁西部朝屋内一半　6. ［附］T53④∶222 墙壁一半

层，厚 2 ~ 2.8 厘米，抹面上粉刷（下、中、上）3 层黄泥浆，每层厚约 1 毫米，经过烧烤，质地较硬。另一面凹凸不平，是与朝屋外一半的接触面。

F22：142（图 3 - 1 - 53，5），为北墙壁西部朝屋内一半。墙体用掺和少量红烧土块及稻草截段的黏土泥料筑成，橙黄色，质地松软，抹面用掺和少量稻壳的黏土泥料抹成，橙红色，质地稍硬，残高 21、残宽 13、半壁厚 9 厘米。墙体上有抹面 1 层，厚 1.5 厘米，抹面上粉刷黄泥浆 2 层。墙体内有纵向的半圆木痕 1 条，残长 21 厘米，有劈裂痕；与半圆木斜向相交的半圆竹痕 1 条，残长 8、外径 0.8、内径 0.6 厘米；横向的麻绳痕 1 条，残长 5、粗 0.8 厘米，麻绳是绑在半圆木上的。

F22：127（图 3 - 1 - 54，1），为北墙壁西部墙头朝屋内一半。墙体用掺和少量稻草截段的黏土泥料筑成，橙黄色，局部青灰色，质地松软，估计烧成温度约 500℃，抹面用纯黏土泥料抹成，橙红色，质地稍硬，估计烧成温度约 600℃，残高 9.4、残宽 11.5、半壁厚 5.3 厘米。墙头上朝屋内一面有二层台，宽 3 厘米。二层台外侧的高出部分残缺。墙体上和二层台上都有抹面 1 层，厚 1.2 ~ 1.5 厘米。朝屋内的抹面上粉刷黄泥浆 1 层；二层台上粉刷黄泥浆 11 层，共厚 3.5 毫米，是多次粉刷而成的。

F22：128（图 3 - 1 - 54，2；图版三二，4、5），为北墙壁西部墙头朝屋内一半。位于 F22：127 西侧，二者相连，所用的泥料基本相同，唯独二层台以上部分（外轮廓线呈弧状内凹）是后加的，后加部分的墙体用掺和细砂及红烧土块的黏土泥料筑成，残高 21、残宽 26、半壁厚 6.4 ~ 11 厘米，墙体上厚下薄。值得注意的是：二层台之下有抹面 1 层（外轮廓线呈水平状），厚 0.8 厘米，抹面上粉刷黄泥浆 5 层，共厚 2.5 毫米，这是原先的墙头，被埋没在后加的墙头之内。产生这种现象的原因是：建房者后来临时改变计划，在原先的墙头之上加高一段，形成新的墙头。从屋内向外看，新墙头二层台外侧高出的部分呈拱形，长 12、高 1.2 厘米；从侧视图上看，新墙头二层台与高出部分连成弧状内凹，二层台宽 3.7、深 1.2 厘米。墙体上和二层台上都有抹面 1 层，厚 0.6 ~ 1 厘米。抹面上都粉刷黄泥浆 5 层，共厚 5 毫米。另一面凹凸不平，是与朝屋外一半墙体的接触面。

F22：141（图 3 - 1 - 54，3；图版三三，1、2），为北墙壁西部墙头朝屋内一半，位于 F22：128 西边。墙体用掺和红烧土块的黏土泥料筑成，橙黄色，质地松软，但是整块已经烧透，估计烧成温度约 500℃，抹面用纯黏土泥料抹成，橙红色，质地稍硬，估计烧成温度约 600℃，残高 18.5、残宽 26.5、半壁厚 6.8 ~ 9.5 厘米。墙头上有二层台。从屋内向外看（左下图），二层台外侧高出部分呈拱形，略残，长 20、高 3.5 厘米，高出部分左、右两侧有小平面，这是放置椽头的地方，由此可知，椽子边缘至边缘间距为 20 厘米。从俯视图（左上图）看，二层台上有横向的圆木痕 1 条，残长 23、直径 4.5 厘米，有树皮痕。在横向圆木下侧有圆竹痕 4 条，中间两条相依，并且穿透墙体，圆竹长 6.6 ~ 9、直径 0.5 ~ 0.8 厘米。圆竹略向屋外倾斜，垫在横向圆木之下，可以使横向圆木放置稳定。这条横向圆木痕意味着在二层台上可以放置檩条，在檩条上再架设椽子，其重要性就在这里。从侧视图（中图）上看，二层台呈弧形内凹，这是由横向圆木印成的，其外侧高出部分呈拱形；墙体上有抹面 1 层，厚 0.4 厘米，抹面上粉刷黄泥浆 1 层，厚 1 毫米。二层台上没有抹面，也没有粉刷黄泥浆。另一面（右图）较平整，有纵向的半圆木痕 4 条，残长 8.5 ~ 14 厘米

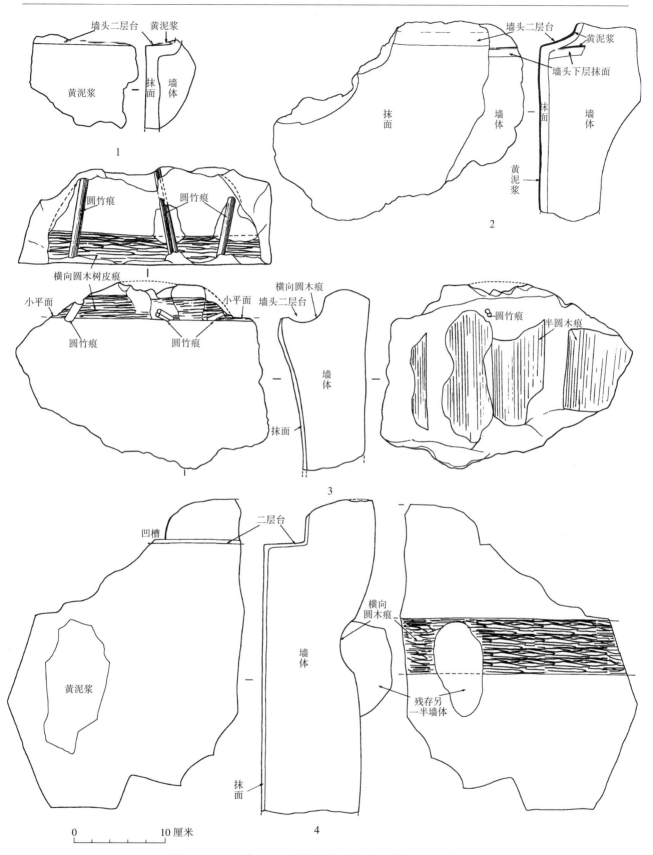

图 3 - 1 - 54 房址 F22 墙壁红烧土块平面、侧视图（之二）

1. F22：127 北墙壁西部墙头朝屋内一半　2. F22：128 北墙壁西部墙头朝屋内一半　3. F22：141 北墙壁西部墙头朝屋外一半

4. F22：129 北墙壁西部墙头朝屋内一半

不等，中间两条相依，劈裂面都朝屋内。这里需说明三点：第一，F22 墙头上有二层台，是与屋顶上椽子排列稀疏（椽间空当较大，必须用茅草填充）相适应的；第二，F22 有二层台的墙头与 F30 没有二层台的墙头（图 3 - 1 - 39，3、5、6）形成鲜明对照，二者都属于第三期，但是属于两个不同的发展系列；第三，F22 有二层台的墙头承袭了第一期晚段 T70⑦S46（图 3 - 1 - 68）和 T75⑦S47（图 3 - 1 - 70，2）有二层台墙头的形式，往后延续到第四期 T51③F8（图 3 - 1 - 85，2），这是一个发展系列。

F22：129（图 3 - 1 - 54，4；图版三三，3 ~ 5），为北墙壁西部墙头朝屋内一半，位于 F22：141 西边。墙体用掺和红烧土块的黏土泥料筑成，橙黄色，质地稍硬，整块已经烧透，抹面用纯黏土泥料抹成，橙红色，质地较硬，残高 32.5、残宽 25、半壁厚 10.8 ~ 11.8 厘米。墙头上有二层台。从屋内向外看（左图），二层台外侧高出部分呈拱形，高 4.3 厘米，右边半个残缺，高出部分的左侧做成一个凹槽，残存半个凹槽，凹槽内的小平面就是放置椽头的地方，凹槽起固定椽头的作用。从侧视图上（中图）看，二层台与高出部分连成直角，二层台宽 4.4、深 4.3 厘米。墙体上和二层台上及高出部分内侧都有抹面 1 层，厚 0.3 厘米。墙体的抹面上粉刷黄泥浆 3 层，二层台的抹面上粉刷黄泥浆 2 层。另一面（右图）有横向的圆木痕 1 条，呈凹槽状，残长 24、直径 7 厘米，有树皮痕。值得注意的是，在凹槽之内和下侧残存一块属于朝屋外一半的墙体，与朝屋内一半的墙体粘附牢固。这种现象表明三点：第一，墙壁两半是先后分别筑成的，因而能够从两半之间的接缝处开裂；第二，两半成型的时间相距很近，先筑成的半壁尚未变干变硬时，紧接着筑就另外半壁，因而两半能够粘附牢固，形成一个整体；第三，F22 外墙的施工程序是先筑朝屋内半壁，后筑朝屋外半壁，横向圆木只在筑朝屋内半壁过程中起临时"测量用具"作用（而不是骨架），可以使墙壁取直、取得水平，这半壁筑好后立即将横向圆木撤掉，只留下横向凹槽，就开始筑朝屋外半壁，因而在凹槽之内粘附着朝屋外一半的墙体。其他房屋外墙的施工程序也应如此。

F22：125（图 3 - 1 - 55，1），为西墙壁南段墙头朝屋内一半。墙体和抹面都用纯黏土泥料筑成，橙黄色，整块烧透，但是质地松软，残高 23、残宽 18、半壁厚 3.2 ~ 8.9 厘米，上厚下薄。墙头上有二层台。从屋内向外看（左图），二层台外侧的高出部分呈拱形，左边半个略残，长 15.6、高 2.4 厘米；从侧视图上看（右图），二层台上面平整，宽 5.7、深 2.4 厘米。二层台与高出部分连接成直角。墙体上有抹面 1 层，厚 0.5 厘米。抹面上普遍粉刷黄泥浆，局部存有 8 层，共厚 3 毫米。二层台上没有抹面，也没有粉刷黄泥浆。另一面平整，是与朝屋外半壁的接触面。

上述墙头红烧土块的共同点是：朝屋内一面都有二层台，这表明在建房过程中有统一规划、统一指挥；差异点是：各部位二层台的形状不一，这是多人集体参加建房，各人的具体做法有所不同、操作方法不规范的缘故。

F22：139（图 3 - 1 - 55，3；图版三四，1、2），为西墙壁北段南端（门口北侧）一半，西墙基中部外侧出土。墙体用掺和红烧土块的黏土泥料筑成，橙黄色，质地松软，抹面用纯黏土泥料抹成，橙红色，质地稍硬。残高 11 厘米，从屋内测量，残宽 5.1 厘米，从门口测量，残厚 10 厘米。墙体上有抹面 2 层，从横断面上看（下图），朝屋内的抹面较厚，朝门口的抹面较薄，二者连成圆角，拐角处最厚，内层厚 1.3 厘米，外层厚 1.7 厘米。屋内和门口的抹面上都粉刷黄泥浆 2 层。墙体内有纵向圆木痕 1 条，残长 10.5、直径 5.4 厘米，有树皮痕。

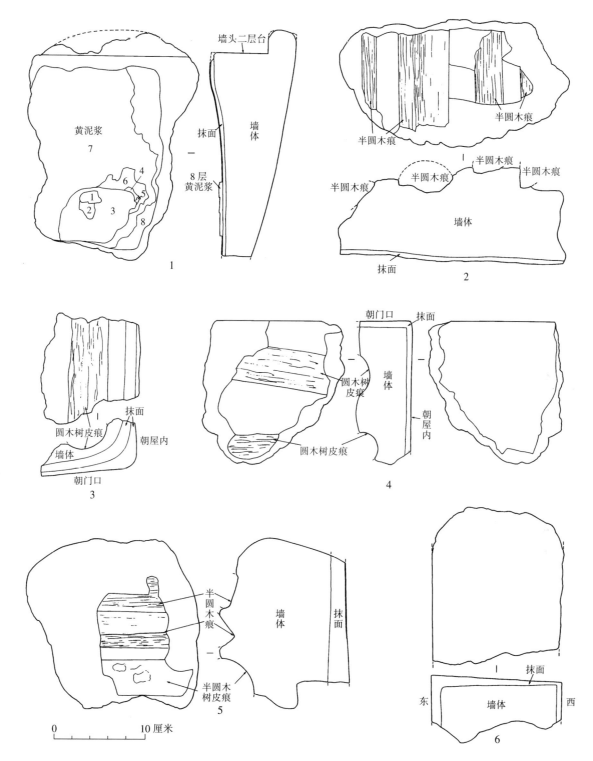

图 3 - 1 - 55　房址 F22 墙壁红烧土块平面、侧视图（之三）
1. F22：125 西墙壁南段墙头朝屋内一半　2. F22：67 隔墙朝西一半　3. F22：139 西墙壁北段南端一半
4. F22：140 西墙壁南段北端一半　5. F22：65 南墙壁朝屋内一半　6. F22：72 隔墙墙头

　　F22：140（图 3 - 1 - 55，4；图版三四，3、4），为西墙壁南段北端（门口南侧）一半，与 F22：139 南北相对，西墙基中部外侧出土。墙体用掺和红烧土渣的黏土泥料筑成，橙黄色，质地松软，抹面用纯黏土泥料抹成，橙红色，质地稍硬。残高 14.5 厘米，从屋内测量，残宽 14.7 厘米，从门口测量，残厚5.8厘米。墙体上有抹面1层，从横断面上看（中图），朝屋内的抹面厚0.5厘米，朝门口的抹面厚0.7厘米，二者连成直角。屋内和门口的抹面上都粉刷黄泥浆6层，共厚2毫米。墙体内有纵向的圆木痕2条：一条残长10、直径5厘米，另一条残长4.5、直径3厘米。二者边缘至边缘间距3.9厘米，都有树皮痕。

F22：65（图3-1-55，5；图版三四，5、6），为南墙壁朝屋内一半。墙体用掺和红烧土渣的黏土泥料筑成，含有个别碎陶片，土黄色，质地松软，估计烧成温度约500℃，抹面用掺和细砂的黏土泥料抹成，橙黄色，质地稍硬，估计烧成温度约600℃，残高、残宽均为17.5厘米，半壁厚13.2厘米。墙体上有抹面1层，厚1.5~2.3厘米。抹面上粉刷黄泥浆1层。另一面有纵向的半圆木痕3条，劈裂面朝向不一，其中两条相依，有劈裂痕及树皮痕；另一条残长9.5厘米，有树皮痕。

现将F22（外墙）墙壁红烧土块的特征归纳如下：

第一，墙体所用的泥料，少数为纯黏土，多数掺和红烧土块或红烧土渣、稻草截段；墙体内、外两面都有抹面，系用纯黏土泥料抹成；朝屋内的抹面上普遍粉刷黄泥浆，这一点不同于F30。

第二，墙壁较厚，半壁厚近10厘米，墙体内部有半圆木骨架，墙头上有二层台，（有二层台）这一点也不同于F30。

第三，墙壁的烧成温度较低，经测定，F22：148墙壁红烧土块的烧成温度只有600℃，明显低于F30墙壁红烧土块的烧成温度900℃（见附录二）。

2. 隔墙

位于下层火塘东北角与北墙中部之间，它将屋内空间分隔为内、外两间，外间是厅，面积较大，内间是卧室，面积较小，屋主人可以经过火塘与南墙之间的空当进入内间（图3-1-51；图版三〇，1）。隔墙建在垫层上，没有挖条形基槽。隔墙南端与下层火塘东北角连接，其连接关系表明，先建隔墙，后建火塘。隔墙北部被第3层破坏，残长136、复原后长200厘米，从B—B'剖面图上看，墙基（指居住面以下部分）厚24.5厘米，深5厘米，墙基内没有柱洞。墙脚厚亦为24.5厘米，墙脚东、西两侧各存有抹面一段，均为深红色，厚度分别为3厘米和2厘米。墙身用掺和红烧土渣的黏土泥料筑成。墙身中间以纵向的半圆木、圆木作为骨架，从墙脚部位观察到木骨架直径3.9厘米，边缘至边缘间距2~2.5厘米。墙身向西倒塌在火塘北侧的储藏所和居住面上。

现将隔墙的红烧土块举例如下：

F22：67（图3-1-55，2；图版三五，1、2），为隔墙朝西（朝外间）一半，火塘北侧出土。墙体用掺和少量稻草截段的黏土泥料筑成，橙黄色，质地松软，估计烧成温度约500℃，抹面用纯黏土泥料抹成，橙红色，质地稍硬，估计烧成温度约600℃，残高13、残宽23.5、半壁厚9.8厘米。墙体上有抹面1层，厚0.6厘米，表面不平，抹面上没有粉刷黄泥浆。另一面有纵向的半圆木痕4条，都有劈裂痕，劈裂面朝向不一，边缘至边缘间距1.9~2.9厘米，其中最长一条残长10、直径5.3厘米。

F22：72（图3-1-55，6；图版三五，5），为隔墙墙头，北墙南侧出土。墙体用掺和少量红烧土渣的黏土泥料筑成，橙黄色，质地粗糙，抹面用掺和细砂的黏土泥料抹成，橙红色，质地稍硬，残高 6.8、残宽 15.8、墙头厚 14 厘米。从侧视图上看（下图），墙头上面平整，由东（内间）向西（外间）倾斜。东、西两面和墙头上都有抹面 1 层，东面的厚 1 厘米，西面的厚 0.5 厘米，墙头上的厚 0.3～1.1 厘米，由东向西逐渐变薄。东面和墙头的抹面上都粉刷黄泥浆 1 层，大部分已经脱落。西面（朝外间）没有粉刷黄泥浆。

上述 F22∶67 和 F22∶72 表明，隔墙朝东（朝内间）的抹面上粉刷黄泥浆，朝西（朝外间）的抹面上没有粉刷黄泥浆，其原因是：内间在暗处，粉刷黄泥浆，可以提高内间的亮度；外间在明处，不需要粉刷黄泥浆。

由于隔墙不是承重墙，其结构比外墙要简单得多，墙体内没有设立木柱，只以纵向的半圆木、圆木作为骨架。推测隔墙的高度与外墙相近，约一人高，墙头平齐，达不到屋顶，是半截子墙。

（二）屋内地面

屋内地面由垫层和居住面两部分构成。

1. 垫层

F22 建在⑤A 层（黑灰色松土，含有大量木炭和兽骨）的地基之上，为了加固地基、防止房屋下沉和防潮，在外墙的范围内，利用大量（其他房屋墙身倒塌的）红烧土块掺和少量黏土铺成垫层，垫层厚 8～15 厘米，表面不平整，铺设之后未经烧烤。红烧土块长 5～25 厘米，横七竖八，很不整齐，多数为红色，少数为青灰色。

2. 居住面

建在外墙的范围内、火塘之外的垫层上，经过烧烤，为橙红色，质地较硬。由于抹居住面所用的黏土泥料中掺和大量粉砂，（经过泼水试验）其优点是渗水性能良好，在上面行走时不会滑倒；缺点是质地较脆，容易开裂。居住面有 4 层，共厚 8～16 厘米，其中第 1 层厚 2～5 厘米，第 2 层厚 2.5 厘米，第 3 层厚 2～2.5 厘米，第 4 层厚 3.5～6.5 厘米。第 1～3 层的上面光平，下面平整而粗糙；第 4 层上面光平，下面因与红烧土块垫层接触而凹凸不平。从图 3-1-51 的 B—B′剖面图上看，隔墙东侧的居住面呈斜坡状，西高东低，这是东边的地基下沉所致。第 1 层居住面高于屋外散水 12～15 厘米，因此房址的剖面略呈台形。第 2、3、4 层居住面之间结合紧密，第 1 层居住面受屋主人的活动影响较大，北部多处被震动而开裂甚至破碎，致使第 1、2 层居住面之间产生缝隙，房屋废弃之后通过缝隙渗入一层淤泥，厚 0.1～0.2 厘米。

（三）屋内支柱

屋内有圆形柱坑 16 个，即 1～16 号（图 3-1-51，1～16；图 3-1-56；表 3-1-7，1～16），是在抹居住面之后挖成的，口径 17～34、深 12～32 厘米。大多数柱坑挖得较浅，底部处于垫层之内。少数柱坑挖得较深，例如 7、12、14 号的深度分别为 23、25、32 厘米，穿过居住面和垫层，底部处于⑤A 层之内（图 3-1-51，B—B′、I—I′、H—H′剖面）。有 14 个柱坑即 3～16 号排列呈方形，形成柱网，柱坑内树立木柱承托檩条；2 个柱坑即 2、1 号分别位于火塘东、西两侧，柱坑内树立木柱承托正脊。为了就地回填保护 F22，只有 11 号柱坑（图 3-1-56，11）的坑壁经过解剖，发现其周壁有 1 层抹面，是从第 2 层居住面延伸下来的，厚约 0.5 厘米，内壁光滑，与居住面一起经过烧烤，为橙黄色，抹面起加固和保护柱坑的作用，可称为"护坑抹面"。这里顺便说一下，本期红烧土场地 S28 附属 1 号灶（图 3-1-88B，1）的南部被③B 层（属第四期）的一

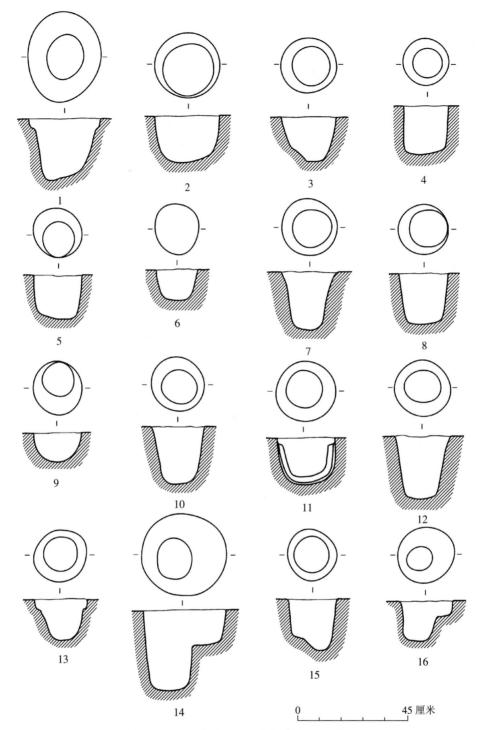

图 3 - 1 - 56　房址 F22 屋内柱坑平面、剖视图

个圆形锅底状柱坑打破，柱坑直径 14、深 11 厘米，周壁有抹面 1 层，用灰白色黏土抹成，经过烧烤；第四期残居住面 S7 的 1 号柱坑（图 3 - 1 - 81，2）和 2 号柱坑周壁和底部都有一层红烧土抹面；由此可见，护坑抹面这种特殊工艺做法存在于第三期和第四期。

　　F22 屋内 16 个柱坑内的木柱腐朽后都留有圆形柱洞，口径 15～20 厘米。就 F22 而言，柱坑和柱洞是两个不同的概念，柱坑是为栽柱子而挖成的坑穴，柱洞是柱子腐朽后遗留的洞穴。屋内柱洞的口径比墙壁内柱洞的口径要大得多，这表明屋内的木柱比墙壁内的柱子要粗得多，因为屋内的木柱要与外墙一起承载屋顶的重量，而墙壁内的柱子仅在筑墙过程中起支撑作用。6 号柱坑与柱洞重合，是柱脚直径与柱坑口径相近所致。2、5、8、9、14、16 号柱洞位于柱坑一侧，其余柱洞都大致位于柱坑中部。柱脚周围的空当中用红烧土渣掺和少量黏土夯实，防止木柱歪斜，1、11、13、14、16 号柱坑空当中所夯的红烧土渣低于第 1 层居住面，因此柱坑内出现二层台。以 11 号柱坑为例，从剖视图上看有内、外两层：外层是从第 2 层居住面延伸下来的"抹面"，厚约 0.5 厘米，内壁光滑；内层是在柱脚周围的空当中用红烧土渣掺和少量黏土夯实而形成的"夯层"，由于夯层低于第 1 层居住面，柱坑内出现二层台。另外，在 16 号柱坑与门口之间原先有一个柱坑，口径 22 厘米，但被当时人用红烧土渣夯实，废弃不用，因此在 F22 的平面图上用虚线表示，未编号。此柱坑废弃不用表明，树立屋内支柱时可以根据实际情况适当修改计划。

（四）屋顶

西墙与相邻的北墙高度相同（均为 175 厘米），表明 F22 没有山墙。屋内 1、2 号柱坑中心至中心间距 2.5 米，据此推测，屋顶有一条东西向、长约 3 米的正脊和四条戗脊，正脊是屋顶最高处的横向圆木，呈水平状，戗脊是从正脊一端至墙角的圆木，呈倾斜状，因此整个屋顶呈四面坡的形式。需要说明的是，属于结构层的木质正脊、戗脊与属于屋面层的泥质正脊、戗脊是质地和内涵不同的概念，泥质正脊、戗脊都是"坯体"，原先叠压在木质正脊、戗脊之上，"坯体"烧烤后变成红烧土正脊、戗脊。在 F22 只发现红烧土正脊，未见红烧土戗脊。

在火塘附近发现正脊倒塌的红烧土块 F22:123（图 3-1-57，5；图版三五，3、4），为正脊一半，用掺和少量稻草截段的黏土泥料筑成，橙红色，质地稍硬，残长 11.8、残宽 9、残高 5.9 厘米。上面抹平；从仰视图上看（下图），下面有一个凹槽，内壁凹凸不平，一端平齐，呈圆角，残长 4 厘米，凹槽一侧有竹片痕 1 条，残长 11 厘米；从横断面上看（上图），正脊顶部和凹槽顶部都呈拱形，竹片的竹黄朝下。泥质正脊是在木质正脊上面现场制作的，分段筑成，各段之间采用企口接合的方法，以便接合得更加牢固。

发现屋面倒塌的红烧土 49 块，大多数出土于西南散水上，用掺和少量稻草截段和稻壳的黏土泥料抹成，由于烧成温度较低，硬度较小，容易破碎，成为小块。多数为一层；有些为两层：下层厚 2~5.2 厘米，上层厚 0.5~1.5 厘米；个别为三层：下层厚 3.7~4.5 厘米，中层厚 0.6~1 厘米，上层厚 0.2~0.5 厘米。各层之间结合不牢。上层的表面较平整，用工具（抹子）抹过。下面有椽子、茅草和半圆竹痕迹。茅草作为椽间空当中的填充材料，利用竹篾和细麻绳将半圆竹与茅草绑扎在一起。

现将屋面的红烧土块举例如下：

F22:92（图 3-1-57，1；图版三六，1、2），为屋面，西南散水上出土。有两层，都用纯黏土泥料抹成，橙黄色，残长、残宽均为 8.7 厘米，上层厚 0.8 厘米，下层厚 3.5 厘米。上层用于加固屋面，上面用抹子抹平。从仰视图上看（下图），下面有纵向的圆竹椽痕 1 条，残长 6.2、直径 2 厘米；有竹篾痕 1 条，在圆竹椽上绕了 3 圈，竹篾宽 2.5 毫米；还有纵向平铺的茅草痕，茅草秆（即茅草茎）痕直径 3 毫米。茅草与竹椽大致平行。

F22:91（图 3-1-57，2；图版三六，3），为屋面，西南散水上出土。用纯黏土泥料抹成，

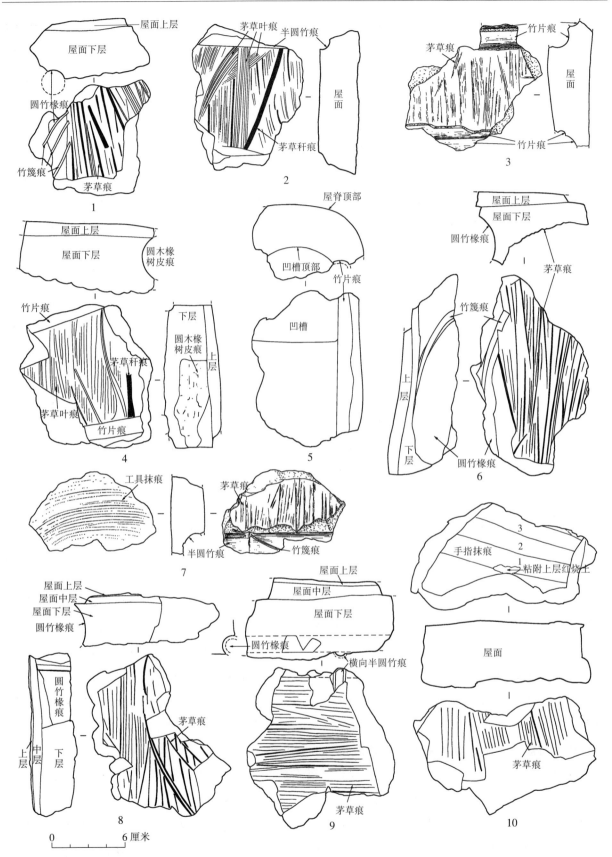

图 3 - 1 - 57　房址 F22 屋面红烧土块平面、侧视图

1. F22：92 屋面　2. F22：91 屋面　3. F22：161 屋面　4. F22：99 屋面　5. F22：123 正脊一半　6. F22：103 屋面　7. F22：85 屋面
8. F22：105 屋面　9. F22：84 屋面　10. F22：114 屋面下层

橙红色，质地稍硬，残长11.6、残宽9、厚3.2厘米。上面留有平行线状的抹子刮抹痕，但是欠平整。从仰视图上看（左图），下面有茅草秆和茅草叶痕，秆直径2~3毫米，叶宽7~10毫米（图上用加粗黑线条表示茅草秆痕，用细密线条表示茅草叶痕），多数呈纵向，少数呈斜向；横向的半圆竹痕1条，残长7.4、直径1.2厘米，竹黄朝下，扣在茅草上。

　　F22：161（图3-1-57，3；图版三六，4），为屋面，西南散水上出土。用纯黏土泥料抹成，橙红色，质地稍硬，残长8.6、残宽10.9、厚3.5厘米。上面用抹子抹平。从仰视图上看（左图），下面有纵向平铺的茅草痕；还有横向的竹片痕2组，每组2条并列，两组边缘至边缘间距6.7厘米，竹黄朝下，扣在茅草上。竹片与茅草大致垂直。

　　F22：99（图3-1-57，4；图版三六，5），为屋面，西南散水上出土。有两层，都用纯黏土泥料抹成，橙黄色，质地稍硬，残长11.2、残宽10.9厘米，上层厚1厘米，下层厚2.5~4.5厘米。上层用于加固屋面，上面用抹子抹平。从侧视图上看（右图），侧面有纵向的圆木椽痕1条，残长6.4、直径3.5厘米，有树皮痕。从仰视图上看（左下图），下面有纵向平铺的茅草痕，茅草大致与圆木椽平行，显然，是以茅草作为椽间空当中的填充材料；还有横向的竹片痕2条，边缘至边缘间距8.5厘米，其中较短一条残长4.7、宽1.2厘米，两条都压在茅草上，显然是用竹片压住茅草。竹片与圆木椽大致垂直。这里需要说明的是：由于椽子的间距较大，即空当较大，空当中需要以茅草作为填充材料，这是F22屋顶结构层的普遍做法；而同属第三期的T76④BF30，由于椽子的间距较小，即空当较小，空当中不需要用茅草作为填充材料，这是F30屋顶结构层的普遍做法。二者明显不同，相对而言，F22屋顶结构层的做法比较原始，不够牢固；F30屋顶结构层的做法比较先进，相当坚固。

　　F22：103（图3-1-57，6；图版三七，1、2），为屋面，西南散水上出土。有两层，都用纯黏土泥料抹成，橙红色，质地稍硬，残长15、残宽9.5厘米，上层厚1厘米，上面用抹子抹平，下层厚3.5厘米。上层用于加固屋面。从侧视图上看（左图），下层的侧面有纵向的圆竹椽痕1条，壁光滑，残长14、直径3.9厘米；还有竹篾痕1条，宽7毫米，在圆竹椽上绕了两圈，两圈互相叠压。从仰视图上看（右图），下面有纵向平铺的茅草痕，茅草秆直径2.5毫米。茅草与圆竹椽大致平行。

　　F22：85（图3-1-57，7），为屋面。用掺和少量细砂的黏土泥料抹成，橙黄色，质地稍硬，估计烧成温度约600℃，残长9.8、残宽6.7、厚2.8厘米。从俯视图上看（左图），上面有一道道细密的、呈弧线状的工具（应为木质的抹子）抹痕，用抹子抹平是F22屋面的常用做法。这一点与T76④BF30屋面常用徒手抹平的做法不同。从仰视图上看（右图），下面有纵向平铺的茅草痕，茅草秆直径3毫米；横向的半圆竹痕1条，竹节清晰，残长9、直径2.5厘米，竹黄朝下扣在茅草上；还有竹篾痕1条，宽3毫米，用竹篾将半圆竹与茅草绑在一起，加以固定。半圆竹与茅草大致垂直。

　　F22：105（图3-1-57，8；图版三七，3），为屋面，西南散水上出土。有三层：下层用掺和少量稻草截段的黏土泥料抹成，橙黄色；中层用纯黏土泥料抹成，橙红色；上层用掺和细砂的黏土泥料抹成，灰褐色。中层和上层都用于加固屋面。引人注目的是，上层和中层的质地稍硬，下层的质地稍软，换言之，上层和中层的烧成温度稍高于下层，这应是在"泥背顶"上面进行烧烤所致。残长12.5、残宽11厘米，下层厚3.7厘米，中层厚0.6厘米，上层厚0.2厘米。上面欠平整。从侧视图上看（左图、右上图），下层的侧面有纵向的圆竹椽痕 1 条，竹节清晰，残长 5.3、直径 4 厘米。从仰视图上看（右下图），下面有茅草痕，茅草有些与圆竹椽大致平行，有些弯曲成弧形，茅草的分布比较散乱，说明茅草是在屋顶上现场铺设的，而不是在地面上预先编排好的。

F22∶84（图 3-1-57，9；图版三七，4），为屋面。有三层，都用纯黏土泥料抹成，橙黄色，质地稍硬，估计烧成温度约 600℃，残长 12、残宽 12.5 厘米，下层厚 4.5～4.8 厘米，中层厚 0.8～1.4 厘米，上层厚 0.4 厘米。中层和上层用于加固屋面，上面用抹子抹平。从侧视图上看（上图），下层下部的侧面有纵向的圆竹椽痕 1 条，残长 3.2、直径 1.3 厘米。从仰视图上看（下图），下面有纵向平铺的茅草痕，茅草大致与圆竹椽平行；横向的半圆竹痕 1 条，残长 1.7、直径 1.2 厘米，竹黄朝上，压在茅草上。半圆竹大致与茅草垂直。

F22∶114（图 3-1-57，10；图版三七，5），为屋面下层（上层已基本上脱落），西南散水上出土。用纯黏土泥料抹成，橙红色，质地稍硬，残长 8、残宽 13.8、厚 5 厘米。从俯视图上看（上图），下层的表面有横向的手指抹痕 3 条，第 1 条手指抹痕之内粘附（残存）一块属于上层的红烧土，由此可知，原先应有上、下两层。从仰视图上看（下图），下面有纵向平铺的茅草痕，茅草秆直径 2.5 毫米。根据这块屋面红烧土可以设想，F22 屋面的做法是：如果有两层，下层的表面徒手抹平，上层的表面用抹子抹平；如果有三层，下层和中层的表面都徒手抹平，上层的表面用抹子抹平。徒手抹平的优点是可以使表面形成凹凸不平的接触面，便于各层之间结合得比较牢固；用抹子抹平的优点是可以使表面比较平整而美观，还有利于屋面排除雨水。

现将 F22 屋面红烧土块的特征归纳如下：

第一，只在结构层的上面（朝天空一面）抹泥，未见结构层的下面（朝屋内一面）抹泥，这一点与 F30 相同。

第二，所用泥料多为纯黏土，个别掺和细砂或稻草截段，目前未见掺和红烧土渣或红烧土块，这一点与筑墙体所用的泥料明显不同。

第三，比墙壁红烧土块要薄得多，这一点与 F30 的屋面相同；椽子排列较稀疏，椽间空当较大，以茅草作为椽间空当的填充材料，这与 F30 的屋面不同。

第四，经测定，F22∶118 屋面红烧土块的烧成温度为 600℃（见附录二），与墙壁红烧土块相同。引人注目的是，F22∶105 屋面红烧土块上层和中层的质地比下层稍硬，表明其烧成温度稍高于下层，应是在"泥背顶"上面进行烧烤所致，这一点与 F30∶45 屋面红烧土块相同。这些资料为研究烧烤"泥背顶"的方法提供了依据。

如上所述，F22 屋顶的施工程序是：

第一步，建造木竹结构层。先在外墙和屋内支柱的上端架设正脊、戗脊和檩条，后在正脊、戗脊和檩条上架设椽子，椽子与檩条成直角相交；再于椽间空当中铺设茅草作为填充材料，茅草大致与椽子平行，用横向的半圆竹或竹片压住茅草，半圆竹或竹片大致与茅草成直角相交，用竹篾将半圆竹或竹片与茅草绑牢，并且固定在椽子上。

第二步，建造屋面。先在结构层上面用黏土泥料抹成"泥背顶"，包括泥质正脊、戗脊、屋面；假定红烧土屋面层也是人工烧烤而成的，应在"泥背顶"上面进行烧烤。

红烧土屋面类似后世的瓦屋面，具有隔热、保温、排除雨水的功能。但红烧土屋面是一次性的，不能拆开再次用于覆盖屋面，这是红烧土屋面原始性的表现；瓦屋面可以拆开后再次用于覆盖屋面，这是瓦屋面先进性的表现。

（五）火塘

火塘位于屋内中央，平面略呈方形，有下、中、上三层火塘（图3－1－51；图版三〇，2～6）。火塘与隔墙都建在红烧土块垫层之上，但二者的连接关系表明，先建造隔墙，后建造火塘。

1. 下层火塘

为红褐色，建在红烧土块垫层之上，四周有埂，其作用是将火源与居住面上放置的易燃物隔离开，防止失火，埂的东北角与隔墙南端连接。埂用掺和大量稻草截段和少量稻壳的黏土泥料筑成，上面及两侧光平，横断面呈圆角方形，四个角略呈直角。东埂长124、顶部宽16～19、（距垫层）高16厘米，南埂长134、宽16～17、高16厘米，西埂长126、宽16、高16厘米，北埂长119、宽16、高12厘米。火塘内抹一层底面（即第3层底面），厚2～7厘米，上面平整，下面因与红烧土块垫层接触呈现凹凸不平。与此同时，在火塘之外抹3层居住面（即第2～4层居住面）；在屋内挖成柱坑，柱坑周壁施加抹面，例如11号柱坑周壁的抹面是从第2层居住面伸下来的，与第2层居住面连为一体。

2. 中层火塘

为深红色，东、南、西三条埂包在下层火塘埂的外面，长度分别为130、136、136厘米，顶部宽18～22、厚4～6厘米，横断面呈圆角方形。北埂略向北移，一半叠压在下层火塘埂上面，另一半叠压在火塘北侧的第2层居住面之上，长112、宽14、厚4.5厘米，横断面呈弯月形。东南角和东北角呈圆角，西南角和西北角略呈直角。火塘内增设中埂，南北长108、东西宽16～18、高19厘米，横断面呈拱形，中埂将方形大火塘分隔为两个长方形小火塘，东火塘较宽，西火塘很窄。两个小火塘可以同时使用、分别用于煮或蒸不同食品。火塘内又抹一层底面（即第2层底面），厚2～4厘米。同时，在火塘之外又抹一层居住面（即第1层居住面）。前面讲过，F30中火塘的上层火塘分为四个小火塘，可见由大火塘分为多个小火塘是火塘演变的趋势，这是适应炊事方式（煮或蒸）多样化和食品（主食或副食）多样化的需要。

抹第1层居住面时，故意将中层火塘北侧、隔墙西侧抹成圆角长方形、凹槽状，作为储藏所（图3－1－51平面图和B—B′剖面图）。储藏所南北长1.06、东西宽0.85米，中部深7厘米，底部烧烤成褐色，它是中层火塘的附属设施，主要当用于储藏食物，也可以存放柴草。

3. 上层火塘

先在中层火塘的西火塘南部垫一层红烧土块，厚约8厘米，将凹坑垫平，后在中层火塘上面连片抹泥，厚2～3厘米，这层泥东、南、西三边超出中层火塘范围，叠压在第1层居住面之上，北边叠压在中层火塘北埂的南部之上，大致沿着中层火塘各处高低而起伏，因此上层火塘仍有埂，东、南、西、北、中五条埂的长度分别为140、150、100、122、72厘米，也有底面（即第1层底面）。上层火塘为浅灰色，质地坚硬，大部分烧流变形向上鼓起，与中层火塘之间出现缝隙，F22废弃之后缝隙内渗入一层黑灰色淤泥。

在上层火塘东南角外侧增设一个红烧土台，平面呈圆角方形，与东埂南端相连，东西宽40厘米，比东埂高10厘米。顶部呈锅底状，有抹面1层，灰褐色，可以放置圜底罐或釜。前面说过，

F30 北火塘的东埂南段外侧也设有一个红烧土台，上面平整，可以放置炊器等。红烧土台是火塘的附属设施，具有器座的作用。

（六）散水

F22 周边的散水宽 2～3 米，厚 5～15 厘米，用红烧土块铺成，比垫层的红烧土块小一些，因此上面比较平整，周围稍低，略呈斜坡状，便于往外排水，保护墙基。

从 F22 各部分之间的叠压关系和连接状况，可知其施工的程序是：依次建造外墙、屋内垫层、隔墙、火塘、居住面及屋内柱坑；这些都经过人工烧烤之后，在屋内树立木柱，建造屋顶的结构层；再于结构层上面抹泥形成"泥背顶"；假定红烧土屋面层也是人工烧烤所致，应在"泥背顶"上面进行烧烤；最后在屋外铺设散水。需要说明的是，居住面和火塘是先后三次建造的：下层火塘和第 2～4 层居住面为第一次建成，中层火塘和第 1 层居住面为第二次建成，上层火塘为第三次建成，可见施工程序复杂。

F22 的外墙、隔墙、居住面、火塘、门坎和屋面都是红烧土。承蒙宜昌市陶瓷研究所的吴崇隽、庞金艳同志测定，F22：148 墙壁红烧土块的烧成温度为 600℃，吸水率为 23.11%；F22：118 屋面红烧土块的烧成温度亦为 600℃，吸水率为 22.22%（详见附录二）。F22 屋面红烧土块的烧成温度略低于 F30 屋檐红烧土块的烧成温度（620℃），F22 墙壁红烧土块的烧成温度明显低于 F30 墙壁红烧土块的烧成温度（900℃）。F22 墙壁和屋面红烧土块的吸水率都偏高，这是由于所用的黏土泥料只经过粗略加工、成型工艺粗放、烧成温度不高、致密度偏低的缘故。

F22 位于关庙山遗址Ⅳ区（属于关庙山聚落一般居住区）的中部，其建筑面积约 35 平方米，属于中型房址；特点是以隔墙为界，将屋内分隔为厅和卧室两个空间。

本所的张孝光先生根据以上情况，绘制了 F22 复原示意图（图 3－1－58）。

F22 居住面上出土的器物，根据遗留时间的不同，可分以下两种情况：

第一种，在建造房屋过程中，建房者遗留在居住面上的器物。

在中层火塘南侧偏东有器盖 11 型Ⅱ式 1 件（F22：42，见图 3－4－154，9），陷在第 1 层居住面内，纽残缺，口朝上，口边与第 1 层居住面平齐，呈泥质红色、龟裂状，器身内没有泥料。推测这件器盖陷入居住面、烧成红色、呈龟裂状的情景如下：建房者刚刚抹完第 1 层居住面时，居住面的含水量约 19%，尚有较强的可塑性，受到外力作用时，还可以改变局部的形状，这是器盖陷入居住面的先决条件，此时有一件纽残缺的器盖无意中掉落在居住面上，器盖受到外力作用（手压或脚踏或用抹子按压）因而陷入居住面内，口边与第 1 层居住面取齐；器盖与居住面一起进行烧烤时，由于烧成温度超过了器盖的耐火度，被烧成龟裂状。考古工作者将这件器盖与 T76④B：31 器盖（见图 3－4－154，8）进行比较之后断定，二者形制相同，原先陶色也应相同，都是泥质黑陶，器盖 F22：42 由于（烧烤居住面时）经过复烧（重复烧烤）脱炭而变成泥质红陶，并且变成龟裂状。这件器盖的重要性在于，它可以间接地证明红烧土居住面是人工烧烤而成的，并非房屋失火或有意焚毁房屋所致。

第二种，在房屋倒塌前夕，屋主人遗留在居住面上的器物。

在东间（卧室）东北部的居住面上放置圈足碗 7 型Ⅲ式 1 件（F22：38，见图 3－4－20，8），曲腹杯 3 型Ⅱ式 2 件（F22：37、41，见图 3－4－81，10、11），平底罐 6 型 2 件（F22：39、40，见

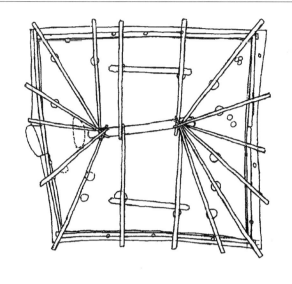

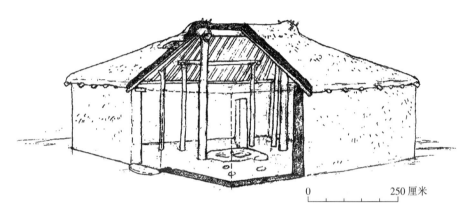

图 3 - 1 - 58 房址 F22 复原俯视、侧视示意图

图 3 - 4 - 105，2、1），均为口朝上，比较集中地分布在东墙的墙脚附近。其中，40 号平底罐内藏有小型石锛 C Ⅰ 式（F22：48，见图 3 - 5 - 42，6，可用于切割）、骨针（可用于缝制衣物）、麂子（小型的鹿）角（可作为锥子使用）各 1 件，这些器物应是女子的缝纫用具。

在西南角散水上集中放置圈足盘 6 型 Ⅴ 式（F22：44，见图 3 - 4 - 46，1）、器盖 7 型 Ⅰ 式（F22：43，见图 3 - 4 - 150，8）、空心陶球第八种（F22：45，见图 3 - 4 - 164，22）、中型双刃石斧 B Ⅶ 式（F22：46，见图 3 - 5 - 13，2）、中型单刃石斧 B Ⅱ 式（F22：47，见图 3 - 5 - 23，2）各 1 件，其中，石斧主要应由男子使用。

上述器物都经过使用，真实地反映了男女屋主人在居室内外的生活情景。

另外，在房屋废弃后的填土内出土的器物有簋 2 型 Ⅰ 式 1 件（F22：48，见图 3 - 4 - 65，2）、器座 4 型 Ⅰ 式 1 件（F22：151，见图 3 - 4 - 135，14）。

房址 F26

主要位于 T59 南部、T63 北部④A 层底部，延伸到 T60 西南部、T64 西北部，西边散水被③A 底 G7 打破，南部叠压在红烧土堆积④C 底 S26、红烧土场地④C 底 S51 之上，北墙基打破④A 底 H91、H101，叠压在④B 底 H98 之上，东北墙基叠压在红烧土堆积④B 顶 S33 和④B 底 H103、

H104 之上，东南墙基叠压在椭圆形房址④B 底 F29 之上，属于第三期。露出时距地表深 55～132 厘米，西高东低。9 号柱坑东侧地面海拔 48.61 米，比现在遗址西缘的水稻田高 3.13 米。平面呈方形，大门向南，小门向北，都没有门道，东壁的方向为北偏东 1°。

F26 由墙壁、屋内地面、屋内支柱、屋顶、火塘和散水六部分构成（图 3－1－59A；图版三八，1）。

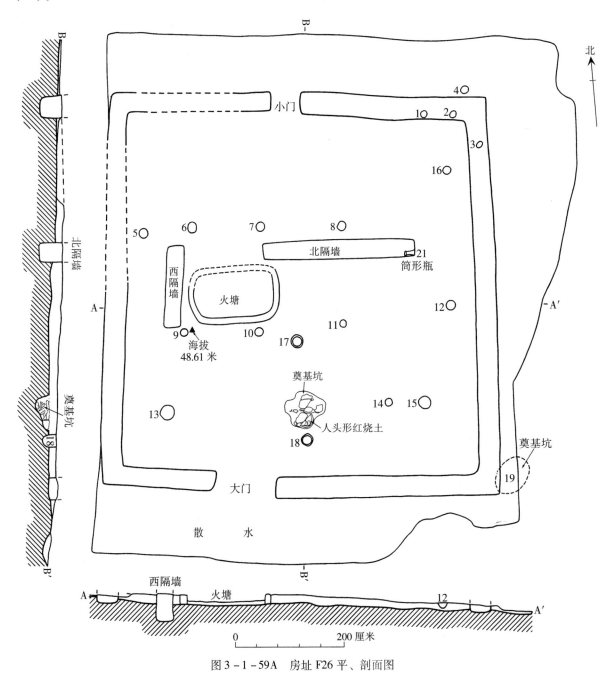

图 3－1－59A　房址 F26 平、剖面图

（一）墙壁　可分为外墙和隔墙两种。

1. 外墙

墙基的做法是：先挖成条形基槽，其两壁略直，底部略下凹；再用掺和大量红烧土块的黏土将基槽填实，形成条形墙基。东墙基长 700、厚 38～40、深 13～34 厘米。南墙基长 736、厚 34～

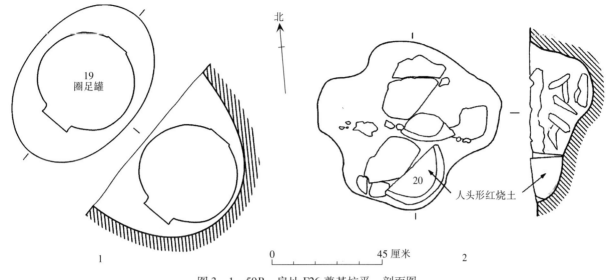

图 3-1-59B 房址 F26 奠基坑平、剖面图
1. 圈足罐奠基坑 2. 人头形红烧土奠基坑

38、深 18～20 厘米；中部偏西设有大门，为前门，宽 112 厘米，门口比屋内地面低 6 厘米。西墙基长 694、厚 32～42、深 14～16 厘米。北墙基长 690、厚 34～40、深 26～46 厘米；中部设有小门，为后门，宽 52 厘米，门口与屋外散水地面平齐。包括外墙的墙基在内，不包括散水，建筑面积约 49 平方米。北墙基东段和东墙基北段保存圆形柱洞 3 个即 1～3 号，口径 11～12、深 6～9 厘米；北墙基东段的外侧有圆形柱洞 1 个即 4 号，口径 14、深 8 厘米，用于树立擎檐柱，以便出檐较长，保护外墙（图 3-1-59A，1～4；图 3-1-60，1～4；表 3-1-8，1～4；图版三八，2）。无独有偶，本期 F1（图 3-1-34）西墙脚外侧有圆形柱洞 3 个即 10～12 号，也是用于树立擎檐柱，以便出檐较长。

外墙倒塌在屋内地面上。现将墙壁的红烧土块举例如下：

F26:22（图 3-1-61，1；图版三九，5），为墙壁一半。用纯黏土泥料筑成，橙红色，质地稍硬，残高 14.5、残宽 9.6、半壁厚 6.1 厘米。外表抹平。墙体内有纵向的圆竹痕 2 条，壁光滑，边缘至边缘间距 4.9 厘米，左边一条残长 9、直径 2 厘米，右边一条残长 7.5、直径 5 厘米；在圆竹外侧有横向相依的竹片痕 2 条，残长均为 5 厘米。横向的竹片用于固定纵向的圆竹骨架。

F26:23（图 3-1-61，2），为墙角朝屋外一半。墙体用掺和红烧土块的黏土泥料筑成，抹面用纯黏土泥料抹成，橙黄色，质地稍硬，估计烧成温度约 600℃，残高 15.5、残厚 4～4.8 厘米。墙体上有抹面 1 层，厚 0.6～1.1 厘米，墙角抹成钝角。墙体内有纵向的半圆木痕 1 条，残长 15.3、直径 5.5 厘米，有劈裂痕。

2. 隔墙

屋内有两堵隔墙即北隔墙和西隔墙，墙基的剖面都呈直壁、圆角、平底（图 3-1-59A），基槽内用掺和红烧土渣的黏土填实。

（1）北隔墙

北隔墙位于屋内中部偏东北，与外墙的北墙基相距 210～234 厘米，东西长 280、厚 30～34、基深 44 厘米。其做法是：先挖成条形基槽，由于隔墙不是承重墙，结构比较简单，基槽内没有树立柱子，只用掺和红烧土渣的黏土填实，形成条形墙基。北隔墙将屋内空间分隔为南、北两间，南间面积较大是厅，北间面积较小是卧室。东端与外墙的东墙基相距 108 厘米，形成空当，可供屋主人通行。西端离火塘东北角很近。

表 3 - 1 - 8				房址 F26 柱坑及柱洞登记表		（长度单位：厘米）
编号	形状	口径	深度	坑壁状况	坑内填土	包含物
1	圆形	12	6	直壁，圆角，平底	灰色松土	
2	圆形	11	7	斜壁，圜底	灰褐色松土	
3	圆形	11	9	直壁，圆角，平底	灰褐色松土	
4	圆形	14	8	斜壁，圆角，平底	灰褐色松土	
5	圆形	18	5	直壁，圆角，平底	灰色松土	
6	圆形	19	3	直壁，圆角，平底	灰色松土	
7	圆形	16	4	直壁，圆角，平底	灰色松土	
8	圆形	17	13	直壁，圆角，底稍圆	灰色松土	
9	圆形	16	20	直壁，圜底	灰色松土	
10	圆形	17	6	直壁，圆角，平底	灰色松土	
11	圆形	13	6	直壁，圆角，平底	灰色松土	
12	圆形	18	10	直壁，圆角，平底	灰土松散	极少红陶片
13	圆形	25	17	直壁，圆角，平底	灰褐色松土	红烧土渣
14	圆形	13	13	斜壁，圜底	灰褐色松土	
15	圆形	22	28	斜壁，圆角，平底	灰色松土	红烧土渣
16	圆形	15	9	直壁，圆角，平底	灰色松土	红烧土渣
17	圆形	柱坑 24 柱洞 16	柱坑 45 柱洞 35	壁略直，圜底	灰褐色松土	红烧土渣
18	圆形	柱坑 22 柱洞 17	柱坑 26 柱洞 23	壁略直，圜底	灰色松土	红烧土渣，柱脚周围的空当中插入许多陶片

注：屋内的 17、18 号柱坑之内存有柱洞。

（2）西隔墙

西隔墙位于屋内西部，与外墙的西墙基相距 72 厘米，形成空当，可供屋主人通行。南北长 146、厚 30～32、基深 48～52 厘米。其做法与北隔墙相同。东侧离火塘很近，具有挡火作用，北端与北隔墙西端相距 148 厘米，形成空当。这样安排北隔墙、西隔墙、火塘的位置，其好处是：屋主人在火塘南、北、东三侧都可以进行炊事活动。

（二）屋内地面

屋内地面用红烧土块掺和少量灰褐色黏土铺成，铺设之后未经烧烤，厚 10～24 厘米。红烧土块长 8～20 厘米。这种屋内地面是普通地面，其做法比较简单，明显不同于用黏土泥料抹成之后经过烧烤的居住面。

（三）屋内支柱

屋内有圆形柱坑 14 个即 5～18 号柱坑，口径 13～25、深 3～45 厘米，柱坑周壁没有抹面（图

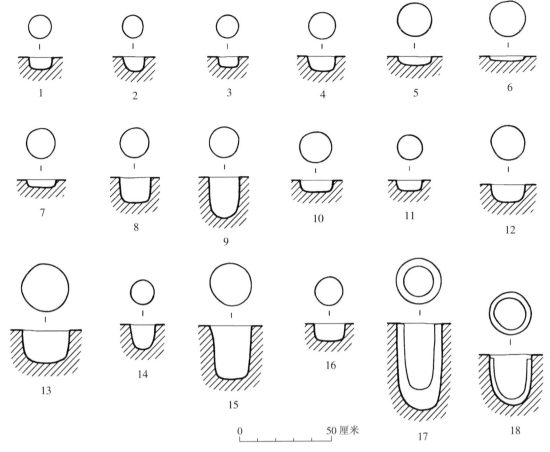

图 3 - 1 - 60 房址 F26 柱坑及柱洞平面、剖视图

3 - 1 - 59A，5 ~ 18；图 3 - 1 - 60，5 ~ 18；表 3 - 1 - 8，5 ~ 18)。其中 11 个按东西向排列成 3 行：北起第 1 行（北行）有 4 个即 5 ~ 8 号，第 2 行（中行）有 4 个即 9 ~ 12 号，第 3 行（南行）有 3 个即 13 ~ 15 号。另外，有 3 个是单独的：一个在东北部即 16 号，两个在南部即 17、18 号。17、18 号保存最好，柱坑之内都存有柱洞。17 号（图 3 - 1 - 60，17；图版三八，3）柱坑口径 24、深 45 厘米，柱洞口径 16、深 35 厘米，均为壁略直、圜底，表明柱脚修成圆头，而不是平头，柱脚周围的空当中用红烧土渣掺和黏土夯实。18 号（图 3 - 1 - 60，18；图版三八，4）柱坑口径 22、深 26 厘米，柱洞口径 17、深 23 厘米，均为壁略直、圜底，表明柱脚也修成圆头。值得注意的是，柱脚周围的空当中除用红烧土渣掺和黏土夯实之外，还插入许多陶片，陶片的内壁都朝向柱脚，正好挨近柱脚，这样做可以使木柱树立得更加稳固。

（四）屋顶

只发现正脊倒塌的红烧土 2 块，叙述如下：

F26：24（图 3 - 1 - 62，1；图版三九，1、2），为正脊。用掺和大量稻壳的黏土泥料筑成，橙黄色，质地松软，估计烧成温度约 500℃，呈长条形，残长 16.6、宽 7.4、残高 6.5 厘米。从横断面上看（上图），略呈正方形，上面和左、右两个侧面略内凹，表面抹平，下面残，下侧有圆竹痕 2 条。从仰视图上看（下图），下面留有纵向并排的圆竹痕 2 条，壁光滑，残长均为 11.5 厘米，直径均为 1.5 厘米，边缘至边缘间距 1 厘米；还有粗麻绳痕 1 条，呈凹槽状，绳粗 0.9 ~ 1.1 厘米，

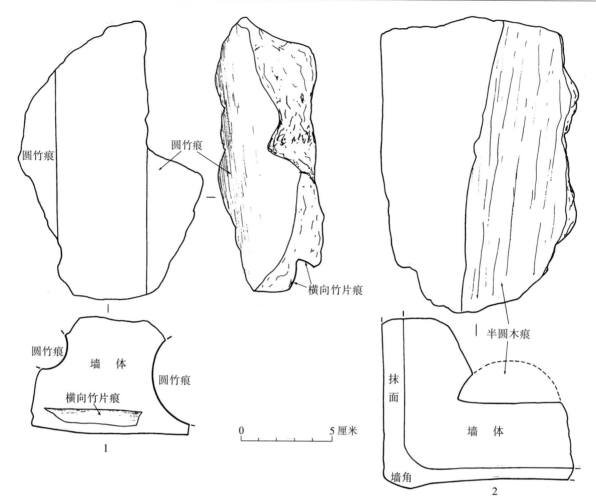

图 3 - 1 - 61　房址 F26 墙壁红烧土块平面、侧视图
1. F26：22 墙壁一半　2. F26：23 墙角朝屋外一半

从圆竹上绕了两道，应是用粗麻绳将圆竹绑在木质正脊上，但未见木质正脊的痕迹。圆竹在泥质正脊内部起骨架作用，粗麻绳在泥质正脊与木质正脊之间起联结作用，可以设想，泥质正脊是在木质正脊上面现场制作的，而不是在地面上做好之后再移到木质正脊上面去的。

F26：25（图 3 - 1 - 62，2；图版三九，3、4），为正脊上层。用掺和碎稻壳的黏土泥料筑成，残长 27.8 厘米，顶部宽 4.8～5.7、下部残宽 8.3～9.7 厘米，残厚 4.5 厘米。从俯视图上看（中上图），呈长条形，上面用抹子抹平。从横断面上看（中下图），呈凸字形，左、右两侧各有纵向的枋木印痕 1 条，劈裂痕清晰，这表明在正脊的成型过程中以枋木作为"模具"，使屋脊的形状规整，成型之后立即将枋木撤掉，只留下印痕。前面说过，F30：38（图 3 - 1 - 43，3）在正脊的成型过程中也以枋木作为"模具"，由此可见，F26 与 F30 在泥质正脊"坯体"的成型方法上具有共同点。在左侧枋木印痕的下方有纵向并排的圆竹痕 2 条，从一个侧视图上看（左图），竹壁光滑，竹节清晰（在竹竿生长的过程中，形成竹节的特点：呈现两条平行线，粗线在下，细线在上），左边一条残长 23.2 厘米，右边一条残长 24 厘米，直径均为 1.9 厘米。在右侧枋木印痕的下方有纵向的圆竹痕 1 条，从另一个侧视图上看（右图），竹壁光滑，竹节清晰（也呈现两条平行线，粗线在下，细线在上），残长 26.8、直径 2.3 厘米。这些圆竹在泥质正脊内部起骨架作用。下面粗糙不

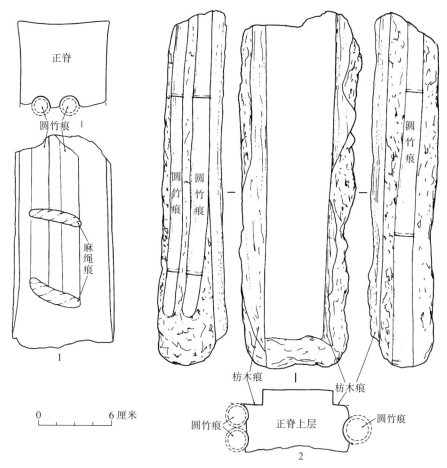

图 3 - 1 - 62　房址 F26 正脊红烧土块平面、侧视图
1. F26:24 正脊　2. F26:25 正脊上层

平，是与正脊下层的接触面。

F26 既然有红烧土正脊，也可能有红烧土屋面，但在发掘过程中未见。

（五）火塘

火塘位于屋内中部偏西，西隔墙东侧。平面呈圆角长方形，东西长 175、南北宽约 100、深 15 厘米（图 3 - 1 - 59A）。周壁和底部都有抹面 1 层，周壁抹面厚 10、高 16 ~ 18 厘米，底部抹面厚 6 ~ 8 厘米，都用细腻的纯黏土泥料抹成，经过长期烧火使用变为深红色烧土，质地坚硬，表面光滑，北壁残缺。

（六）散水

屋外的散水用红烧土块掺和灰褐色黏土铺成，二者比例约 1∶1，略向外倾斜，便于排水，保护外墙的墙基。东边散水南北长 860、东西（北部）最宽处 170、（南部）最窄处 25、厚 5 ~ 25 厘米。南边散水东西长 775、南北（大门外）最宽处约 160、（东部）最窄处 35、厚 6 ~ 15 厘米。西边散水被③A 底 G7（详见附表 6）打破，已不存在。北边散水保存完好，东西长 680、南北宽 120、厚 2 ~ 4 厘米。

在外墙东墙基南端外侧之下挖成一个圈足罐奠基坑（图 3 - 1 - 59B，1），呈椭圆形锅底状，显然是为圈足罐"量体裁衣"，长轴 72、短轴 52、深 40 厘米，埋入圈足罐 5 型Ⅳ式 1 件（F26:19，见图 3－4－98，5）作为奠基物，罐口朝西南。在北隔墙的墙基东端埋入横卧的筒形瓶 1 型 I 式 1 件（F26：21，见图 3－4－88，1）作为奠基物，瓶口朝西，瓶底与墙基东端取齐，器身与墙基南壁取齐（图版三八，5）。这种筒形瓶是大溪文化第三期的典型器物，具有断代意义。引人注目的是，在 18 号柱坑北侧的地面之下挖成一个人头形红烧土奠基坑（图 3－1－59B，2），呈不规则形，坑底高低不平，东西长 75、南北宽 66、深 25 厘米。坑内南部埋入人头形红烧土 1 件（F26：20，见图 3－4－178）作为奠基物，有双眼，鼻微凸已残，脸上粉刷黄泥浆，下面平整，印有树木劈裂痕。根据粉刷黄泥浆和印有树木劈裂痕推测，原先应是某座房屋上的正脊端（其作用近似后世的鸱吻），其年代应略早于 F26，但与 F26 属于同一时期。该奠基坑内还埋入很多红烧土块，绝大多数是某座房屋的居住面残块，橙红色，上面光平，下面粗糙，厚 5～6 厘米，显然，这些居住面残块是精心挑选出来的，随同人头形红烧土奠基。建房者在 F26 奠基过程中，分别埋入圈足罐、筒形瓶、人头形红烧土等重要的奠基物，反映出先民在建房时曾经举行过隆重的奠基仪式。

另外，房屋废弃后的填土内出土陶纺轮 1 型 II 式 1 件（F26：18，见图 3－4－158，4）。

F26 位于关庙山遗址 V 区（关庙山聚落中心区）的北部，包括墙基、不包括散水的建筑面积约 49 平方米，属于中型房址。其特点是：有南、北两个门，屋内有两堵隔墙，这是目前在本遗址所发现的唯一有两个门、两堵隔墙的房址。建房时以人头形红烧土奠基是一种特殊的习俗，目前在本遗址只发现这一例。

[三] 圆形房址

2 座。即 T33⑤F2（第二期），T57④BF28（第三期）。

房址 F2

主要位于 T31、T33⑤层，延伸到 T32、T34、T35、T36、T41，露出时距地表深 125 厘米，属于第二期。平面呈圆形，剖面呈台形，门口向东，有门道（图 3－1－63A）。

屋内地面由垫层和居住面两部分构成。垫层用灰白色黏土铺成，厚约 30 厘米。居住面仅在屋内西部残存很小的一片，残长 106 厘米，有两层：下层为红色，厚 5 厘米；上层为白色，厚 0.3 厘米，都用黏土泥料抹成，经过烧烤。

墙壁的做法是：没有挖基槽，只在墙脚部位铺设一层红烧土块，平面略呈环形，宽 60～160、厚 15～50 厘米，同时树立木柱或竹柱。南墙脚有圆形柱洞 1 个即 1 号，口径 28、深 16 厘米。西南边残缺。北墙脚有圆形柱洞 4 个即 2～5 号，口径 20～30、深 10～25、边缘至边缘间距 120～180 厘米。东墙脚中部设有门口，内侧宽 90、外侧宽 108 厘米。门口外面有门道，长 70 厘米。门道南侧存有圆形柱洞 1 个即 6 号，口径 14、深 15 厘米；门道北侧有圆形柱洞 3 个即 7～9 号，口径 10～20、深 15 厘米，边缘至边缘间距 26～30 厘米。在门道两侧树立柱子，以便架设门道上方的雨棚。门道之外有一片红烧土场地，用红烧土块铺成，南北长 590、东西宽 180～220 厘米，面积约 10 平方米。这是目前在本遗址所见年代最早、面积最小的红烧土场地，是第三、第四期大面积红烧土场地的前身之一。

在房址南部发现墙壁倒塌的红烧土块，举例如下：

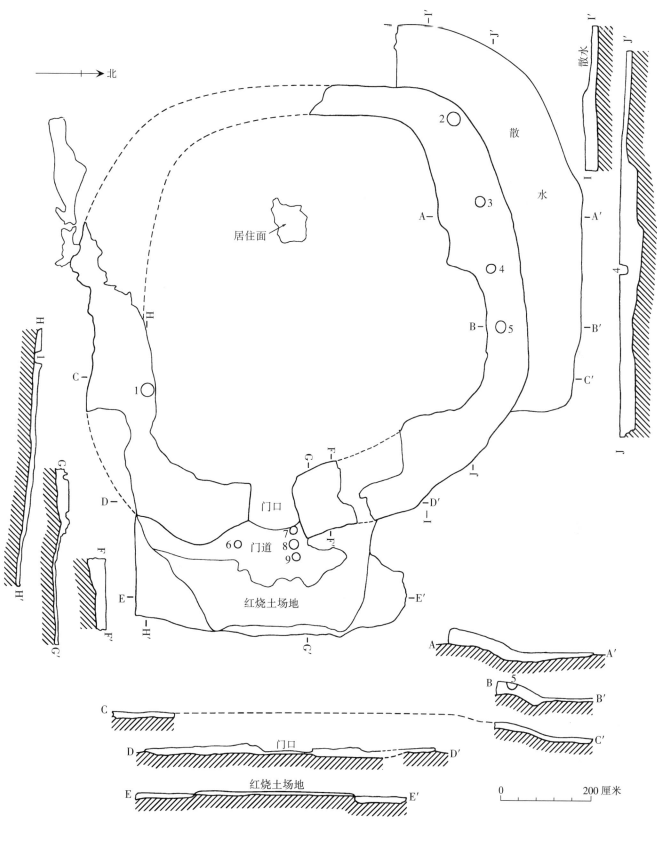

北

居住面

散水

散

水

门口

门道

红烧土场地

红烧土场地

门口

0　　　　　200 厘米

图 3 - 1 - 63A　房址 F2 平、剖面图

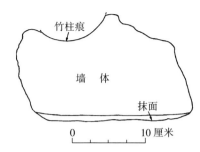

图 3 - 1 - 63B　房址 F2 墙壁红烧土块（F2∶50）平面图

F2∶50（图 3 - 1 - 63B），为墙壁朝屋外一半。墙体用掺和红烧土渣及大量稻草截段的黏土泥料筑成，由于黏土内所含炭素未烧尽而呈青灰色，质地松软，抹面用纯黏土泥料抹成，橙红色，质地比墙体稍硬，估计烧成温度约 500℃，残高 10、残宽 22、半壁厚 14.2 厘米。墙体外表有抹面 1 层，厚 0.3～0.8 厘米，表面欠平整，其横断面略呈弧形，这种形状与圆形房址相适应。另一面有纵向的竹柱痕 1 条，残高 9.5、直径 12.5 厘米，壁光滑，壁上有纵向纤细的平行线状纹理，这是毛竹（又称南竹）外表丝状纹理的印痕。可见大溪文化第二期已经利用毛竹作为墙壁内的支柱。

房址西北部残存一片散水，用红烧土块铺成，平面呈环形，宽 100～160 厘米，厚 10～15 厘米，从剖面看低于墙脚部位，略向外倾斜，便于排水。

房屋废弃后的填土内出土小型石锛 BV 式 1 件（F2∶13，见图 3 - 5 - 41，7）。

F2 位于关庙山遗址Ⅲ区（关庙山聚落一般居住区）的西部，包括门道和墙脚部位在内，建筑面积约 66 平方米，属于大型房址。包括散水在内，南北长 9.6、东西宽 9.25 米，总面积约 76 平方米。

房址 F28

主要位于 T57 西南部④B 层顶部，延伸到 T56 东南部、T60 西北部，叠压在疑为方形或长方形残房址④AS11 之下，④B 底 H96 之上，露出时距地表深 105 厘米（图 3 - 1 - 64A），属于第三期。平面呈圆形，剖面呈锅底状，为半地穴房址。门向北，门内有台阶 2 级，系用三块红烧土砌成：第 1 级有一块，呈五边形，较大且较厚；第 2 级有两块，东边一块呈梯形，稍大，西边一块呈菱形，较小，两块都较薄。门外有门道。

半地穴房址的特点是屋内地面低于屋外地面，其施工程序如下：

第一步，奠定半地穴基础。首先将整个地基挖成一个圆形锅底状的坑穴，挖去质地松软、承载力较小的熟土。由于北部有门道，此处向北凸出一块，南北长径 3.20、东西短径 2.90 米，深 19～75 厘米不等，以北部最深。然后用大量红烧土块铺垫整个坑穴，形成承载力较大的半地穴基础。

第二步，建造墙壁。在半地穴基础的四周铺垫一层大红烧土块形成墙基，红烧土块之间结合紧密，北墙基保存较好，宽 34、深约 46 厘米，平面略呈弧形。在北墙基内部发现柱洞 2 个即 2、3 号（图 3 - 1 - 64B，2，3；表 3 - 1 - 9，2，3），呈椭圆形、锅底状，长轴均为 17、短轴 12～15、深 8～10 厘米。墙基内树立的两根木柱具有双重功能：主要作为墙壁的骨架，也与支撑门道上方的雨棚有关。

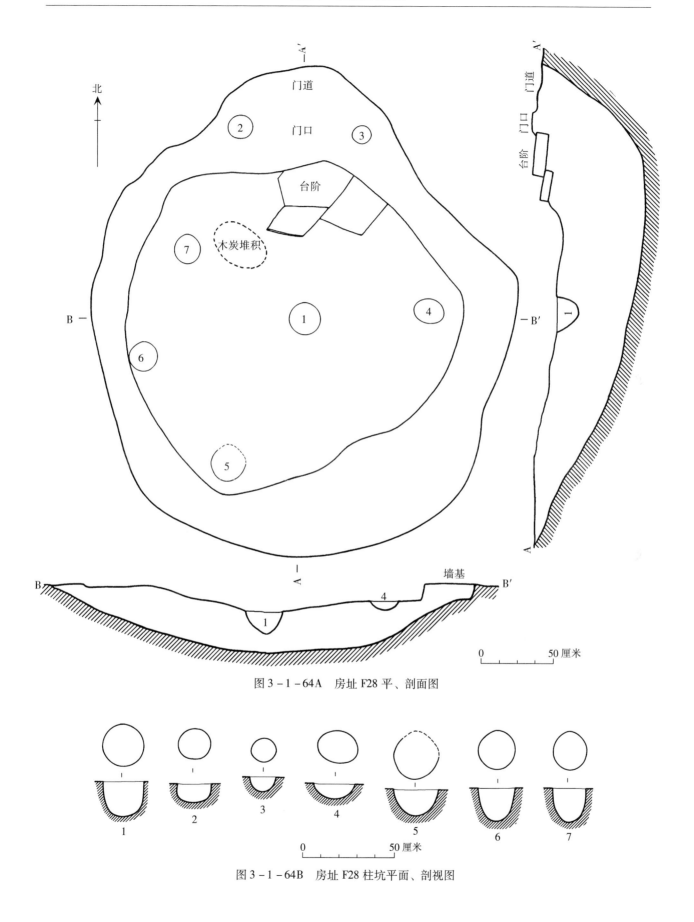

图 3 - 1 - 64A　房址 F28 平、剖面图

图 3 - 1 - 64B　房址 F28 柱坑平面、剖视图

第三步，建造屋内地面。在墙基以内先用红烧土碎块铺设垫层；再用较大而平整的红烧土块掺和少量黏土铺成地面，表面较平整，最厚处达 34 厘米，铺设之后未经烧烤。

第四步，烧烤墙壁。屋内地面上有墙壁倒塌的红烧土块，朝屋内一面有抹面 1 层，抹面中间略凹进，横断面呈弧形，这种形状与圆形房址相适应。

第五步，在屋内树立木柱和覆盖屋顶。在屋内地面上挖成柱坑 5 个，呈圆形或椭圆形、锅底状：中央有 1 个即 1 号（图 3 - 1 - 64B，1；表 3 - 1 - 9，1），口径 23、深 18 厘米，坑内树立中心柱，支撑圆锥状尖顶；在墙基朝屋内一侧有 4 个即 4 ~ 7 号（图 3 - 1 - 64B，4 ~ 7；表 3 - 1 - 9，4 ~ 7），口径 19 ~ 25、深 9 ~ 17 厘米，值得注意的是这 4 个柱坑都不在墙基内部，推测柱坑内树立的木柱与墙壁一起支撑屋顶。

表 3 - 1 - 9　　　　　　　　房址 F28 柱坑及柱洞登记表　　　　　　　　（长度单位：厘米）

编号	位置	形状	口径或长轴、短轴	深度	坑壁状况	坑内填土及包含物
1	屋内中央	柱坑呈圆形	23	18	锅底状	灰褐色松土，含有陶片、红烧土渣
2	门口西侧	柱洞呈椭圆形	长轴 17 短轴 15	10	锅底状	灰褐色松土，含有陶片、红烧土渣
3	门口东侧	柱洞呈椭圆形	长轴 17 短轴 12	8	锅底状	灰褐色松土，含有陶片、红烧土渣
4	屋内东部墙基内侧	柱坑呈椭圆形	长轴 21 短轴 17	9	锅底状	灰褐色松土，含有陶片、红烧土渣
5	屋内西南部墙基内侧	柱坑呈圆形	25	14.5	锅底状，东北边残	灰褐色松土，含有陶片、红烧土渣
6	屋内西部墙基内侧	柱坑呈圆形	20	17	锅底状	灰褐色松土，含有陶片、红烧土渣
7	屋内西北部墙基内侧	柱坑呈圆形	19	17	锅底状	灰褐色松土，含有陶片、红烧土渣

在屋内西北部地面上有木炭堆积，呈椭圆形，长轴约 40、短轴约 30 厘米，这是烧火使用的遗迹，此处地面应就是灶面。

F28 包括门道和墙基在内，建筑面积约 7 平方米，属于小型房址，不包括墙基的居住面积约 4 平方米。其施工程序复杂而且认真，又有烧火使用的遗迹（木炭堆积），虽然居住面积很小，却是有人居住过的房屋。

F28 位于关庙山遗址 V 区（关庙山聚落中心区）的北部，是目前在本遗址所见唯一的半地穴房址，也是建筑面积最小的房址。

［四］椭圆形房址

仅 1 座。

房址 F29

位于 T64 西南部④B 层底部，叠压在方形房址④A 底 F26 东南角墙基之下，④B 底 H188 之上，露出时距地表深 135 厘米（图 3－1－65A；图版三九，6），属于第三期。门向不详。

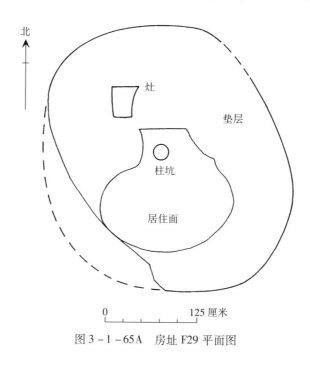

图 3－1－65A　房址 F29 平面图

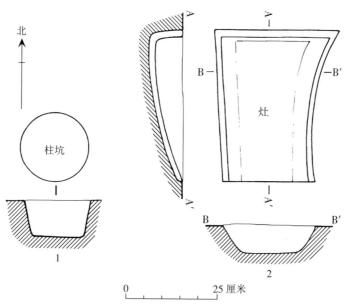

图 3－1－65B　房址 F29 柱坑和灶平面、剖视图
1. 柱坑平面、剖视图　2. 灶平面、剖视图

屋内地面有两层：下层为垫层，用红烧土渣掺和少量灰色黏土铺成，铺设之后未经烧烤，厚约 10 厘米；上层为居住面，用黏土泥料抹成，经过烧烤，仅在西南部残存一片，呈葫芦形，东西长 170、南北宽 160、厚 10 厘米。在屋内中央、居住面上有一个柱坑（图 3－1－65B，1），呈圆

形，斜壁、平底，口径 20、深 11 厘米，坑内树立中心柱，支撑椭圆锥状尖顶，柱脚周围的空当中用红烧土渣夯实。F29 包括屋内地面，西北—东南长轴 3.88、东北—西南短轴 2.66 米，建筑面积约 8 平方米，稍微大于圆形房址 F28。

西北部设有灶 1 个（图 3 - 1 - 65B，2），平面呈簸箕形，东边内凹，剖视呈弧壁、平底，灶门向南。南北长 40、东西宽 25 ~ 32、深 8 厘米。东、北、西三壁和底部都有抹面 1 层，用黏土泥料抹成，橙黄色，厚 1.2 ~ 3.5 厘米。灶壁和底部都留有烧火使用的痕迹，说明这是有人居住过的房屋。

F29 位于关庙山遗址 V 区（关庙山聚落中心区）的中部，其建筑面积约 8 平方米，属于小型房址，这是目前在本遗址所见唯一的椭圆形房址。

总括上述 13 座形状清楚的房址的概况如下：

房址号	形状	门向	建筑面积（平方米）	期别
F34	长方形	向西	不包括散水 66	第一期晚段
F33	长方形	向东	包括屋内垫层、不包括门前道路残存 54，复原后 62	第二期
F9	长方形	向南	不包括檐廊和散水 50	第三期
F1	长方形	向东	不包括散水 80	第三期
F30	长方形	向东	不包括门外台阶、散水 52	第三期
F35	长方形	向北	包括墙基、门道残存 76	第一期晚段
F25	长方形	不详	包括墙基 43	第四期
F36	长方形	向东	不包括散水 27	第三期
F22	方形	向西	不包括散水 35	第三期
F26	方形	大门向南，小门向北	不包括散水 49	第三期
F2	圆形	向东	包括门道、墙脚部位 66	第二期
F28	圆形	向北	包括门道、墙基 7	第三期
F29	椭圆形	不详	包括屋内地面 8	第三期

13 座形状清楚的房址的用途可分两类：F36 应为简易的木竹篱笆墙建筑物，推测没有屋顶，不是供给人居住的建筑物，可能是饲养家畜的圈栏；其余 12 座均为供人居住的建筑物。

现将这 12 座（供给人居住的）房屋的建筑形式归纳如下：

第一，形状。长方形 7 座即 F34、F33、F9、F1、F30、F35、F25，占 58%；方形 2 座即 F22、F26，占 17%；圆形 2 座即 F2、F28，占 17%；椭圆形 1 座即 F29，占 8%。可见以长方形房址占多数。地面建筑 11 座即 F34、F33、F9、F1、F30、F35、F25、F22、F26、F2、F29，占 92%；半地穴建筑 1 座即 F28，占 8%。可见以地面建筑占绝大多数。

第二，门向。一般只有一个门，个别（F26）有两个门。向东 4 座即 F33、F1、F30、F2，占 33%；向南 1 座即 F9，占 8%；向西 2 座即 F34、F22，占 17%；向北 2 座即 F35、F28，占 17%；大门向南，小门向北 1 座即 F26，占 8%；门向不详 2 座即 F25、F29，占 17%。可见门向不一，其中门向东者稍多，占三分之一。

第三，建筑面积。有两座房址（F33、F35）因残缺不全，难以准确地计算建筑面积，其余 10 座均为完整或基本完整的房址。10 座完整或基本完整的房址，按建筑面积大小排列的顺序是：F1 为 80 平方米，F34、F2 均为 66 平方米，F30 为 52 平方米，F9 为 50 平方米，F26 为 49 平方米，F25 为 43 平方米，F22 为 35 平方米，F29 为 8 平方米，F28 为 7 平方米。F1 最大，F28 最小。若将 50～80 平方米作为大型房址，则有 5 座即 F1、F34、F2、F30、F9，占 50%；35～49 平方米作为中型房址，则有 3 座即 F26、F25、F22，占 30%；7～8 平方米作为小型房址，则有 2 座即 F29、F28，占 20%。可见以大型房址占半数，中型房址次之，小型房址很少。

综上所述，大溪文化房屋建筑形式的特征是：均为单体（与联体相对而言）建筑，以长方形房址占多数，地面建筑占绝大多数，门向不一，以门向东者稍多，大、中型房址占大多数。至于长方形和方形房址，其墙壁和屋顶的形式有两种：一种以 F22 为例，四壁等高，屋顶呈四面坡；另一种以 F30 为例，有山墙，屋顶呈两面坡。

[五] 疑为方形或长方形残房址

根据墙基平面呈直线状，疑为方形或长方形残房址，但是整个房址形状不详。

10 座。即 T57⑦F32、T70⑦S46、T74⑦S47（皆第一期晚段），T55⑥S34、T60⑤AS40（皆第二期），T71④AF27、T74④BF31、T57④AS11、T61④S23（皆第三期），T71③AF24（第四期）。其中，F32、S46、S47、S23、F31 都有条形墙基。现分别叙述如下。

疑残房址 F32

位于 T56 东北角、T57 北部⑦层顶部，北部在发掘区之外，南墙基叠压在⑦底 G8 之上。在南墙基北边有一条同时期的东西向扰沟，两条南北向扰沟打破屋内地面，并且将 3 号柱坑附近的墙基切割成东、西两段。一个同时期的椭圆形扰坑打破屋内地面，露出时距地表深 2.3 米，属于第一期晚段（图 3-1-66，Ⅰ）。疑为方形或长方形残房址，门向南，门口内侧有门坎，门坎外侧有门道，南墙基的方向为北偏西 75°。

已揭露部分平面略呈三角形，东西长约 8 米，南北最宽处约 4 米，残存建筑面积约 13 平方米。从屋内地面至南墙基部位普遍用橙黄色烧土块掺和少量灰黄色黏土铺成，表面比较平整，东部比西部高 10 厘米，厚 5～25 厘米。

南墙基分为东、西两段，东段残损严重，西段保存较好，两段之间设有门口。南墙基内存有柱坑 8 个即 1～8 号（图 3-1-66，Ⅱ之 1～8；表 3-1-10，1～8），都呈圆形、锅底状，1 号位于门口以东，2～8 号位于门口以西，口径 14～30、深 7～14 厘米。这 8 个柱坑大致排列成一行，柱坑内树立木柱之后，柱脚周围的空当中用黄白色黏土夯实，1 号柱坑内留有柱洞，口径 13、深 7 厘米。在屋内东部、门口内侧设有门坎，平面呈弓形，东西长约 75、南北宽约 9 厘米，地下部分

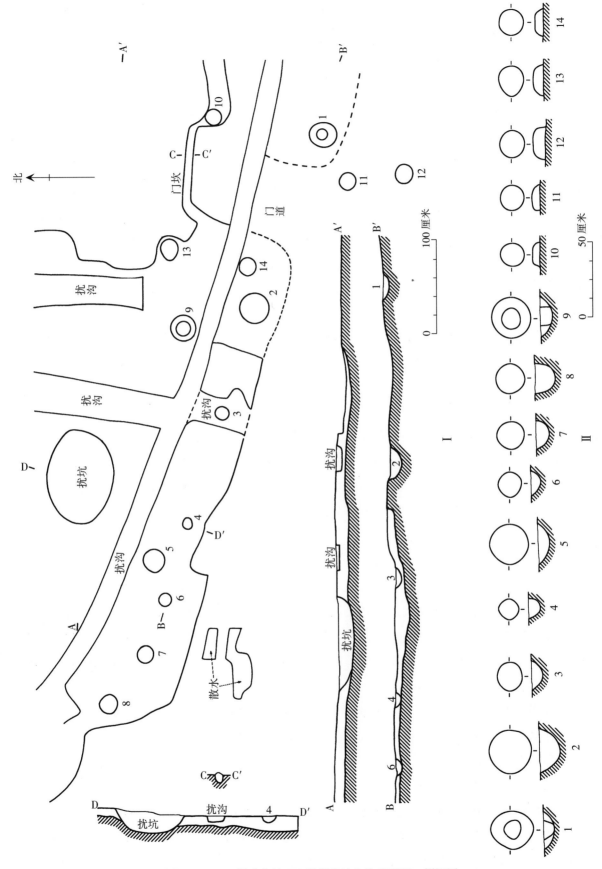

图 3-1-66　疑残房址 F32 及其柱坑和柱础平面、剖视图

Ⅰ. F32 平、剖面图　　Ⅱ. 柱坑和柱础平面、剖视图

深约9厘米，高出地面2~4厘米，用掺和红烧土块的黏土泥料筑成。门坎附近的地面呈灰黄色，质地坚硬，是屋主人进出时踩踏所致。在门坎外侧设有门道，门道从屋内延伸至屋外，门道两侧存有红烧土柱础5个即10~14号（图3-1-66，Ⅱ之10~14），大致按南北向排列成两行，东行有3个（10~12号），西行仅存2个（13、14号）。柱础呈圆形，直径18~25厘米，高出周围地面5~7厘米，因此是"明础"，用掺和红烧土块的黏土泥料筑成，用于树立木柱支撑门道上方重量较轻的雨棚。这是目前在本遗址所见年代最早的红烧土柱础。

在屋内、东西向扰沟的北侧存有柱坑1个即9号，呈圆形、锅底状，口径27、深8厘米（图3-1-66，Ⅱ之9；表3-1-10，9），柱坑内留有柱洞，口径12、深8厘米，柱脚周围的空当中用黄白色黏土夯实。

7号柱坑南边残存一部分散水，用红烧土块掺和少量黏土铺成，低于墙基部位。

表3-1-10   疑残房址F32柱坑及柱洞登记表   （长度单位：厘米）

编号	位置	形状	柱坑口径	柱洞口径	深度	坑壁及洞壁状况	柱洞、柱洞内填土及包含物
1	南墙基东段	圆形	26	13	7	柱坑呈锅底状，柱洞呈斜壁、平底，红烧土块及灰黄色黏土边，柱脚周围的空当中用灰褐色黏土夯实	深灰色松土，含有陶片和红烧土渣
2	南墙基西段	圆形	30		14	锅底状，红烧土块及灰黄色黏土边	灰褐色松土，含有陶片和红烧土渣
3	南墙基西段	圆形	18		8	锅底状，红烧土块及灰黄色黏土边	灰褐色松土，含有陶片和红烧土渣
4	南墙基西段	圆形	14		8	锅底状，红烧土块及灰黄色黏土边	灰褐色松土，含有陶片和红烧土渣
5	南墙基西段	圆形	27		8	锅底状，红烧土块及灰黄色黏土边	灰褐色松土，含有陶片和红烧土渣
6	南墙基西段	圆形	16		7	锅底状，红烧土块及灰黄色黏土边	灰褐色松土，含有陶片和红烧土渣
7	南墙基西段	圆形	19		9	锅底状，红烧土块及灰黄色黏土边	灰褐色松土，含有陶片和红烧土渣
8	南墙基西段	圆形	20		14	锅底状，红烧土块及灰黄色黏土边	灰褐色松土，含有陶片和红烧土渣
9	屋内	圆形	27	12	8	柱坑呈锅底状，柱洞呈直壁、圜底，红烧土块及灰黄色黏土边，柱脚周围的空当中用黄白色黏土夯实	灰褐色松土，含有陶片和红烧土渣

屋内填土中出土圆锥形陶鼎足。

F32 位于关庙山遗址 V 区（关庙山聚落中心区）的北部，它有两个特点：一是屋内设有门坎，第二期的 F33 屋内也设有门坎（图 3 - 1 - 26），第三期的 F22 也有门坎（图 3 - 1 - 51），但是设在门外；二是门道两侧设有红烧土柱础，用于树立木柱支撑雨棚，第三期红烧土场地 S51 附设的窝棚也设有红烧土柱础（图 3 - 1 - 89）。

疑残房址 S46

位于 T70、T74⑦层顶部，西南部被⑤A 底 H113 打破，叠压在⑦底 H178、H183、H184、⑧底 H172 之上，露出时距地表深 2.4 米，属于第一期晚段（图 3 - 1 - 67）。疑为方形或长方形残房址，门向不详。

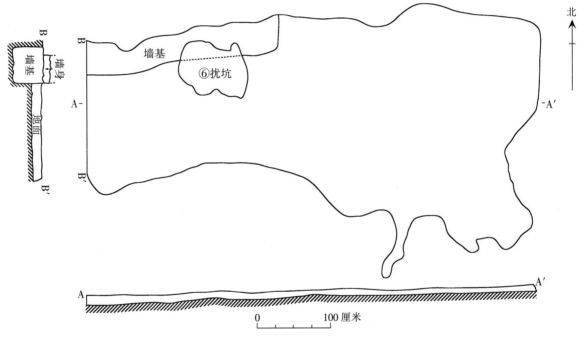

图 3 - 1 - 67　疑残房址 S46 平、剖面图

S46 西部在发掘区之外。已清理部分的地面东西长 6.10、南北残宽 1.90～3.20 米，残存建筑面积约 14 平方米。表面比较平整，略微由东向西倾斜，高差约 10 厘米。地面用红烧土块掺和少量黏土铺成，二者的比例约 20∶1，红烧土块最大的长约 60 厘米，质地坚硬。西北部有一段条形墙基，东西残长 260、厚约 40、基深 40 厘米，用红烧土块掺和黏土将基槽填实。墙基南侧有一处被⑥层扰坑打破。

墙身残高 2 厘米，南、北两面都已经烧烤成红烧土硬面。墙身与墙基连成一个整体，但是墙身比墙基大约薄 10 厘米，因此北面（朝屋外）的墙脚呈曲尺形，拐角清晰可见，这种现象目前在本遗址只见这一例。

墙壁向南倒塌在地面上。现将墙壁红烧土块举例如下：

S46∶1（图 3 - 1 - 68，1；图版四〇，1～3），为墙头朝屋内一半。墙体用掺和红烧土块及少量稻草截段的黏土泥料筑成，表面为橙黄色，内部为青灰色，这是内部烧成温度低，黏土内所含炭素未烧尽所致。抹面用纯黏土泥料抹成，橙红色，质地松软，估计烧成温度约500℃。残高13.3、残宽23.3、半壁厚7厘米。墙头上设有二层台。在墙体和二层台上以及高出部分的内侧都有抹面1层，厚0.6~0.8厘米。抹面上粉刷黄泥浆2层，大部分已经脱落。从屋内向外看（左图），二层台整齐，外侧高于内侧，因此呈斜坡状，两条边线近乎平行；二层台外侧存有两个呈拱形的高出部分，其顶面略平整，两个左右相连呈波浪状，连接部位的凹槽呈弧形，凹槽是放置椽头的地方，凹槽起固定椽头的作用；左边一个高出部分长12.5、高1.7厘米，右边一个高出部分长7.2、高1.4厘米，两个凹槽边缘至边缘间距7.2~12.5厘米，也就是说，屋顶上椽子的间距为7.2~12.5厘米，高出部分的作用是堵塞椽间的空当，使这里不透风，有利于屋内保温。从侧视图上看（中图），二层台呈斜坡状，宽6、深1.7厘米；左侧面有纵向的半圆木痕1条即1号，直径3.2厘米，有树皮痕；还有横向的半圆木痕1条即10号，直径1.5厘米，有劈裂痕；横向的半圆木应是通往朝屋外的半壁，它在两个半壁之间起连接纽带的作用，使二者结合牢固。从屋外向屋内看（右上图），有纵向的半圆木痕7条即2~8号，大多数劈裂面朝屋内，其中最长一条即6号，残长11、直径2.5厘米；值得注意的是，在4号与5号之间存有一条纵向的"泥凸"，从侧视图

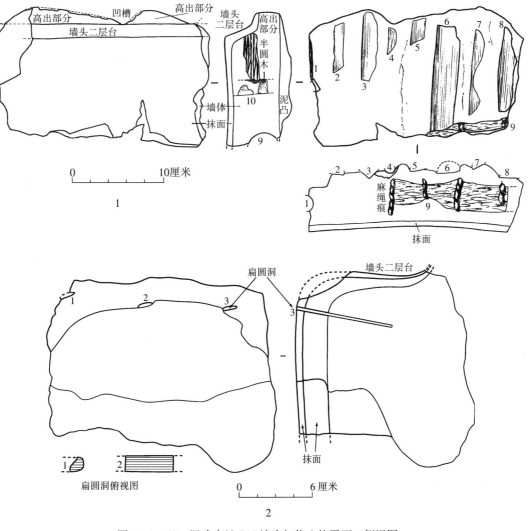

图3-1-68　疑残房址S46墙头红烧土块平面、侧视图

1. S46：1墙头朝屋内一半　　2. S46：3墙头朝屋内一半

（中图）上也可看到"泥凸"，它是从屋内向外挤压泥料时形成的，这表明筑墙的程序是先筑朝屋内半壁，后筑朝屋外半壁。从仰视图上看（右下图），纵向半圆木内侧有横向的圆木痕1条即9号，残长24.6、直径6.8厘米，有树皮痕；圆木上有粗麻绳痕4道，绳粗0.5～0.8厘米，用粗麻绳将横向圆木与纵向半圆木绑在一起，形成一个牢固的整体，作为墙体内部的骨架。这块墙头红烧土表明，早在大溪文化第一期晚段，墙头上就已经出现二层台，同时还出现在抹面上粉刷黄泥浆的屋内装饰工艺。

S46：3（图3-1-68，2；图版四〇，4），为墙头朝屋内一半。墙体用掺和红烧土块的黏土泥料筑成，灰黄色，未烧烤透彻，估计烧成温度稍低于500℃。内层抹面用掺和较多稻草截段的黏土泥料抹成，外层抹面用纯黏土泥料抹成，均为橙黄色，质地松软，估计烧成温度约500℃（刚达到"红热"温度）。残高15.5、残宽18.5、半壁厚14厘米。墙头上设有二层台。从屋内向外看（左图），二层台前面的拐角处略残，二层台外侧的高出部分残缺，二层台下侧有宽扁形孔洞3个，从其形状和洞壁遗留的（平行线）丝状纹理上看，3个孔洞是用同一件竹匕捅成的，左边1个即1号已残，前端呈圆头，洞壁留有丝状纹理，是竹匕劈裂面的印痕，中间和右边2个即2、3号均长1.2、宽0.2厘米，深分别为4厘米和8厘米。3个孔洞排列成一行，边缘至边缘间距5.2～5.7厘米。从纵剖面看（右图），二层台前面的拐角略残，二层台与高出部分之间连成圆角；墙体和二层台上都有抹面2层，内层厚0.3～2厘米，外层厚0.1～0.6厘米；3号孔洞从外向里往下倾斜。另一面凹凸不平，是与朝屋外半壁的接触面。

S46位于关庙山遗址V区（关庙山聚落中心区）的西南部，其特点是墙头上设有二层台，是目前在本遗址所见年代最早的墙头二层台之一。

疑残房址 S47

位于T74、T75⑦层，一条⑥层南北向的扰沟打破屋内地面，露出时距地表深2.4米，属于第一期晚段（图3-1-69）。疑为方形或长方形残房址。

残存一段南墙基，呈条形，西南至东北长约4.5米，宽约60～80厘米，深14～40厘米；基槽东部比较窄而深，横断面呈锅底状，西部比较宽而浅，基槽内用红烧土块填实。墙基东端向北拐，由于其东边的F30就地回填保护，东墙基没有发掘出来。南墙基西端存有柱洞1个即1号，呈圆形，直壁、圜底，口径18、深35厘米，洞内填土为灰色土，含有砂粒。

墙壁倒塌在屋内地面上。现将墙壁红烧土块举例如下：

S47：2（图3-1-70，1；图版四一，1、2），为墙壁一半。墙体用掺和少量稻壳的黏土泥料筑成，抹面用纯黏土泥料抹成，均为橙黄色，质地松软，估计烧成温度约500℃，残高11.5、残宽17、半壁厚7.8厘米。墙体上（下图）有抹面1层，厚1～1.4厘米。另一面（上图）有纵向的竹柱痕1条，残高11.5、直径12.5厘米，壁光滑，留有丝状纹理，是毛竹（南竹）的痕迹。竹柱的外侧（下图）有横向的圆竹痕1条，残长8.3、直径3厘米，竹节清晰可见，为两道平行线，圆竹与竹柱相距0.9厘米。

S47：1（图3-1-70，2；图版四一，3），为墙头朝屋内一半。墙体用掺和红烧土渣及大量稻草截段的黏土泥料筑成，抹面用纯黏土泥料抹成，均为橙黄色，质地松软，估计烧成温度约

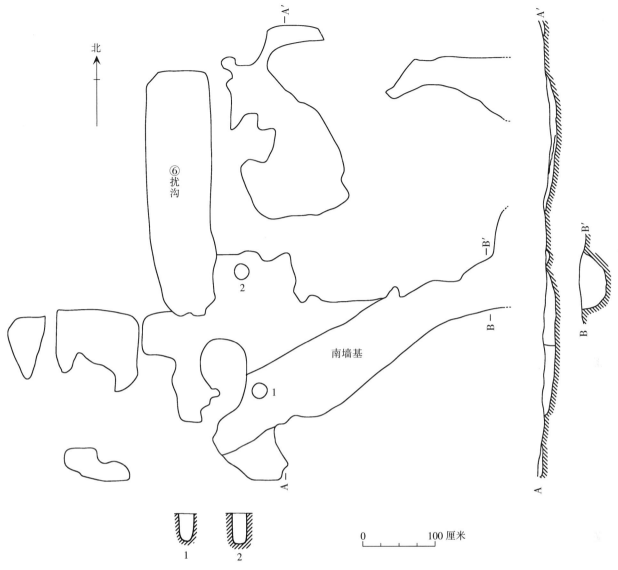

图 3 - 1 - 69　疑残房址 S47 平、剖面图

500℃，残高 20、残宽 20.5、（不包括泥凸）半壁厚 8.2 厘米。墙头上设有二层台。从屋内向外看
（左图），二层台平齐，其外侧的高出部分呈拱形，长 16、高 4.5 厘米，高出部分的左侧做成一个
凹槽，半个凹槽残缺，凹槽是放置椽头的地方，也就是说，屋顶上椽子边缘至边缘间距为 16 厘
米。从侧视图上看（中图），二层台与高出部分连成钝角，高出部分呈窄而高的拱形，二层台宽
1.8 厘米；墙体上有抹面 1 层，厚 0.2 厘米，二层台及附近没有抹面。从屋外向内看（右上图），
有纵向的半圆木痕 2 条，劈裂面朝屋内，有劈裂痕：其中 1 号残长 16、直径 8 厘米，2 号残长 8 厘
米，两条的侧面都有树皮痕。在两条半圆木之间的空当中，有从屋内向屋外挤压泥料时形成的
"泥凸"，其纵剖面（左图）、横剖面（右下图）都呈弧状外凸，因此称为"泥凸"。可以设想，
在朝屋外半壁的相应部位会产生"泥凹"，从而内、外两半之间形成企口相接，比较牢固。泥凸现
象表明两半墙壁是先后分别筑成的，施工程序是先筑朝屋内半壁，后筑朝屋外半壁。后来第三期
F22：129（图 3 - 1 - 54，4）墙壁的施工程序也是如此。这样安排施工程序有两点好处：一是运送
泥料和操作都比较方便，如果先筑朝屋外半壁，筑朝屋内半壁时运送泥料和操作就不方便；二是

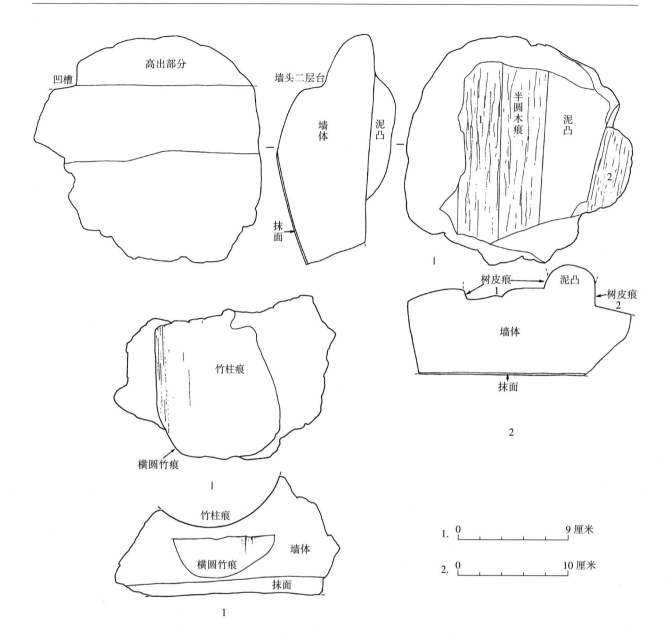

图 3 - 1 - 70　疑残房址 S47 墙壁红烧土块平面、侧视图
1. S47：2 墙壁一半　2. S47：1 墙头朝屋内一半

朝屋内半壁周围空气流通较差，干燥速度较慢，先筑成可以先开始干燥，朝屋外半壁周围空气流通较好，干燥速度较快，后筑成较后开始干燥，结果内、外两半墙壁基本上达到同步干燥收缩，可以防止墙壁开裂。

屋内地面残缺不全，分成若干小片，由红烧土块掺和灰黄色黏土铺成，厚 8～16 厘米，表面比较平整，但是结合不紧密，而且红烧土块的烧成温度比较低，质地松软。铺成之后未经烧烤，这是普通地面。

屋内西南部地面上存有圆形柱洞 1 个即 2 号，直壁、圜底，口径 20、深 40 厘米，洞内填土为灰黄色松土，含有红烧土渣。

南墙基南侧存有一部分散水，用红烧土块铺成。

　　S47 包括墙基和屋内地面在内，残存建筑面积约 20 平方米，其特点与 S46 相同：墙头上设有二层台，也是目前在本遗址所见年代最早的墙头二层台之一。

疑残房址 S34

　　位于 T55、T56 南部⑥层顶部，延伸到 T58、T59 北部，东南部被⑤A 底 G6 打破，东部被④B 底 H94 打破，叠压在⑥底 H116 之上，8 号柱坑西南侧被⑤B 圆形扰坑打破，露出时距地表深 1.75 ~ 1.85 米，属于第二期（图 3 - 1 - 71A）。疑为方形或长方形残房址。

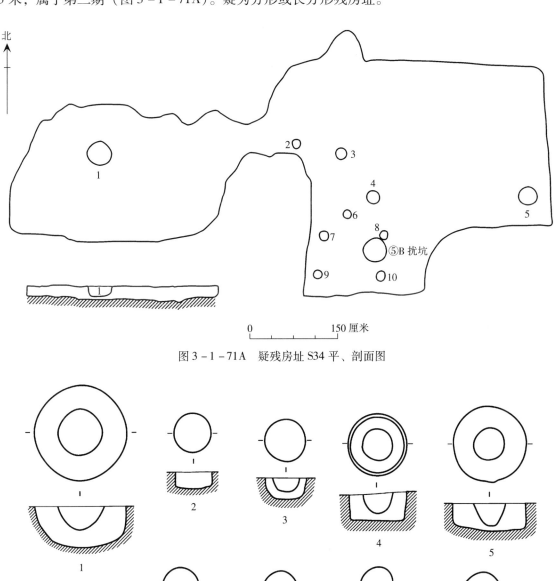

图 3 - 1 - 71A　疑残房址 S34 平、剖面图

图 3 - 1 - 71B　疑残房址 S34 柱坑平面、剖视图

　　S34 为残存的屋内普通地面，用红烧土块掺和少量黄色黏土铺成，表面比较平整，厚 18~30 厘米。红烧土块呈浅红色，烧成温度较低，质地较软。铺成之后未经烧烤。该地面东部边缘有一段保存较好，呈直线状，长 250 厘米；东北部边缘也有一段保存较好，亦呈直线状，长 290 厘米。东北角略呈直角。根据这些现象，疑为方形或长方形残房址的地面。西北边缘和南部边缘都被后期扰乱，很不整齐。残存地面东西长 8.2 米，南北最宽处 4.4、最窄处 0.46 米，残存面积约 22 平方米。

　　在地面上存有圆形柱坑 10 个（图 3-1-71B；表 3-1-11），口径 14~42、深 7~20 厘米。其中 9 个按东西向排列成 4 行，1~3 号属第 1 行，4、5 号属第 2 行，7、8 号属第 3 行，9、10 号

表 3-1-11　　　　　　　　疑残房址 S34 柱坑及柱洞登记表　　　　　　　（长度单位：厘米）

编号	位置	柱坑形状	柱坑口径	柱坑深度	柱洞形状	柱洞口径	柱洞深度	坑壁及洞壁状况	坑内及洞内填土、包含物
1	北起第 1 行（西部）	圆形	42	18	圆形	20	11	柱坑呈锅底状，红烧土边，柱坑底部有 8 厘米厚的黑色垫土；柱洞呈弧壁，略呈尖底状	柱洞内填土为灰色黏土
2	第 1 行（中部）	圆形	16	7				直壁，底近平，红烧土边	灰黑色松土
3	第 1 行（中部）	圆形	18	9	圆形	12	6	柱坑呈弧壁，圜底，红烧土边；柱洞呈锅底状	灰色松土，含有红烧土渣、陶片
4	第 2 行（中部）	圆形	26	12	圆形	14	8	柱坑呈斜壁，底近平，红烧土边；柱洞呈锅底状	灰色松土，含有红烧土渣、陶片
5	第 2 行（东部）	圆形	32	12	圆形	14	10	柱坑呈直壁，底近平，红烧土边；柱洞呈锅底状	灰黑色松土，含有红烧土渣、陶片
6	单个（中部）	圆形	14	13				斜壁，圜底，红烧土边	灰黑色松土
7	第 3 行（中部）	圆形	16	18				斜壁，圜底，红烧土边	灰黑色松土，含有少量木炭
8	第 3 行（中部）	圆形	15	19				斜壁，圜底，红烧土边	灰黑色松土，含有少量木炭
9	第 4 行（中部）	圆形	15	20				斜壁，圜底，红烧土边	灰黑色松土，含有少量木炭
10	第 4 行（中部）	圆形	17	20				斜壁，圜底，红烧土边	灰黑色松土，含有少量木炭

属第 4 行；1 个即 6 号是单独的。8 个柱坑（2～4、6～10 号）集中在地面中部，东部 1 个（5 号），西部 1 个（1 号）。有 4 个柱坑即 1、3、4、5 号内留有柱洞，都呈圆形、锅底状，口径 12～20、深 6～11 厘米，柱脚周围的空当中都用红烧土渣夯实。

在 8 号柱坑西南边有一个⑤B 层扰坑，呈圆形、锅底状，口径 40、深 25 厘米，坑内填土为灰黑色松土，含有少量陶片。

疑残房址 S40

主要位于 T60 西南部⑤A 层顶部，延伸到 T59 东部、T64 北部，北部被④B 底 H103、H104 打破，西部叠压在⑥AF33 之上，露出时距地表深 1.54 米，属于第二期（图 3－1－72A）。疑为方形或长方形残房址。

S40 为残存的屋内地面，由垫层和居住面两部分构成。垫层用红烧土块铺成，厚约 30 厘米，表面不平整。红烧土块大而坚硬，经过拍打，结合紧密，其间夹杂陶片和木炭渣。平面略呈曲尺

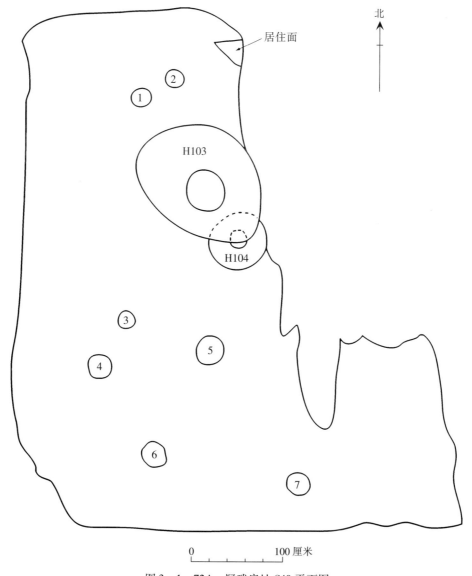

图 3－1－72A　疑残房址 S40 平面图

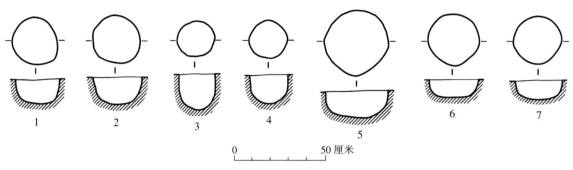

图 3 - 1 - 72B 疑残房址 S40 柱坑平面、剖视图

形，南边、西边和北边西段保存较好，都大致呈直线状，据此疑为方形或长方形残房址，东边残损严重，南北长 5.5 米，东西最宽处 4.7、最窄处 2.25 米，残存面积约 17 平方米。居住面仅在北部残存一小片，平面呈三角形，残存面积约 0.15 平方米，用纯黏土泥料抹成，厚约 2～3 厘米，经过烧烤，橙红色。

在红烧土垫层上存有圆形柱坑 7 个（图 3 - 1 - 72B；表 3 - 1 - 12），口径 20～33、深 9～18 厘米，看不出分布规律。

表 3 - 1 - 12　　　　　　　　　　疑残房址 S40 柱坑登记表　　　　　　　　（长度单位：厘米）

编号	位置	形状	口径	深度	坑壁状况	坑内填土及包含物
1	屋内垫层上（北部）	圆形	25	14	锅底状，红烧土边	灰褐色松土，含有红烧土渣
2	屋内垫层上（北部）	圆形	25	12	锅底状，红烧土边	灰褐色松土
3	屋内垫层上（南部）	圆形	20	18	直壁，圜底，红烧土边	灰褐色松土
4	屋内垫层上（南部）	圆形	20	16	直壁，圜底，红烧土边	褐色松土，含有红烧土渣
5	屋内垫层上（南部）	圆形	33	13	锅底状，红烧土边	灰黄色松土，含有炭渣
6	屋内垫层上（南部）	圆形	27	9	锅底状，底近平，红烧土边	灰黄色松土
7	屋内垫层上（南部）	圆形	25	10	锅底状，红烧土边	灰褐色松土，含有红烧土块

疑残房址 F27

主要位于 T70 东部、T71④A 层顶部，延伸到 T66～T68、T72、T74～T76，被②H64、③B 顶 H93 和③B 底 H82 打破，叠压在④A 顶 F36 之下，④A 底 M201、M202、M203、红烧土场地④B 顶 S24、④B 底 S28、④BF30、④B 底 H189、④C 底 H99、H107、H119、H128、H139、④F 底 H124 之上，露出时距地表深 60～85 厘米，属于第三期（图 3 - 1 - 73；图版四二，1）。疑为方形或长方形残房址，门向不详。

房基的东北部叠压在④B 底 S28 之上，二者之间只隔约 1 厘米厚的灰土层，S28 是红烧土场地，质地坚硬，表面平整，成为 F27 牢固的地基。

屋内地面为普通地面，有两层：下层为垫层，用灰褐色土（熟土）铺成，厚 2～25 厘米；上层用红烧土块掺和少量灰色土铺成，厚 10～67 厘米，经过拍打，结构紧密。铺设之后未经烧烤。北部保存大片地面，与散水连在一起，东西残长 14.9、南北残宽 12.35 米；西南部残存小片地面，离大片地面较远。外墙柱坑分布范围之内残存建筑面积约 75 平方米，属于大型房址，包括散水在内残存面积约 100 平方米。

外墙没有条形墙基，只在屋内地面与散水连接部位挖坑作为外墙的柱坑，保存柱坑 11 个即 1～11 号（图 3-1-73，1～11；图 3-1-74，1～11；表 3-1-13，1～11）。其中，4 号呈圆形，口径 34、深 10 厘米，用红烧土垫成圆形暗础；8 号呈方形，长和宽均为 21、深 27 厘米；10 号呈圆角方形，长和宽均为 31、深 32 厘米；9 号呈椭圆形，长轴 35、短轴 26、深 40 厘米；其余柱坑均呈圆形，口径 19～34、深 9～35 厘米。方形和圆角方形柱坑在本遗址罕见。

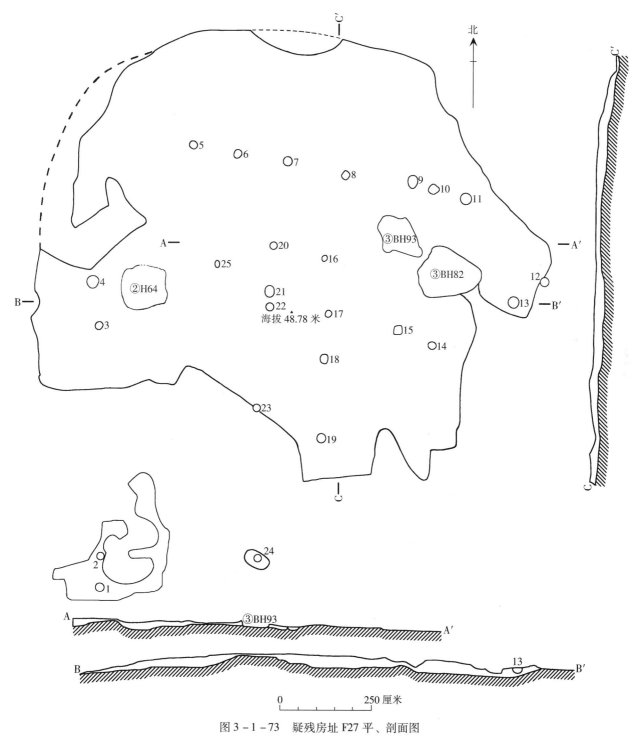

图 3-1-73 疑残房址 F27 平、剖面图

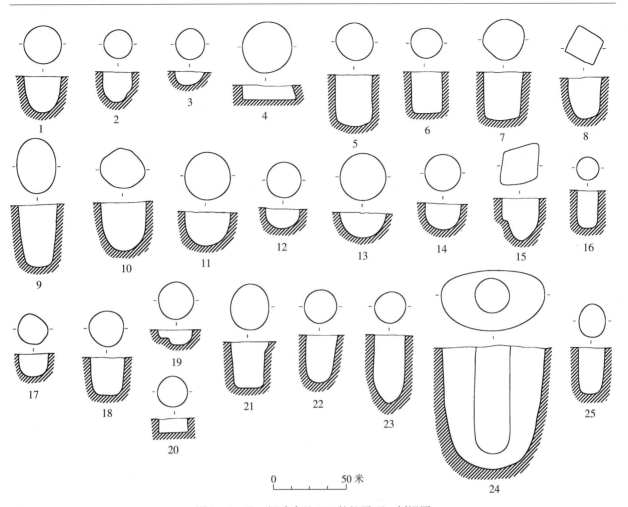

0　　　　50 米

图 3 - 1 - 74　疑残房址 F27 柱坑平面、剖视图

表 3 - 1 - 13　　　　　　　　疑残房址 F27 柱坑及柱洞登记表　　　　（长度单位：厘米）

编号	位置	柱坑形状	柱坑口径或长轴、短轴	柱坑深度	柱洞形状	柱洞口径	柱洞深度	坑壁状况	坑内、洞内填土及包含物
1	西墙南部	圆形	25	24				红烧土边，斜壁，圜底	灰色松土
2	西墙南部	圆形	19	20				红烧土边，直壁，圜底	灰色松土
3	西墙北部	略呈圆形	21	9				红烧土边，锅底状	灰色松土
4	西墙北部	圆形	34	10				红烧土边，斜壁，平底	用红烧土垫成圆形暗础
5	北墙西部	圆形	25	35				红烧土边，直壁，圜底	灰黄色松土
6	北墙西部	圆形	21	28				红烧土边，直壁，圆角，平底	灰黄色松土
7	北墙西部	圆形	28	32				红烧土边，斜壁，底近平	灰黄色松土

编号	位置	柱坑形状	柱坑口径或长轴、短轴	柱坑深度	柱洞形状	柱洞口径	柱洞深度	坑壁状况	坑内、洞内填土及包含物
8	北墙中部	方形	21	27				红烧土边，斜壁，圜底	灰黄色松土
9	北墙中部	椭圆形	长轴35短轴26	40				红烧土边，斜壁，圆角，平底	灰黄色松土，含有陶片
10	北墙中部	圆角方形	31	32				红烧土边，直壁，圜底	灰黄色松土
11	北墙东部	圆形	30	22				红烧土边，斜壁，圜底	灰黄色松土
12	屋内东北部	圆形	23	13				红烧土边，锅底状	灰色松土
13	屋内东北部	圆形	31	16				红烧土边，锅底状	灰黄色松土
14	屋内东北部	圆形	24	13				红烧土边，斜壁，圜底	灰黄色松土
15	屋内东北部	略呈方形	24	27				红烧土边，直壁，一边有二层台，圜底	灰黄色松土
16	屋内中部东行	圆形	15	25				灰土边，直壁，圆角，底近平	灰黑色松土
17	屋内中部东行	略呈圆形	18	15				红烧土边，直壁，圜底	灰色松土
18	屋内中部东行	圆形	24	25				红烧土边，斜壁，圆角，平底	灰黄色松土
19	屋内中部东行	圆形	24	10				红烧土边，直壁，一边有二层台，圜底	灰色松土
20	屋内中部西行	圆形	20	9				红烧土边，直壁，平底	灰黄色松土
21	屋内中部西行	椭圆形	长轴30短轴25	30				红烧土边，斜壁，圆角，平底	灰色松土
22	屋内中部西行	圆形	22	31				红烧土边，斜壁，圜底	灰色松土
23	屋内中部西行	圆形	21	45				红烧土边，直壁，尖底	灰色松土
24	屋内中部西行	椭圆形	长轴70短轴40	80	圆形	23	70	灰土边，敞口，斜壁，圜底，坑底垫红烧土渣，柱脚周围的空当中用红烧土渣掺和少量黏土夯实	柱洞内填土为黑灰色松土
25	屋内西北部	椭圆形	长轴21短轴18	30				灰土边，斜壁，圆角，平底	灰色松土

外墙倒塌在屋内地面上。现将墙壁红烧土块举例如下：

F27∶103（图3－1－75，1），为外墙抹面。用纯黏土泥料抹成，橙红色，质地稍硬，估计烧成温度约700℃，残高12.5、残宽10.6、厚2.5厘米。朝屋外一面（上图）留有竹笆印痕，由14条竹片组成，竹片宽0.6~0.7厘米，边缘至边缘间距0.1~0.2厘米，竹节对齐，竹黄朝下。另一面（下图）粘附一部分墙体。F27∶103竹笆的作用与本期F9∶3墙壁抹面上的竹笆（图3－1－32，1）相同，这里不再赘言。

从倒塌的红烧土块上看，F27屋内设有隔墙，由于该房址残缺不全，隔墙所在的具体位置不详，从平面图上看，北部没有隔墙，推测隔墙在南部。

例如F27∶2（图3－1－75，2；图版四二，3、4），为外墙与隔墙相接处。用掺和红烧土渣及稻草截段的黏土泥料筑成，主要为橙黄色，局部为青灰色，质地稍硬，估计烧成温度约600℃，残高28厘米，外墙残宽21.2、朝屋内半壁厚7厘米，隔墙残宽7.7、厚6.5~7.2厘米。从俯视图上看（上图），外墙仅存朝屋内一半，外面略平但是粗糙，是与朝屋外一半的接触面；在隔墙左、右两侧各有纵向的枋木痕1条即1、2号；在外墙内部靠近枋木处有横向的圆竹痕1条即3号，残长14.3、直径1.8厘米，壁光滑；有2条粗麻绳从圆竹上绕过，再进入隔墙内部，麻绳痕粗1~1.2厘米；横向圆竹和麻绳在外墙与隔墙之间起连接纽带作用，使两堵墙接合牢固。从侧视图上看（下图），纵向的枋木1号残长21厘米，2号残长23.8厘米，宽度都不详。枋木挨着外墙一面（用石锛类工具）略经加工，基本上呈光面，局部留有劈裂痕；挨着隔墙一面未经加工，劈裂痕清晰可见。需要说明的是，枋木只在泥质隔墙"坯体"成型过程中起"模具"作用，使隔墙取直、形制规整，成型之后立即撤掉，在外墙和隔墙上留下枋木印痕。烧烤之后成为红烧土隔墙。

又如F27∶6（图3－1－75，3；图版四二，5），亦为外墙与隔墙相接处。用掺和稻草截段及少量稻壳的黏土泥料筑成，主要为橙黄色，局部为青灰色，质地松软，估计烧成温度约500℃，外墙残高23.7、残宽14.3、半壁厚11.7厘米。从俯视图上看（上图），外墙朝屋外一半和隔墙都已经残缺，仅存外墙朝屋内一半。在与朝屋外一半交界处有纵向的半圆木痕1条即1号，劈裂面朝屋内；在与隔墙交界处有纵向的半圆木痕2条即2、3号，其中2号劈裂面朝外墙，3号为侧放，2、3号半圆木是外墙与隔墙交界处的骨架；在2、3号半圆木之间有横向并排的圆竹痕2条即4、5号，竹节清晰可见，为两道平行线，其中4号残长8.6厘米，直径不详，5号残长10、直径1.8厘米，它们从外墙通向隔墙，在外墙与隔墙之间起连接纽带和"桥梁"的作用，使两堵墙接合牢固。从侧视图上看（下图），上侧有4、5号圆竹的横断面；其下方有纵向的半圆木痕2条即2、3号，2号残长22厘米，劈裂面朝外墙，有劈裂痕，3号残长18.7厘米，为侧放，有树皮痕，两条半圆木边缘至边缘间距约5厘米；还有横向并排的圆竹痕2条即6、7号，竹节清晰可见，为两道平行线，残长均为7.2厘米，直径均为2厘米，圆竹与半圆木几乎垂直相交；引人注目的是，有一条粗麻绳痕，绳粗1~2厘米，从半圆木和圆竹上来回缠绕，将它们捆绑在一起，形成牢固的整体，在隔墙与外墙交界处起骨架作用。这里需要说明的是，在本遗址大溪文化房屋建筑中，木质构件的结合一般采用绑扎的方法，这是简便易行的方法，目前未见榫卯结合的方法，用于绑扎的材料有麻绳、竹篾、藤条三种，其中以麻绳占大多

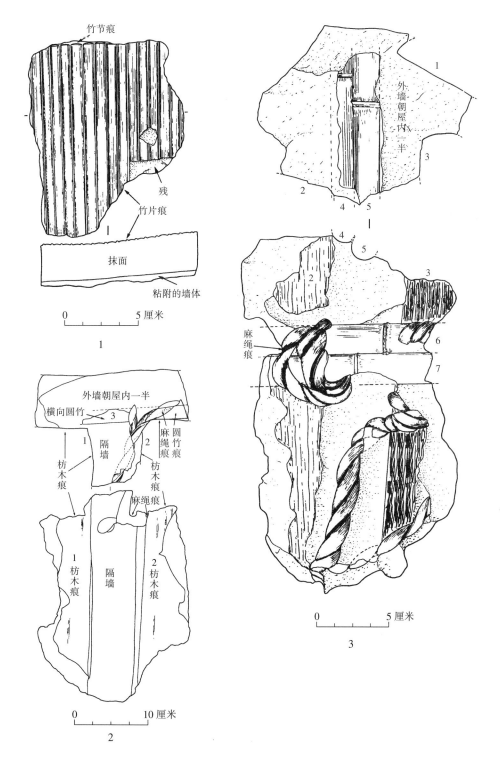

图 3 - 1 - 75　疑残房址 F27 墙壁红烧土块平面、侧视图

1. F27：103 外墙抹面　2. F27：2 外墙与隔墙相接处　3. F27：6 外墙与隔墙相接处

数，竹篾较少，藤条罕见。

　　上述 F27：2 和 F27：6 的重要性在于：外墙与隔墙的连接和加固方法一目了然，为复原红烧土房屋墙壁的结构提供了具体的资料。

屋内发现柱坑 14 个即 12 ~ 25 号（图 3 - 1 - 73，12 ~ 25；图 3 - 1 - 74，12 ~ 25；表 3 - 1 - 13，12 ~ 25），柱坑周壁没有抹面。其中，在屋内中部有 9 个柱坑按南北向排列成两行，东行存有 4 个即 16 ~ 19 号，西行存有 5 个即 20 ~ 24 号；15 号略呈方形，21、24、25 号呈椭圆形，其余都呈圆形。引人注目的是 24 号柱坑（图版四二，2），位于房址南部，此处的地面已被后期破坏，但是柱坑依然存在，呈椭圆形、斜直壁、圜底状，口部长轴 70、短轴 40 厘米，深 80 厘米，是特大型柱坑；柱坑内留有柱洞，呈圆形、直壁、圜底状，说明柱脚修成圜底状，口部直径 23 厘米，深 70 厘米；树立木柱之前在柱坑底部（柱洞之下）垫一层厚达 10 厘米的红烧土渣，之后红烧土渣被柱脚压实，起"暗础"作用，防止柱脚下沉，柱脚周围的空当中用红烧土渣掺和黏土夯实，防止木柱歪斜；柱洞内的填土为黑灰色松土。

散水用红烧土块铺成，结构紧密，厚 10 ~ 30 厘米。西边的散水宽 135 厘米。北边的散水宽 310 厘米，呈缓坡状，便于往外排水，保护墙脚。东边和南边的散水已经残缺。

F27 位于关庙山遗址 V 区（关庙山聚落中心区）的南部，残存建筑面积约 75 平方米，属于大型房址。其重要性在于：出土的红烧土块上呈现出外墙与隔墙之间的衔接方式，有助于复原红烧土房屋的隔墙；24 号柱坑特别大而深，设有红烧土"暗础"。

疑残房址 F31

位于 T74 西部④B 层顶部，西部在发掘区之外，露出时距地表深 1 米，叠压在④B 底 H140 之上，属于第三期（图 3 - 1 - 76；图版四三，1）。疑为方形或长方形残房址，门向不详。

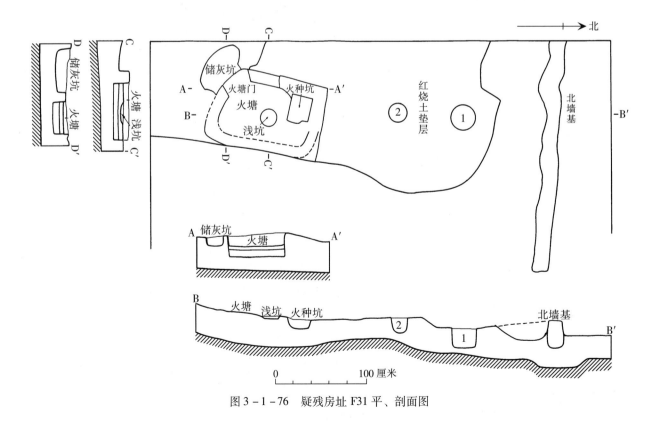

图 3 - 1 - 76　疑残房址 F31 平、剖面图

外墙残存北墙基，呈条形，东西长 250、宽 14~22、深 14 厘米，基槽内用红烧土块掺和少量黏土填实。墙基上有残存的墙身，高 15 厘米，已烧烤成坚硬的红烧土。屋内出土墙壁倒塌的红烧土 3 块，其中一块长 7.5、宽 7、半壁厚 3.5 厘米，一面平整，另一面有纵向排列的圆竹痕 3 条，直径均为 2 厘米；横向并排的圆竹痕 2 条，直径均为 1 厘米，竹节清晰。用横向圆竹将纵向圆竹加以固定，形成墙身内部的骨架。

屋内残存垫层，用红烧土块铺成。垫层上存有圆形柱坑 2 个即 1、2 号（图 3-1-76，1、2），南北向排列，坑壁和坑底均为红烧土边。1 号口径 25、深 20 厘米，直壁、圆角、平底，坑内填土为含有砂粒的黄色土。2 号口径 20、深 16 厘米，斜壁、圜底，坑内填土为含有红烧土渣的黑灰色土。二者边缘至边缘间距 46 厘米。

屋内南部有一个火塘（图版四三，2），呈圆角长方形，四边有红烧土埂。西埂从火塘门往北存有一段，长 35、宽 12、高 7 厘米，横断面呈方形，用纯黏土泥料抹成，质地坚硬而光滑。南埂从火塘门往东残存一段，长 30、残高 2~3 厘米。火塘埂的东南角和西南角都呈圆角。火塘底部南北长约 90、东西宽约 60 厘米，有坚硬的红烧土抹面 2 层，用纯黏土泥料抹成，上层为灰白色，厚 4~5 厘米；下层为白色，厚 6~8 厘米。火塘底部中央做成一个圆形浅坑，直径 16、深 3 厘米，坑底与火塘底的抹面连为一体。此坑是放置炊器的地方。火塘内西北角设有一个火种坑，略呈长方形，东西长 28、南北宽 23、深 12 厘米，斜壁、圆角、平底，四壁和底部都是红烧土边，坑内填满灰土。火塘西南角有火塘门，内侧宽 28、外侧宽 32 厘米；门外设有储灰坑，略呈椭圆形，长轴约 55、短轴约 30、深约 12 厘米，直壁、圆角，底略平，坑底和坑壁都是红烧土边，坑内填满灰土。可以设想，先民将柴草放入火塘内，将炊器置于圆形浅坑上，从火种坑引来火种将柴草点燃进行炊事活动，然后，从火塘门将灰烬扒出来，暂时存入储灰坑内。前面说过，本期 F9 屋内有一个方形火塘，其东南角也有火塘门（图 3-1-30），可以从火塘门掏出灰烬，这是两个火塘在结构上的共同点；本期 F30 屋内西北角有火种坑一个即 21 号（图 3-1-35），离火塘较远。

红烧土垫层内埋入小型双刃石斧 AV 式 1 件（F31：78，见图 3-5-26，1），作为奠基物。

F31 位于关庙山遗址 V 区（关庙山聚落中心区）西南角，包括北墙基、屋内垫层及火塘在内，残存建筑积约 6 平方米，火塘结构和用它进行炊事活动的方法一目了然。

疑残房址 S11

位于 T57 南部④A 层，屋内地面被③B 顶 H68 打破，墙基西侧有一条④A 层南北向的扰沟打破 S11 的屋内地面，叠压在④B 顶 F28、④B 底 H96 之上，露出时距地表深 0.7 米，属于第三期（图 3-1-77A）。疑为方形或长方形残房址，门向不详。

没有挖墙基的基槽，直接在东部边缘的地面上用红烧土块掺和少量黏土筑成条形墙基。仅存一段东墙基，南北残长约 140、宽约 25、高于地面 12 厘米，墙基东、西两侧边缘较直。墙基中部有柱洞 1 个即 1 号（图 3-1-77B，1；表 3-1-14，1）。前面说过，本期 F1 也没有挖墙基的基槽，是在墙脚部位铺设红烧土渣的同时树立木柱，在地面上形成条形墙基（图 3-1-34），可见 S11 与 F1 墙基的做法具有共同点。

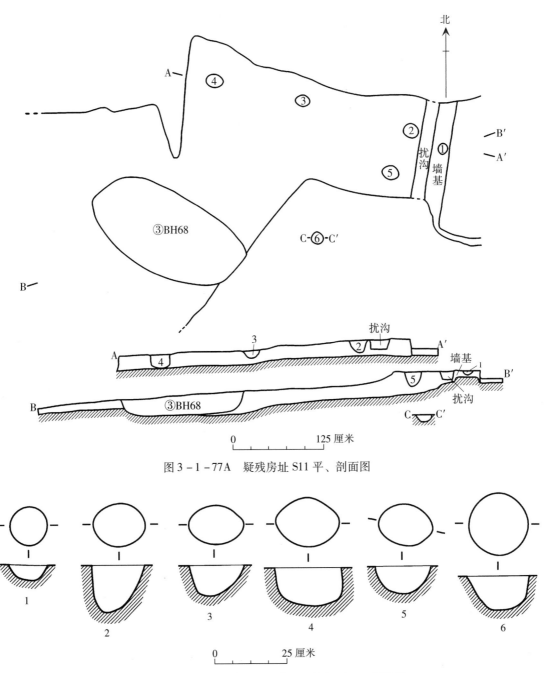

图 3 – 1 – 77A　疑残房址 S11 平、剖面图

图 3 – 1 – 77B　疑残房址 S11 柱洞和柱坑平面、剖视图

残存屋内地面，呈不规则形，东西长约 5.5、南北宽 1.2～3.8 米，厚 15～25 厘米。有三层：第 1 层用红烧土块铺成地面，东高西低；第 2 层为垫层，用黄色黏土铺成；第 3 层为均匀散布的碎陶片，利用碎陶片起加固基础的作用，这种做法在本遗址目前只见此一例。

屋内地面上有柱坑 4 个即 2～5 号（图 3 – 1 – 77B，2～5；表 3 – 1 – 14，2～5），在地面以南的灰土层中存有柱坑 1 个即 6 号（图 3 – 1 – 77B，6；表 3 – 1 – 14，6），此处红烧土地面已被破坏，但是柱坑依然存在，其中 2～4 号按东西向排列成行。

填土内出土彩陶筒形瓶残片。

S11 包括东墙基和屋内地面在内，残存建筑面积约 12 平方米。

表 3 - 1 - 14　　　　　　　　　　疑残房址 S11 柱坑及柱洞登记表　　　　　　　（长度单位：厘米）

编号	位置	形状	柱洞口径	柱坑口径或长轴、短轴	深度	坑壁或洞壁状况	坑内或洞内填土及包含物
1	东墙基中部	近圆形	15		5	锅底状，红烧土边	灰褐色松土，含有小块红烧土、木炭、陶片
2	屋内地面东部	椭圆形		长轴20短轴16	17	斜壁，圜底，红烧土边	灰黄色松土，含有小块红烧土、陶片
3	屋内地面中部	椭圆形		长轴20短轴14	12	锅底状，红烧土边	灰黄色松土，含有小块红烧土、陶片
4	屋内地面西部	椭圆形		长轴24短轴18	14	斜直壁，圜底，红烧土边	灰褐色松土，含有小块红烧土、木炭、陶片
5	屋内地面东部	椭圆形		长轴20短轴16	10	锅底状，红烧土边	灰褐色松土，含有小块红烧土、木炭、陶片
6	屋内地面以南的④A 灰土层中	圆形		口径22	13	锅底状，灰土边	灰黄色松土，含有小块红烧土、木炭、陶片

疑残房址 S23

位于 T61 南部④层顶部，一条东西向小沟打破南北向的墙基，墙基露出时距地表深 1.4 米，属于第三期（图 3 - 1 - 78A）。虽然在发掘时编为同一个遗迹号（S23），但是，S23 之内疑含甲、乙两座方形或长方形残房址。其中，乙房址打破甲房址，其年代略晚于甲房址，门向都不详。

S23 上部有一层红烧土渣堆积，厚 25 ~ 35 厘米。堆积之下有 2 条墙基：

一条为南北向的条形墙基，属于甲房址的西墙基，残长 310、宽 22 ~ 38 厘米，基槽深 5 ~ 10 厘米，其南部被一条东西向的小沟打破，北端向东拐弯，是残留的北墙基。在基槽底部挖成圆形柱坑 6 个即 1 ~ 6 号（图 3 - 1 - 78B，1 ~ 6；表 3 - 1 - 15，1 ~ 6），口径 20 ~ 30、深 8 ~ 30 厘米，比基槽要深得多。在西墙基东边存有圆形柱坑 1 个即 7 号（图 3 - 1 - 78B，7；表 3 - 1 - 15，7），是甲房址屋内的柱坑。

另一条为东西向的条形墙基，属于乙房址的南墙基，残长 320、宽 22 ~ 34 厘米，基槽深 5 ~ 10 厘米。在基槽底部挖成圆形或椭圆形柱坑 6 个即 8 ~ 13 号（图 3 - 1 - 78B，8 ~ 13；表 3 - 1 - 15，8 ~ 13），口径 17 ~ 30、深 9 ~ 20 厘米。其中，9、11 号柱坑内留有圆形柱洞，均为直壁、圜底，柱脚周围的空当中用红烧土渣夯实。在墙基北边存有圆形柱坑 3 个即 14 ~ 16 号（图 3 - 1 - 78B，14 ~ 16；表 3 - 1 - 15，14 ~ 16），是乙房址屋内的柱坑，柱坑内都留有圆形柱洞，柱脚周围的空当中都用红烧土渣夯实。

上述甲、乙两座房址墙基的共同点是：挖基槽与在基槽底部挖柱坑相结合，以挖柱坑为主，挖基槽为辅，基槽内都用红烧土渣填实。乙房址的南墙基打破甲房址的西墙基，二者形成"十"字交叉。后来第四期的长方形房址 F25 延用挖基槽与挖柱坑相结合的做法（图 3 - 1 - 49），二者的共同点是用柱坑和基槽内的填充物对柱脚加以双重固定，即以"双保险"的做法提高柱脚的稳固性。

S23 填土内出土石斧 1 件。

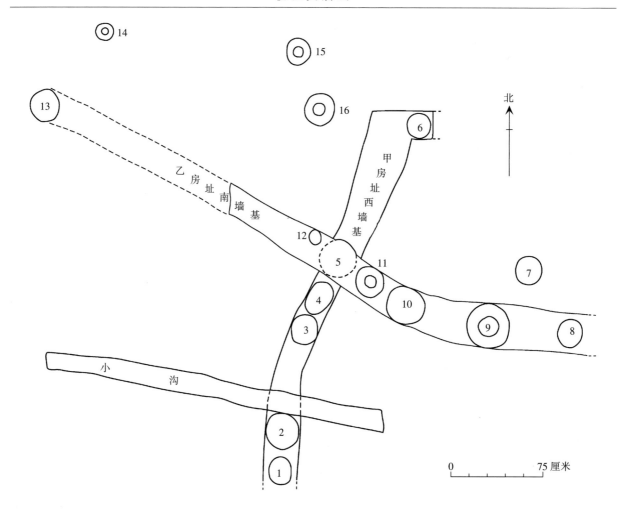

图 3 - 1 - 78A　疑残房址 S23 平面图

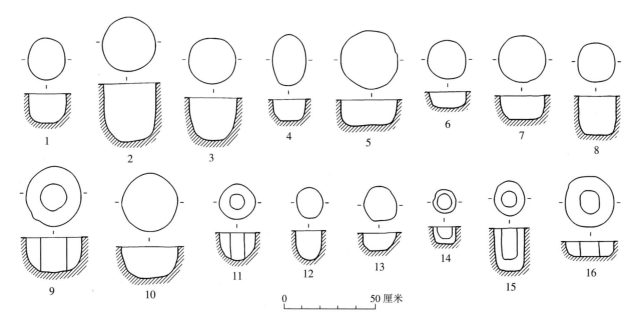

图 3 - 1 - 78B　疑残房址 S23 柱坑平面、剖视图

表 3 – 1 – 15　　　　　　　　　疑残房址 S23 柱坑及柱洞登记表　　　　　（长度单位：厘米）

编号	位置	柱坑形状	柱坑口径或长轴、短轴	柱坑深度	柱洞形状	柱洞口径	柱洞深度	坑壁、洞壁状况	坑内、洞内填土
1	南北向墙基内	圆形	口径 20	15				直壁，圆角，圜底，灰褐土边	
2	南北向墙基内	圆形	口径 28	30				直壁，圆角，底近平，灰褐土边	
3	南北向墙基内	圆形	口径 24	22				锅底状，灰褐土边	
4	南北向墙基内	椭圆形	长轴 26 短轴 18	11				斜壁，圆角，底近平，灰褐土边	
5	南北向墙基内	圆形	口径 30	13				直壁，圆角，底近平，灰褐土边	
6	南北向墙基内北端	圆形	口径 20	8				直壁，圆角，底近平，灰褐土边	
7	南北向墙基以东屋内	圆形	口径 24	12				直壁，圆角，底近平，灰褐土边	
8	东西向墙基内	圆形	口径 17	20				直壁，圆角，平底，灰褐土边	
9	东西向墙基内	圆形	口径 30	18	圆形	14	18	柱坑斜壁，圜底，灰褐土边；柱洞直壁，圜底	柱脚周围的空当中用红烧土填实，柱洞内填土为黄褐色土
10	东西向墙基内	圆形	口径 30	16				斜壁，圆角，底近平，灰褐土边	
11	东西向墙基内	圆形	口径 20	14	圆形	8	14	柱坑锅底状，灰褐土边；柱洞直壁，圜底	木柱周围的空当中用红烧土填实，柱洞内填土为黄褐色土
12	东西向墙基内	椭圆形	长轴 16 短轴 14	15				斜壁，圜底，灰褐土边	
13	东西向墙基部位	圆形	口径 18	9				斜壁，圆角，底近平，灰褐土边	
14	东西向墙基以北屋内	圆形	口径 12	9	圆形	8	6	柱坑直壁，圆角，平底，灰褐土边；柱洞斜壁，圜底	
15	东西向墙基以北屋内	圆形	口径 18	22	圆形	8	15	柱坑、柱洞均为直壁，圆角，平底；柱坑灰褐土边	
16	东西向墙基以北屋内	圆形	口径 26	8	圆形	10	8	柱坑直壁，圆角，平底，灰褐土边；柱洞直壁，平底	

疑残房址 F24

主要位于 T71、T75③A 层，延伸到 T74 东北角，露出时距地表深 10 厘米，属于第四期（图 3 – 1 – 79A）。疑为方形或长方形残房址，门向不详。

屋内地面由垫层和居住面两部分构成。

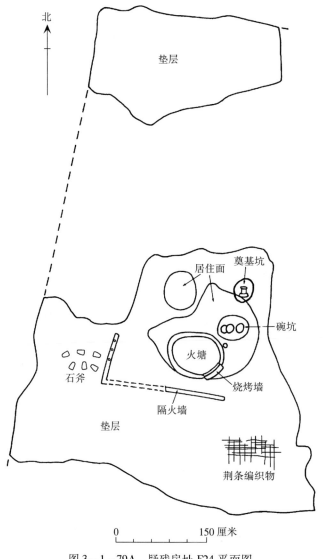

图 3 – 1 – 79A　疑残房址 F24 平面图

垫层有两层：下层用质地较纯的黄色黏土铺成，厚 10 ~ 15 厘米；上层用红烧土块铺成，残存南、北两片垫层，面积共约 16 平方米。垫层的北、西两边都大致呈直线状，据此疑为方形或长方形残房址。南片东南部的红烧土垫层上残存一片炭化荆条编织物（图版四四，1），已经烧成黑色木炭状，但是经纬仍然清晰可见，编成十字纹，荆条为实心，其横断面呈圆形，明显不同于竹片。荆条编织物原先应夹在垫层与居住面之间，其作用应与第三期 F30 居住面之间夹竹笆层（图 3 – 1 – 41；图 3 – 1 – 42）相似，可以防止居住面在干燥收缩过程中开裂，烧烤居住面时荆条编织物被烧焦炭化。在 F30∶116 屋檐红烧土块上（图 3 – 1 – 45，2）也有藤条痕，是用藤条将圆竹与木椽捆绑在一起。在本遗址以藤条作为编织或捆绑材料是罕见现象。

居住面用掺和稻壳的黏土泥料抹成，经过烧烤和渗碳成为黑色烧土居住面，仅在南片红烧土垫层上残存两片居住面，一片很小，呈椭圆形，另一片较大，呈凹腰形，两片面积共约 2 平方米。这是目前在本遗址所见唯一的黑色烧土居住面。这里需要说明的是：一般的居住面都呈红色烧土，是敞着进行烧烤，柴草之间空气流通良好，居住面充分氧化的结果；黑色烧土居住面则不同，是闷着进行烧烤，柴草之间空气流通较差，因而产生黑烟，这黑烟实际上是微小的炭粒，渗入居住面的孔隙之内，致使居住面变成黑色。黑色居住面的产生应与第四期陶器的窑内渗碳工艺比较发达有关，是陶器渗碳工艺的扩展。

在凹腰形居住面上建有一个火塘（图版四四，2、3），呈椭圆形锅底状，周壁为黑色烧土，质地坚硬，长轴 80、短轴 60、深 23 厘米。火塘东南壁向上延伸，形成一堵矮墙，宽 30 厘米，高于火塘口部 25 厘米，厚 8~9 厘米，表面抹平，左上角和右上角都呈圆角。引人注目的是：在矮墙朝火塘一面用圆棍捅成 9 个圆洞，每个都往里向下倾斜，洞口直径 1.5~1.7、深 1~6.8 厘米，都没有捅透矮墙。刚出土时火塘和矮墙都是完整的，二者连为一体。发掘后将矮墙切割下来的过程中破碎成左、右两部分，1~7 号圆洞保存较好，8、9 号圆洞残破，难以复原，图上用虚线表示（图 3-1-79B）。这个火塘有两种用途：既可以利用炊器在火塘内蒸煮食物；也可以利用竹签先将鱼肉等食物先穿起来，再插入矮墙的圆洞内，在火塘上方进行烧烤，此矮墙可以称为"烧烤墙"。

在火塘东北 10 厘米处的居住面上挖成一个小坑（图 3-1-79C，Ⅰ），呈椭圆形锅底状，形制规整，东西长轴 40、南北短轴 24.5、深 10 厘米。小坑内并排放置圈足碗 17 型Ⅰ式 1 件（F24:17，见图 3-4-29，4），17 型Ⅳ式 2 件（F24:16、23，见图 3-4-30，9、10），均口朝上，这些碗应是屋主人的饮食器具。此坑作为陶碗存放坑，可以简称"碗坑"，其作用相当于后世的碗柜。

在火塘西边有一堵南北向小隔墙，长 47、残高 10、厚 10 厘米，朝火塘一面有黄色抹面 1 层，厚 1 厘米，墙体内有柱洞 3 个，直径均为 4 厘米，深均为 5 厘米，边缘至边缘间距 7 厘米，洞壁光滑，为竹柱痕迹。在火塘南边有一堵东西向小隔墙，西部残缺，残长 120 厘米，墙体内没有柱洞。两堵小隔墙都建在红烧土垫层上，应连成曲尺形（图 3-1-79A），它位于火塘旁边，可以将火源与居住面上放置的易燃物隔开，曲尺形小隔墙可以称为"隔火墙"，其作用不同于在屋内起分隔空间作用的隔墙。

在南北向小隔墙西侧的垫层内埋入完整的石斧 6 件作为奠基物，其分布范围东西长 80、南北宽 60 厘米。在火塘东北 70 厘米处的垫层上挖成一个奠基坑（图 3-1-79C，Ⅱ；图版四四，4），呈不规则形，南北长 37、东西宽 33、深 20 厘米，埋入曲腹杯 3 型Ⅱ式 3 件（F24:6，不能复原；F24:7、8，见图 3-4-82，3、1）作为奠基物，3 件形制相同，大小不同，套在一起，应是经过精心挑选的。

废弃后的填土内出土磨石 1 件（F24:51，见图 3-5-62，1）。

F24 位于关庙山遗址Ⅴ区（关庙山聚落中心区）的西南部，虽然残损严重，但是独具第四期特色：烧土居住面呈黑色，在屋内的垫层与居住面之间夹有荆条编织物，由火塘与"烧烤墙""碗坑""隔火墙"组成一个小厨房。这些都是前所未见的现象。

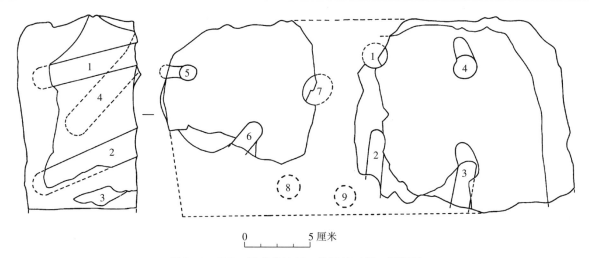

0 ——————— 5 厘米

图 3 - 1 - 79B　疑残房址 F24 烧烤墙正视、侧视图

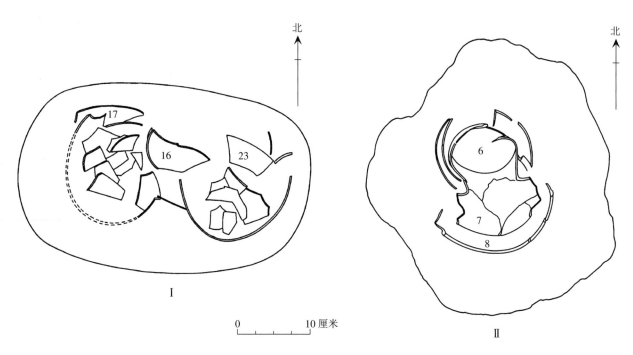

0 ——————— 10 厘米

图 3 - 1 - 79C　疑残房址 F24 碗坑、奠基坑平面图
Ⅰ. 碗坑平面图　Ⅱ. 奠基坑平面图

[六]　疑为圆形或椭圆形残房址

2 座，即 T39⑤AF3、T77⑤AS50（皆第二期）。墙基的平面都呈弧形，据此疑为圆形或椭圆形残房址。现以 F3 为例叙述如下。

疑残房址 F3

位于 T39 南部⑤A 层顶部，露出时距地表深 1.4 米，属第二期（图 3 - 1 - 80）。门向不详。残存西墙基、南墙基各一段，都呈弧形，墙基厚约 80、深 50 厘米，墙脚厚 50、残高 35 厘米。西墙基内存有圆形柱洞 2 个即 1、2 号，口径分别为 9 厘米和 6 厘米，在基槽内树立木柱之后，用红烧

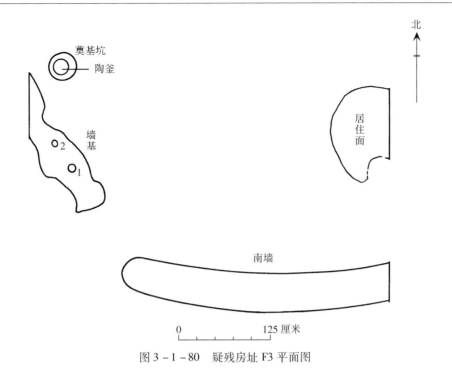

图 3 - 1 - 80 疑残房址 F3 平面图

土块和红烧土渣填实。

屋内残存居住面一片，面积约 1 平方米，呈白色，系用白黏土泥料抹成，烧烤后呈龟裂状。本期圆形房址 F2 居住面的上层也用白色黏土泥料抹成（见图 3 - 1 - 63，1）。这种白色居住面在本遗址罕见。

在西墙基东侧挖成一个圆形锅底状奠基坑，口径、深均为 40 厘米，埋入一件陶釜作为奠基物。

F3 包括残存的墙基和居住面在内，建筑面积约 24 平方米。

二　残居住面和残垫层

共 20 片（见附表 2）。

残居住面和残垫层的分期和分布情况是：

第一期晚段 2 片，其中分布在Ⅲ区 1 片，即 F4（图 3 - 1 - 4）；Ⅴ区 1 片，即 S45（图 3 - 1 - 5）。

第二期 8 片，其中分布在Ⅲ区 1 片，即 F6（图 3 - 1 - 9）；Ⅳ区 4 片，即 F18 ~ F21（图 3 - 1 - 10）；Ⅴ区 3 片，即 S35、S41、S48（图 3 - 1 - 11）。

第三期 3 片，即 S16、S21、S29，都分布在Ⅴ区（图 3 - 1 - 15）。

第四期 7 片，其中分布在Ⅳ区 2 片即 F8、F10（图 3 - 1 - 19），Ⅴ区 5 片即 S2、S7、S9、S10、S13（图 3 - 1 - 20）。

［一］残居住面

5 片。即 T64⑦S45（第一期晚段），T52⑥F20、T52⑤AF18（皆第二期），T55③S9、T72③AS7（皆第四期）。这里所讲的残居住面均用黏土泥料抹成，经过烧烤。有的（S7）只有居住面，没有垫层；有的（S45）居住面之下还有垫层。现以 S7 为例叙述如下。

残居住面 S7

主要位于 T73、T77③A 层顶部，延伸到 T72 东部，西南部被①CG11 打破，南部叠压在③A 底 F25 之上，露出时距地表深 30～85 厘米，北部海拔 49.36 米，属于第四期（图 3－1－81A）。

现存部分是残存的红烧土居住面，呈不规则长条形，南北残长 11、东西残宽 4 米，残存面积约 30 平方米。居住面之下没有铺设垫层，是直接在灰土上铺设而成的，这一点明显不同于其他房址的居住面。西北部 1 号柱坑附近的居住面有 3 层（图 3－1－81B，1）：下层厚 0.5～1 厘米，用掺和大量稻壳的黏土泥料抹成，烧烤后为橙黄色；中层厚 12.5～17.5 厘米，用掺和很多大小不同的红烧土块的黏土泥料抹成，红烧土块长 7～15 厘米，"复烧"后为橙黄色，黏土泥料烧烤后为橙红色，二者颜色深浅不同，因此界限分明；上层厚 1 厘米，用质地较纯的黏土泥料抹成，烧烤后为红褐色。下、中、上三层居住面的颜色明显不同，应是先后三次分别抹成、分别进行烧烤所致。其中，以中层最厚，烧烤难度最大。

S7 与 F25 二者局部上下叠压，几乎连在一起，但是，从分布平面图上可以看到，S7 明显超出了 F25 的范围（图 3－1－20），因此，S7 不是 F25 的居住面；S7 建在 F25 的原址上，其年代略晚于 F25。

在西北部的居住面上存有柱坑 2 个即 1、2 号。其中 1 号柱坑（图 3－1－81B，1；图版四三，3、4）呈圆形，侈口、直壁、圜底状，近底部略内收，口部直径 25.5、深 42.5 厘米，柱坑内的柱洞深 37 厘米，柱洞呈圜底状，由此可知柱脚修成圜底状。从柱坑口部至底部普遍有抹面 1 层，厚 0.6～0.7 厘米，用质地较纯的黏土泥料抹成，是从上层居住面延伸下来的，表面光滑，自上而下颜色由橙红渐变为橙黄，质地由稍硬渐变为松软，这是从上往下烧成温度逐渐降低的缘故。1 号柱坑发掘出土之后经过试验：从各部位（包括柱坑周壁和底部）取下来数块红烧土抹面浸在水中都不会解体，不会化成泥，证实抹面经过烧烤，虽然烧成温度偏低，但是已经初步陶化；树立木柱之前，在柱坑底部（即柱脚之下）垫一层灰白色黏土，树立木柱之后黏土被柱脚压实，起"暗础"作用，从灰白色黏土上取下来数块浸在水中都会解体，会化成泥，证实灰白色黏土未经烧烤。在 1 号柱坑底部，未经烧烤的灰白色黏土叠压在经过烧烤的红烧土抹面之上，出土实物本身可以直接证明，柱坑周壁至底部的红烧土抹面是在树立木柱之前经过烧烤的，确切地说，柱坑内的抹面是与上层居住面一起经过人工烧烤而成的。柱洞内的填土为黑灰色松土，含有陶片 2 块。

S7 的 2 号柱坑（图 3－1－81B，2）在 1 号柱坑北边，呈圆形，斜壁、圜底，口径 15、深 9 厘米，从口部至底部都有红烧土抹面 1 层。其做法与 1 号柱坑相同，柱洞内的填土为灰色松土。

前面说过，第三期的长方形房址 F1 的 14 号柱坑（图 3－1－34，14），周壁有白黏土抹面 1 层，是从上层居住面延伸下来的，与居住面一起经过烧烤。后面将要讲到，第三期的红烧土场地 S28 南边中部红烧土地面上有一个簸箕形灶即 1 号灶（图 3－1－88B，1），其南部被③B 层（属于第四期）的一个圆形锅底状柱坑打破，柱坑直径 14、深 11 厘米，周壁有抹面 1 层，用灰白色黏土抹成，经过烧烤。这些柱坑也是人工烧烤居住面的直接证据。

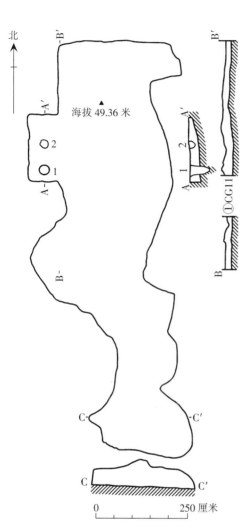

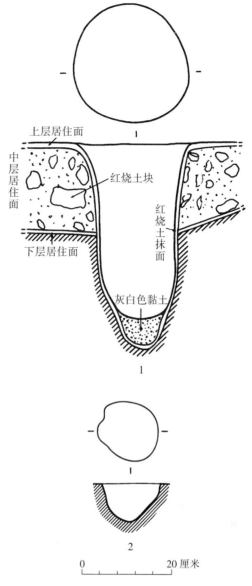

图 3 - 1 - 81A　残居住面 S7 平、剖面图

图 3 - 1 - 81B　残居住面 S7 柱坑平面、剖视图

1. 柱坑 1 平面、剖视图　2. 柱坑 2 平面、剖视图

前面还说过，第三期的方形房址 F22（图 3 - 1 - 51）在建造房屋过程中，建房者遗留在居住面上的器盖 11 型 II 式 1 件（F22：42，见图 3 - 4 - 154，9），嵌在第 1 层居住面内，呈红色、龟裂状是（烧烤居住面时）复烧所致，可以间接证明红烧土居住面是人工烧烤而成的。

上述直接证据和间接证据都表明红烧土居住面是人工烧烤而成的。

在 S7 中部的居住面上堆积大量墙身倒塌的红烧土残块。例如 S7：83（图 3 - 1 - 81C），为墙壁一半。墙体用掺和稻草截段的黏土泥料筑成，橙黄色，质地松软，抹面用纯黏土泥料抹成，橙红色，质地稍硬，估计烧成温度约 600℃，残高 20.3、残宽 23.6、半壁厚 7.7 厘米。墙体上有抹面 1 层（下图），厚 1 厘米，表面平整。另一面（上图）有纵向的圆竹痕 1 条即 1 号，残长 16.8、直径 2.3 厘米，壁光滑；还有半圆木痕 2 条即 2、3 号，都有劈裂痕，其中 2 号残长 18.6、直径 6.7 厘米，3 号残长 14.5 厘米；在半圆木痕外侧（下图）有横向的圆竹痕 1 条即 4 号，残长 5.9、直

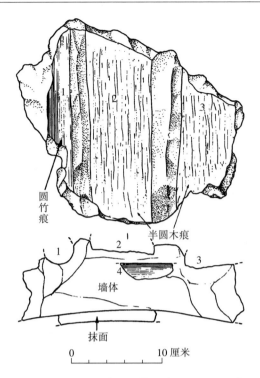

图 3-1-81C　残居住面 S7 墙壁红烧土块（S7：83）平面、侧视图

径 1.8 厘米，壁光滑。横向圆竹是用于固定纵向竹木骨架的。

　　S7 位于关庙山遗址 V 区（关庙山聚落中心区）东南部，其出土实物（红烧土柱坑）本身可以直接证明，屋内柱坑口部至底部的红烧土抹面是与居住面一起经过人工烧烤而成的，并非房屋失火或有意焚毁房屋所致，这是再次发现人工烧烤居住面的直接证据，极为重要。S7 的居住面不但很厚，而且烧烤透彻，代表了大溪文化烧烤居住面技术的最高水平。

[二] 残垫层

　　15 片。即 T36⑦AF4（第一期晚段），T39⑦AF6、T51⑤BF21、T52⑤BF19、T59⑤BS48、T61⑥BS41、T65⑤AS35（皆第二期），T58④AS16、T66④DS29、T74④BS21（皆第三期），T51③F8、T53③F10、T58③BS10、T61③BS13、T61③AS2（皆第四期）。这里所讲的残垫层均用红烧土块、红烧土渣铺成，其中有些垫层之上原先可能有居住面，但已被破坏。现以 S48、S35、S21、F8、F10 为例叙述如下。

残垫层 S48

　　位于 T59 东部⑤B 层顶部，西北部被④B 底 H98 打破，南部偏东被⑤A 扰坑打破，叠压在⑥AF33 之上，露出时距地表深 1.65～1.75 米，属于第二期（图 3-1-82A）。

　　垫层略呈南北向的长条形，南北长 5.5 米，东西最宽处 1.6、最窄处 0.92 米，残存面积约 5.5 平方米。厚 18～35 厘米，有两层：下层用黄色黏土铺成，含有少量砂粒，系利用生土铺成，厚 15～25 厘米；上层用红烧土块掺和黄色黏土铺成，二者比例约 3：2，结合比较紧密，烧土块呈深红色，烧成温度较高，质地较硬。

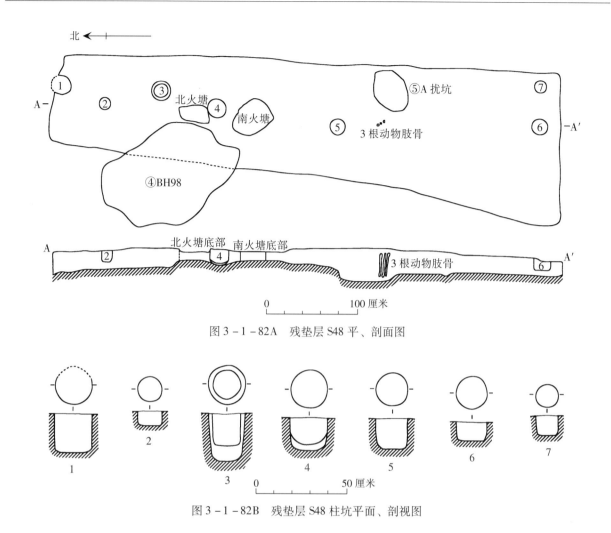

图 3 - 1 - 82A　残垫层 S48 平、剖面图

图 3 - 1 - 82B　残垫层 S48 柱坑平面、剖视图

表 3 - 1 - 16　　　　　　　　　残垫层 S48 柱坑及柱洞登记表　　　　（长度单位：厘米）

编号	位置	形状	柱坑口径	柱洞口径	柱坑深度	柱洞深度	坑壁、洞壁状况	坑内、洞内填土	备注
1	垫层北部	圆形	20		20		直壁，圆角，平底	灰色松土	
2	垫层北部	圆形	13		7		直壁，圆角，平底	灰色松土	
3	垫层北部	圆形	20	15	25	17	柱坑斜壁，圆角，底近平；柱洞直壁，圆角，平底	灰色松土，含有红烧土渣	柱坑底部有厚达 8 厘米的红烧土垫层，柱脚周围的空当中用红烧土掺和灰褐色土夯实
4	垫层北部	圆形	20		17		直壁，圆角，底近平	灰色松土	柱坑底部有厚 3 厘米的红烧土垫层
5	垫层中部	圆形	17		16		直壁，圆角，平底	灰色松土	
6	垫层南部	圆形	17		10		直壁，圆角，平底	灰色松土，含有少量木炭	
7	垫层南部	圆形	12		10		直壁，圆角，平底	灰色松土	

残垫层上存有圆形柱坑 7 个，口径 12～20、深 7～25 厘米。其中 6 个即 1～6 号（图 3－1－82B，1～6；表 3－1－16，1～6）南北向大致排列成一行，据此推测 S48 为方形或长方形房址的残垫层；1 个柱坑即 7 号（图 3－1－82B，7；表 3－1－16，7）是单独的。3 号柱坑内存有圆形柱洞，直壁、平底，由此可知柱脚修成平底状，口径 15、深 17 厘米；柱坑底部有红烧土垫层，厚达 8 厘米，被柱脚压实，起"暗础"作用，防止木柱下沉；柱脚周围的空当中用红烧土掺和灰褐色土夯实，防止木柱歪斜。4 号柱坑底部也有红烧土垫层，表面呈凹坑状，由此可知柱脚修成圜底状，垫层厚 3 厘米。

北部残存 2 个火塘的底部，分别位于 4 号柱坑南、北两侧，都略呈长方形，其表面比垫层表面低 4 厘米。北火塘长 30、宽 18 厘米，南火塘长 40、宽 30 厘米。都有抹面 1 层，厚 8～10 厘米，用黏土泥料抹成，表面平整而光滑，红褐色，质地坚硬。

南部的垫层内竖直并排埋入完整的动物肢骨 3 根作为奠基物，长均为 24、直径 2～3 厘米。在动物肢骨西边还埋入圈足碗 8 型 II 式 1 件（S48：1），作为奠基物。

残垫层 S35

主要位于 T65 西南部、T69 西北部⑤A 层，延伸到 T64 东南角、T68 东北角，东北部叠压在⑤B 底 H137、H138、红烧土堆积⑥顶 S44、⑥底 H151、H152 之上，露出时距地表深 1.63～1.8 米，属于第二期（图 3－1－83；图版四五，1、2）。

残垫层用红烧土块、红烧土渣铺成。南北残长 6.65、东西残宽 5 米，残存面积约 25 平方米，厚 8～10.5 厘米。东部存有柱坑 10 个（图 3－1－83，1～10；表 3－1－17），呈圆形或椭圆形，直壁或斜壁，圜底，口径 20～40、深 20～36 厘米，边缘至边缘间距 20～80 厘米。在东南部柱坑分布比较集中，此处表面坑洼不平，是被④层扰乱所致。其中，2 号柱坑内存有柱洞，口径 15、深 17 厘米；柱坑底部有红烧土垫层，起"暗础"作用，防止柱脚下沉；柱脚周围的空当中用红烧土夯实，以免柱脚歪斜。4 号柱坑底部也有红烧土垫层。

东北部的垫层内埋入 11 件陶器作为奠基物，有圈足碗 5 型 I 式 2 件（S35：50、82，见图 3－4－15，3、2），豆 2 型 III 式 1 件（S35：57，见图 3－4－60，1）、5 型 I 式 2 件（S35：58，见图 3－4－61，9；S35：83，见图 3－4－62，2）、6 型 I 式 1 件（S35：53，见图 3－4－62，7），圈足盆 2 型 I 式 1 件（S35：59，见图 3－4－71，11），杯 1 型 III 式 2 件（S35：63，见图 3－4－83，6；S35：69，见图 3－4－83，2），釜 1 型 2 件（S35：60、93，见图 3－4－110，1、2）。

1 号柱坑内出土石斧 1 件，是后掉入的（图版四五，3）。5 号柱坑南侧出土大量陶片。

残垫层 S21

位于 T74 东南部④B 层顶部，南部在发掘区之外，露出时距地表深 1 米，属于第三期（图 3－1－84A）。

垫层用红烧土块掺和黏土铺成，表面不平整。东西最长处 3.2、最短处 2.3 米，南北最宽处 2.1、最窄处 1.2 米，残存面积约 4 平方米。在垫层上存有圆形柱坑 2 个即 1、2 号。

S21 南部存有两级台阶，均用黏土泥料抹成，经过烧烤（图 3－1－84B；图版图四五，4）。在

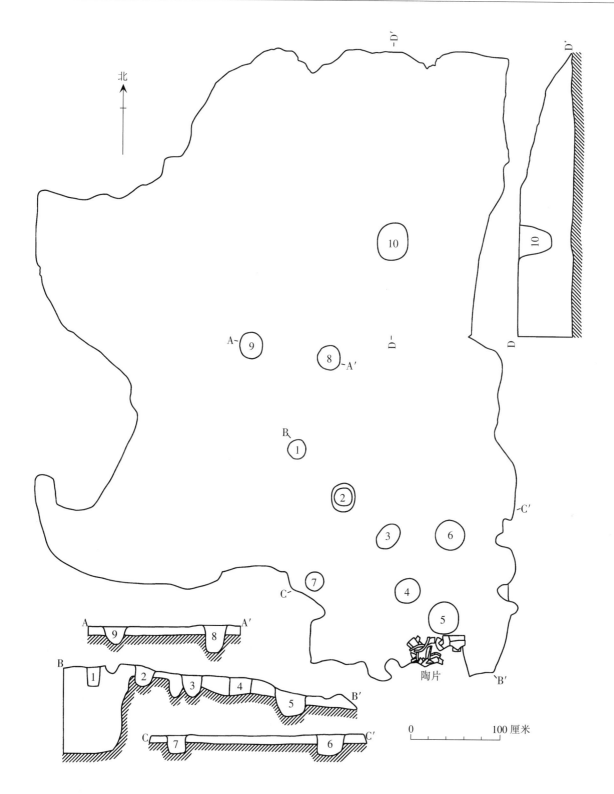

图 3 - 1 - 83　残垫层 S35 平、剖面图

第二级台阶上，先铺垫一层红烧土碎块，再放置完整的器座 9 型 Ⅱ 式 1 件（S21：55，见图 3 - 4 - 141，2）。台阶附近摆放砂岩磨石、石斧各 1 件。抹成两级红烧土台阶可能作为"祭台"，在台阶上放置陶器座，台阶附近摆放砺石和石斧，可能与祭祀活动有关。

表 3 - 1 - 17　　　　　　　　　　残垫层 S35 柱坑登记表　　　　　　　　（长度单位：厘米）

编号	形状	口径或长轴、短轴	深度	坑壁状况	填土及包含物	出土物
1	圆形	口径 20	30	红烧土壁	浅黄色土，含有零星陶片、木炭	石斧 1 件
2	柱坑椭圆形，柱洞圆形	柱坑长轴 30、短轴 25，柱洞口径 15	22	红烧土壁，平面呈内外两圈	黑灰色土，含有零星陶片、木炭	
3	椭圆形	长轴 30、短轴 20	26	红烧土壁	黑灰色土，含有零星陶片、木炭	
4	圆形	口径 27	20	红烧土壁	黑灰色土，含有零星陶片、木炭	
5	圆形	口径 36	32	红烧土壁	黑灰色土，含有零星陶片、木炭	
6	圆形	口径 30	24	红烧土壁，直壁，圆角，圜底	黑灰色土，含有零星陶片、木炭	
7	圆形	口径 20	20	红烧土壁，直壁，圆角，圜底	黑灰色土，含有零星陶片、木炭	
8	圆形	口径 25	30	红烧土壁，斜壁，圜底	黑灰色土，含有零星陶片、木炭	
9	椭圆形	长轴 30、短轴 25	20	红烧土壁，斜壁，圜底	黑灰色土，含有零星陶片、木炭	
10	椭圆形	长轴 40、短轴 33	36	红烧土壁，斜壁，圜底	灰色土，含有少量红烧土渣	彩陶 2 片

台阶以东、以西各残存一片居住面，都用黏土泥料抹成，经过烧烤。东片最长处 2.2、最宽处 11 厘米，西片最长处 38、最宽处 32 厘米。

残垫层 F8

位于 T51 西北部③层底部，西部在发掘区之外，露出时距地表深 0.7 米，属于第四期（图 3 - 1 - 85A）。

露出部分呈长方形，南北长 4.8、东西宽 3.2 米，面积约 10 平方米。垫层用红烧土块铺成，最厚处 50 厘米。南部存有柱坑 3 个即 1～3 号，均呈圆形、锅底状，东西向排成一行，口径分别为 24、22、24 厘米，深均为 25 厘米，其中 3 号延伸到发掘区之外，坑内填土为黑灰色松土。

东南角有墙壁倒塌的红烧土块。例如 F8：1（图 3 - 1 - 85B；图版四五，5），为墙头朝屋内一半。用掺和大量红烧土渣的黏土泥料筑成，橙黄色，质地稍硬，估计烧成温度约 600℃，残高 11.8、残宽 25.2、半壁厚 10 厘米。墙头上设有二层台。从屋内向外看（左图），二层台平齐，其外侧有呈拱形的高出部分，略残，长 23.2、高 1.6 厘米；高出部分的右侧残存凹槽，其表面平坦，此处是放置椽头的地方，也就是说，屋顶上椽子的间距为 23.2 厘米。从侧视图上看（右图），二层台平整，上面留有用抹子抹平时产生的平行线状纹理，二层台宽 6.5 厘米；高出部分的顶部抹

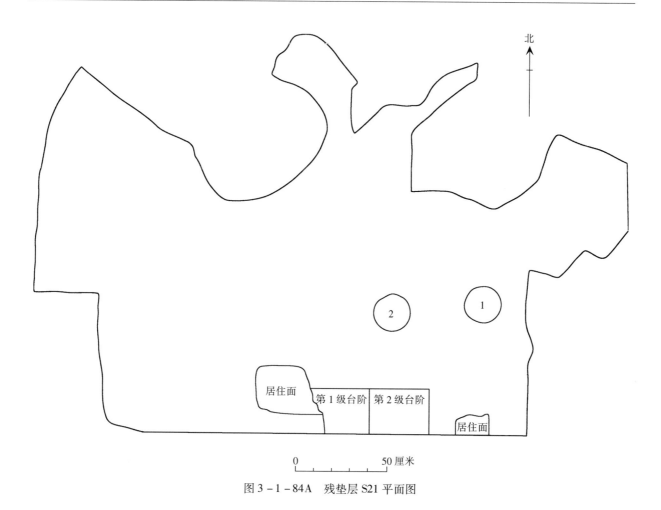

图 3 - 1 - 84A 残垫层 S21 平面图

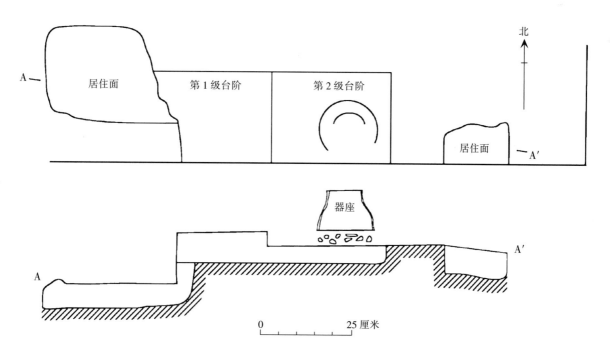

图 3 - 1 - 84B 残垫层 S21 台阶平面、剖视图

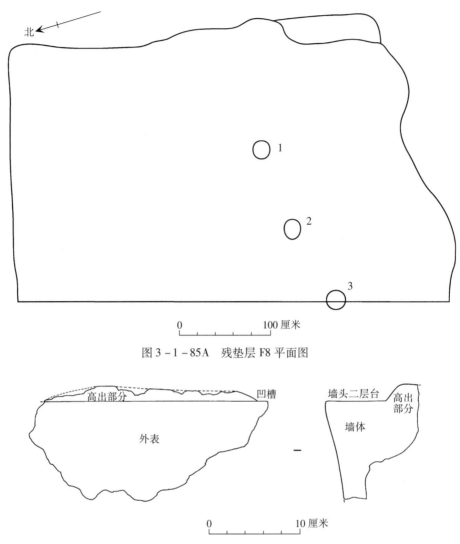

图 3 – 1 – 85A　残垫层 F8 平面图

图 3 – 1 – 85B　残垫层 F8 墙头红烧土块（F8：1）平面、侧视图

平。另一面残。该红烧土块的重要性在于，它表明设有二层台的墙头从第一期晚段的 S46（见图 3 – 1 – 68，1、2）、S47（见图 3 – 1 – 70，2）一直延续到第四期 F8。

垫层上出土平底罐 1 型 IV 式 1 件（F8：211，见图 3 – 4 – 102，3），带把单圆响球残器 1 件（F8：209，见图 3 – 4 – 174，8），中型双刃石斧 B VII 式 1 件（F8：220，见图 3 – 5 – 15，9）。

残垫层 F10

位于 T53 东北部③层顶部，表面被第②层（屈家岭文化层）扰乱，露出时距地表深 35 厘米，属于第四期（图 3 – 1 – 86）。

残垫层用红烧土渣铺成，南北长 4、东西最宽处 2.7 米，残存面积约 9 平方米。厚 8 ~ 26 厘米，表面高低不平。

在红烧土垫层上挖成奠基坑 3 个，共埋入 5 件陶器作为奠基物，情况如下：

1 号坑呈椭圆形，长轴 30、短轴 26、深 18 厘米。埋入细颈壶 2 型 1 件（F10：1，见图 3 – 4 – 92，4），器口向上，已经复原。

图 3 - 1 - 86 残垫层 F10 平、剖面图

2 号坑呈椭圆形，长轴 38、短轴 34、深 18 厘米。埋入细颈壶 2 型 2 件：F10:2（见图 3 - 4 - 92，2）为口向东，横卧，已经复原；F10:6 为口向北，横卧，未能复原。

3 号坑呈圆形，延伸到发掘区之外，露出部分直径 60、深 40 厘米。埋入细颈壶 2 型 1 件（F10:3），为口向上，未能复原；曲腹杯 1 件（F10:4），为口向西，横卧，未能复原。

还有 2 件陶器直接用红烧土块掩埋在垫层内作为奠基物，均为口向西横卧：平底罐 1 型 V 式 1 件（F10:5，见图 3 - 4 - 102，4），已经复原；圜底罐 1 件（F10:7），未能复原。

另外，垫层上出土陶豆 7 型 II 式 1 件（F10:8，见图 3 - 4 - 63，7），已经复原，圈足残；陶环 1 件（F10:9）。

三 红烧土场地

6 片（详见附表 3）。

红烧土场地的分期和分布情况是：6 片都分布在关庙山遗址 V 区（关庙山聚落中心区）。其中，第三期 5 片，即 S22、S28、S51、S24、S38（图 3 - 1 - 15）；第四期 1 片，即 S4（图 3 - 1 - 20）。现以 S22、S28、S51、S4 为例叙述如下。

红烧土场地 S22

主要位于 T62、T63、T66、T67④C 层顶部，延伸到 T68 西北部、T70 北部，西端在发掘区之外，西北部被红烧土堆积③B 顶 S12 下部的坑打破，叠压在④D 底 H190 之上；东北部叠压在③A 底 H69 之下、红烧土场地④C 底 S51 之上，与④A 底 F26 南边的散水相连，与 F26 南门相距 1.6 米；西部叠压在④A 顶 F36 之下；西南部叠压在残垫层④D 顶 S29、④D 底 H106 之上；东部叠压在红烧土场地④B 顶 S24 之下、红烧土堆积④D 顶 S36 之上，属于第三期（图 3 - 1 - 87；图版四六，1）。

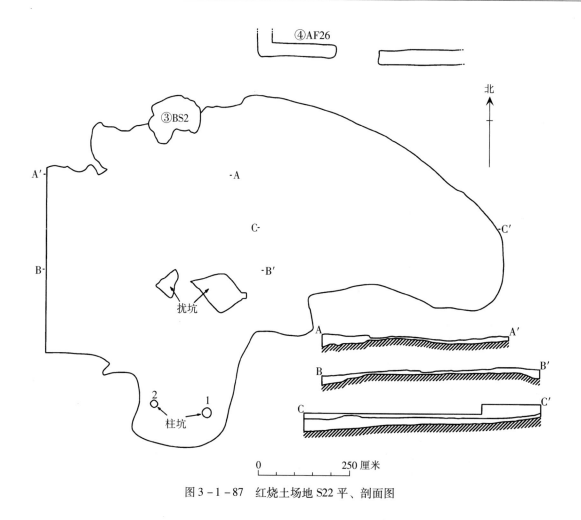

图 3 – 1 – 87　红烧土场地 S22 平、剖面图

露出时距地表深，北部为 1～1.4 米，南部为 1.25～2.4 米，北高南低，略呈倾斜状。东端延伸到 T68，南端延伸到 T70，西端在发掘区之外，已发掘部分呈不规则形，东西长 12.4、南北最宽处 8.3 米，面积约 72 平方米。场地由上、下两部分构成：下部为垫层，局限于西部，用黄色黏土铺成，结合比较松散，厚约 5～10 厘米；上部为地面，遍及 S22 全境，用红烧土块掺和灰褐色黏土铺成，二者的比例约 7:3，红烧土块软硬不一，与黏土结合欠紧密，但是表面比较平整，厚 5～70 厘米。

S22 中部被④B 层 2 个扰坑打破，东边一个略呈菱形，深 11 厘米，西边一个略呈三角形，深 8 厘米，扰坑内的填土均为灰褐色松土。S22 南部被 2 个柱坑打破，柱坑都略呈圆形，锅底状，1 号口径 25、深 9 厘米，2 号口径 21、深 10 厘米，柱坑内的填土均为灰黑色松土。

红烧土场地 S28

主要位于 T67、T71～T73、T77④B 层底部，延伸到 T76 东北角，西南部被③B 底 H82 打破，叠压在③B 顶 H93、④A 顶 F27 之下，④B 底 H189、④C 底 H128 之上，南边与④BF30 北边的散水相连，与 F30 东北墙角相距 80 厘米，东南部叠压在红烧土场地④DS38 之上，属于第三期（图 3 – 1 – 88A；图版四六，2）。

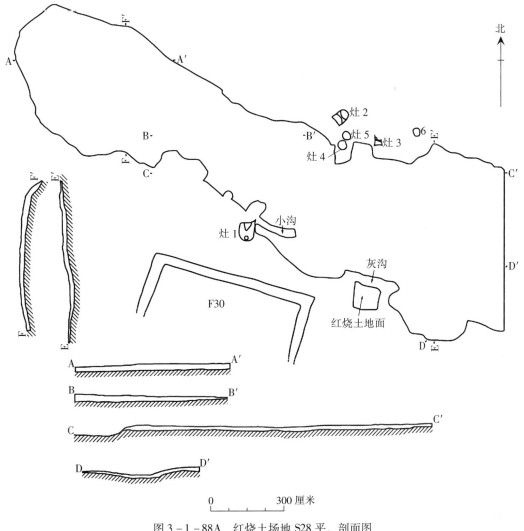

图 3 - 1 - 88A　红烧土场地 S28 平、剖面图

露出时距地表深 0.98 ~ 1.38 米，呈不规则长条形，东边在发掘区之外，已经发掘部分东西长 17 米，南北最宽处 8、最窄处 2.8 米，厚 4 ~ 25 厘米，面积约 76 平方米。场地由上、下两部分构成：下部为垫层，用红烧土块掺和少量黏土铺成，红烧土块长 5 ~ 10 厘米，质地坚硬；上部为地面，用红烧土渣掺和少量黏土铺成，二者的比例约 9：1，含有极少量陶片，表面经过拍打，结合紧密，相当平整。

S28 南边中部的红烧土地面上挖有一条小沟，东南至西北长 140、宽约 20、深 20 厘米，挖沟的原因不详，后来小沟被当时人用灰色黏土填实。在小沟西南的红烧土地面上有一个簸箕形灶即 1 号灶（图 3 - 1 - 88B，1），南北长 58、东西宽 50、灶坑深 7 厘米，灶的东壁烧烤成橙黄色硬面，灶底中部至北端有一片灰白色烧土面，质地坚硬，呈三角形，厚 2 厘米，灶底其他部位为褐色硬烧土面。灶坑内的填土为灰黑色松土，含有零星陶片。1 号灶的南部被③B 层（属于第四期）的一个圆形锅底状柱坑打破，柱坑直径 14、深 11 厘米，周壁有抹面 1 层，用灰白色黏土抹成，经过烧烤；柱坑内存有柱洞，直径 12、深 9 厘米。S28 东部北侧的灰土层中有一组 5 个灶，包括 2 个簸箕形灶即 2 号灶（图 3 - 1 - 88B，2）、3 号灶（图 3 - 1 - 88B，3），3 个圆形灶即 4 号灶（图 3 -

1 – 88B，4）、5 号灶（图 3 – 1 – 88B，5）、6 号灶（已残，图略），灶壁和底部都被烧烤成红烧土，灶坑内的填土中含有大量木炭。1～6 号灶都是 S28 的附属设施，先民用这些灶进行集体炊事活动。各灶的具体情况见表 3 – 1 – 18。

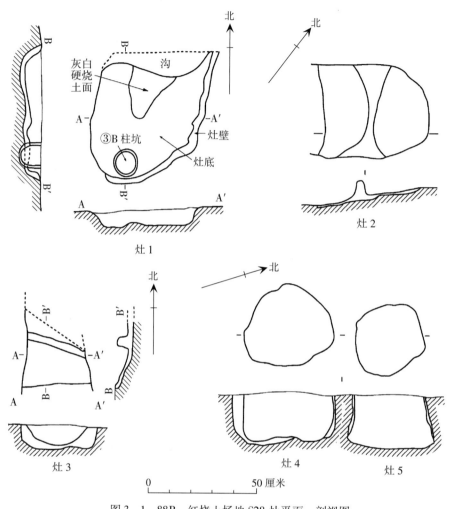

图 3 – 1 – 88B　红烧土场地 S28 灶平面、剖视图

表 3 – 1 – 18　　　　　　　　红烧土场地 S28 簸箕形灶和圆形灶坑登记表　　　　　　（长度单位：厘米）

编号	位置	形状	长	宽	口径	底径	深	灶壁、灶底状况	灶内填土及包含物	打破关系
1	S28 南边中部	簸箕形灶，灶门向北	南北长58	东西宽50			7	东壁烧烤为橙黄色硬面，厚 2～4 厘米。灶底中部至北端有一块呈三角形、厚 2 厘米的灰白色硬烧土面，灶底其他部位为褐色硬烧土面	灰黑色松土，含有零星陶片	灶南端被③B 层的圆形锅底状柱坑打破

编号	位置	形状	长	宽	口径	底径	深	灶壁、灶底状况	灶内填土及包含物	打破关系
2	S28 东部北侧，南距灶坑 5 约 25 厘米	簸箕形灶，灶门向西南	东北—西南长 48	西北—东南宽 40			5~20	剖面呈东北—西南倾斜。西北、东南两壁烧烤成烧土壁，橙红色，最深 20，厚 1~3 厘米。底为暗红色烧土，厚 1~2 厘米。底中间有一道西北至东南的隔梁，厚 3~4 厘米	灰褐色松土，含有少量陶片	打破④C 层
3	S28 东部北侧，在灶坑 5 东边，相距 80 厘米	簸箕形灶，北部残，灶门向南	南北长 34	东西宽 26~31			9	东西两壁烧烤成红烧土，橙红色，稍硬，南边较高，无烧土壁。底为烧土，厚 1~2 厘米，橙红色。灶中间有一道西北—东南小隔梁，残高 10 厘米	灰褐色松土，南部含有少量红烧土渣	建在④C 层之上
4	S28 东部北侧，东、南、西三边靠近 S28	略呈圆形灶坑			36		22	剖面呈直壁、圆角、底中部内凹。坑壁及坑底烧烤成红烧土，橙红色，稍硬，厚 1~5 厘米	灰褐色松土，含有大量木炭渣、数块陶片	打破④C 层
5	S28 东部北侧，在灶坑 4 北边，相距 5 厘米	略呈圆形灶坑			26	34	24	剖面呈袋状，底径大于口径，圆角，圜底。坑壁被烧烤成红烧土，橙红色，稍硬，厚 1~2 厘米。灶底为灰土	灰褐色松土，含有大量木炭、少量陶片	打破④C 层
6	S28 东部北侧，在簸箕形灶 3 东边，相距 114 厘米	略呈圆形灶坑			30	32	27	剖面呈袋状，底径略大于口径。灶壁被烧烤成红烧土，橙红色，稍硬。灶底为灰土	灰褐色松土，含有大量木炭、少量陶片	打破④C 层

S28 东南边缘有一块方形红烧土地面，原先应与 S28 连为一体，后来被一条灰沟将它与 S28 分开，灰沟宽约 40 厘米，挖沟的原因不详。这块方形红烧土地面东西长 90、南北宽 80 厘米。

红烧土场地 S51

主要位于 T63④C 层底部，延伸到 T62 东部、T64 西北部，叠压在④A 底 F26、红烧土堆积④C 底 S26 之下，露出时距地表深 1.32～1.6 米，属于第三期（图 3－1－89）。

平面略呈梯形，东西长约 6、南北宽均约 5 米，残存面积约 30 平方米。场地用红烧土渣铺成，结合紧密，表面平整，东北部较高，西南部较低，厚 4～5 厘米。

红烧土场地东南部分布着三组共 13 个条形多联灶（表 3－1－19），都是在场地上挖沟而成，两壁和底部有抹面，用黏土泥料（局部掺和细砂）抹成，经烧火使用之后，两壁呈棕褐色，底部呈青灰色，质地坚硬。三组多联灶自东北向西南大致排列呈弧形。

第 1 组多联灶（图版四六，3），在红烧土场地东北部，由 4 个条形灶（1～4 号灶）和 1 条烟道组成：1 号灶南壁残长 7、北壁残长 24、宽 12、深 6 厘米。2 号灶距 1 号灶 42 厘米，南缘残长 33、北缘残长 18、宽 35、深 14 厘米，底部有一片木炭渣。3 号灶距 2 号灶 12 厘米，南壁残长 39、北壁残长 35、宽 25、深 10 厘米。4 号灶距 3 号灶 23 厘米，长 57、宽 36、深 12 厘米，底部为青色硬烧土面，有木炭和灰烬。

4 个灶后端与一条西南至东北向的烟道相连，烟道长约 160 厘米，宽 9.5～12.5、深 13～15 厘米，西壁竖直、比较整齐，底部为青灰色硬烧土面，厚约 0.5 厘米。

第 2 组多联灶（图版四六，4），在红烧土场地东南部，由 5 个条形灶（5～9 号灶）和 1 条烟道组成：5 号灶长 42、宽 19、深 8 厘米，横断面呈缓坡状圜底，底部为厚约 1 厘米的青灰色硬烧土面。在深 7 厘米处，被厚约 1 厘米的木炭渣覆盖。6 号灶距 5 号灶约 30 厘米，长 50、宽 21、深 12 厘米，东壁竖直，圜底部位为青灰色硬烧土面。7 号灶距 6 号灶 26 厘米，长 75、宽 23、北部深 10、南部深 14 厘米，南端缓缓上升到烧土地面，此处的烧土地面含有细砂，因被火烧和烟熏而呈黑灰色。8 号灶距 7 号灶 30 厘米，长 40、宽 18、深 6 厘米。9 号灶距 8 号灶 30 厘米，长 33、宽 22、深 5 厘米，底部有红烧土渣，南端的红烧土渣比较厚。

5 个灶后端与一条东西向的烟道相连，烟道长约 200 厘米，东端距第一组多联灶的 4 号灶 156 厘米，各处宽窄不等，大致东部宽 14、西部宽 10、深约 7～9 厘米。

第 3 组多联灶（图版四六，5、6），在红烧土场地西南部，由 4 个条形灶（10～13 号灶）和 1 条烟道组成：10 号灶长 45、宽 21、深 23 厘米，两壁都保存完好。11 号灶距 10 号灶 49 厘米，长 49、宽 21、深 18 厘米，两壁竖直。12 号灶距 11 号灶 28 厘米，长 25、宽 20、深 18 厘米，底部残存青灰色硬烧土面。13 号灶距 12 号灶 45 厘米，长 30、宽 19、深 9 厘米，两壁保存完好。

4 个灶后端与一条东西向的烟道相连，烟道长 196 厘米，东端距第二组多联灶的 9 号灶约 14 厘米，中部宽 11、东端宽 16 厘米，底部被破坏，深度不详。

S51 的西南部较低、东北部较高，三组多联灶的烟道由西南至东北排列，这样排列的优点是烟道内的烟气可以顺着地势由低处向高处自然地上升和排出。这里值得注意的有四点：

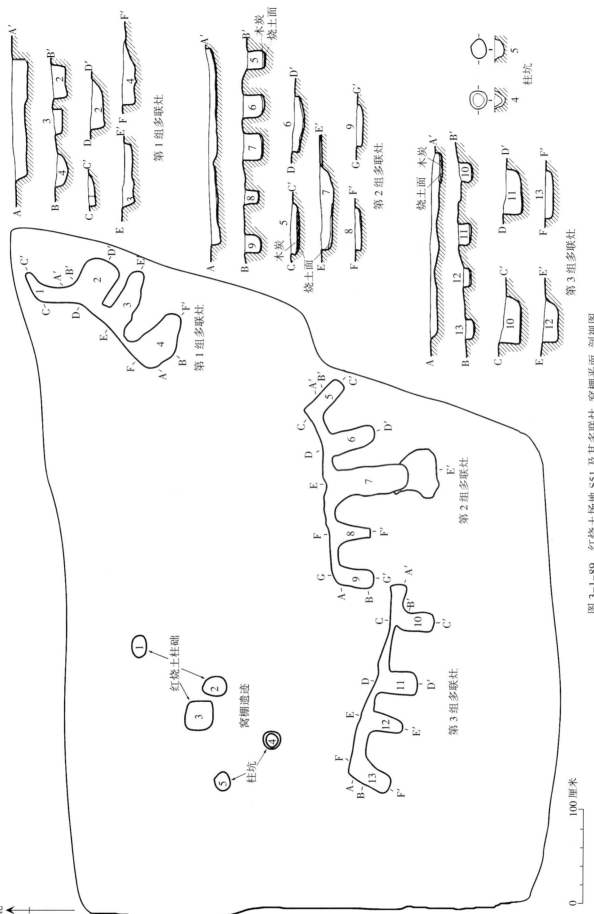

第1组多联灶

第2组多联灶

第3组多联灶

柱坑

柱坑

红烧土柱础

窝棚遗迹

红烧土柱础

窝棚遗迹

柱坑

第1组多联灶

第2组多联灶

第3组多联灶

北

烧土面

木炭

烧土面

木炭

烧土面

木炭

100厘米

图 3-1-89　红烧土场地 S51 及其多联灶、窝棚平面、剖视图

表 3 - 1 - 19　　　　　　　　　红烧土场地 S51 条形多联灶登记表　　　　　（长度单位：厘米）

组别	灶号	灶长	灶宽	灶深	灶壁、灶底状况	灶内包含物	烟道长	烟道宽	烟道深	烟道壁和底状况
第1组	1	南壁残长7 北壁残长24	12	6			约160	9.5～12.5	13～15	西壁竖直，较整齐。底部有青灰色硬烧土面，厚0.5厘米
	2	南缘残长33 北缘残长18	35	14		底部有一小片木炭渣				
	3	南壁残长39 北壁残长35	25	10						
	4	57	36	12	底部有青灰色硬烧土面	有木炭和灰烬				
第2组	5	42	19	8	圜底部位有厚约1厘米的青灰色硬烧土面	在深7厘米处被厚约1厘米的木炭渣覆盖	约200	东部14 西部10	约7～9	
	6	50	21	12	东壁竖直，圜底部位为青灰色硬烧土面					
	7	75	23	北部10 南部14	南端缓缓上升到烧土面，此处烧土面含有细砂，因火烧呈黑灰色					
	8	40	18	6						
	9	33	22	5	底部为红烧土渣，南端红烧土渣较厚					
第3组	10	45	21	23	两壁都保存完好		196	中部宽11 东端宽16	底被破坏，深度不详	
	11	49	21	18	两壁竖直					
	12	25	20	18	底部残存青灰色硬烧土面					
	13	30	19	9	两壁保存完好					

　　第一，条形灶都较宽（12～36 厘米）、较深（6～23 厘米），而烟道都较窄（9.5～16 厘米）、较浅（7～15 厘米）。

　　第二，条形灶底部的青灰色硬烧土面比较多，如 4、5、6、12 号灶底部都有一层青灰色硬烧土面，这是经过较长时期烧火使用所形成的，而烟道底部的青灰色硬烧土面只见于第一组的烟道。

　　第三，条形灶内木炭比较多，如 2、4、5 号灶内都有木炭，尤其是 5 号灶底部有厚约 1 厘米的木炭渣覆盖层，也表明经过较长时期烧火使用，而烟道内未见木炭。

第四，经仔细观察，条形灶的口部未见放置圜底炊器（圜底罐或釜）而产生的倾斜状磨损现象，据此推测，在灶口上放置圜底炊器进行炊事活动的可能性较小，而直接利用灶内的炭火烧烤食物的可能性较大。

上述事实表明，条形灶与烟道的使用功能明显不同，推测当时人将木柴放入较宽较深的条形灶内烧火，直接在灶口上烧烤用竹签穿起来的鱼肉等食物，因此条形灶内温度较高，灶底的烧土呈青灰色，质地较硬，灶内留有较多木炭；而较窄、较浅的烟道只起排烟作用，因此烟道内的温度较低，青灰色、质地较硬的烧土面少见，没有木炭。前面说过，第四期F24火塘东南壁延伸出一堵"烧烤墙"（图3－1－79，1、4），可以利用竹签先将鱼肉等食物先穿起来，再插入"烧烤墙"的圆洞内，在火塘上方进行烧烤。虽然"烧烤墙"与条形多联灶在形式上明显不同，但是，就直接在火上烧烤食物而言，二者的使用功能是相同的，可以说是一脉相承。

S51的三组多联灶共有13个条形灶，可供多人同时烧火使用，集体活动的热烈情景可想而知。

在红烧土场地的西北部，有3个红烧土柱础即1～3号，用掺和红烧土块的黏土泥料筑成，都是高于周围地面约5厘米的"明础"。1号呈椭圆形，长轴22、短轴15厘米；2号略呈椭圆形，长轴28、短轴22厘米；3号呈圆角方形，边长28厘米，明础上树立的木柱承载重量较小。还有2个柱坑即4、5号。4号略呈圆形锅底状，口径20、深12厘米，柱坑内存有柱洞，口径12、深8厘米，柱坑底部垫一层红烧土，起"暗础"作用，柱脚周围的空当中用红烧土夯实；5号略呈椭圆形锅底状，长轴22、短轴14、深10厘米，柱坑内树立的木柱可以承载的重量较大，作为门柱，柱坑内的填土为红烧土渣。上述柱础和柱坑大致排列成等腰三角形，应是建造窝棚的遗迹。窝棚的平面略呈等腰三角形，门口朝西南，推测窝棚顶部为两面坡，作为在红烧土场地上参加活动的人们临时休息的场所。不论"明础"还是"暗础"，都是先民在建造房屋过程中的一种尝试。前面说过，第一期晚段疑为方形或长方形残房址F32的门道两侧设有红烧土"明础"柱础（图3－1－66，Ⅱ之10～14），高于周围地面5～7厘米，用于树立木柱支撑雨棚。雨棚和窝棚的共同点是重量较轻，红烧土柱础可以承受它们的重量。这些红烧土柱础是在我国新石器时代发现年代较早的"明础"。

红烧土场地 S4

主要位于T63、T64、T66、T67③A层，延伸到T68北部，叠压在①C层（石家河文化层）之下，东南部被①CH62打破，北部叠压在③A底H69之上，露出时距地表深0.1～0.2米，西部海拔49.34米，比现在遗址西缘的水稻田高3.86米，属于第四期（图3－1－90）。

S4呈不规则形，东西最长处为14.25米，南北最宽处为8.25米，面积约41平方米。有上、下两层，其分布范围相同：下层为垫层，用灰褐色松土铺成，厚10～30厘米；上层为地面，用红烧土块掺和黏土铺成，二者的比例约4∶1，结合紧密，表面比较平整，厚10～20厘米。

在铺设（上层）地面所用的红烧土块当中，大多数是从某座房屋墙壁和屋顶上倒塌下来的红烧土块。举例如下：

S4∶54（图3－1－91，1；图版四七，1），为墙壁一半。用掺和少量稻草截段的黏土泥料筑成，橙黄色，质地稍硬，估计烧成温度约600℃，残高19.5、残宽17、半壁厚8.4厘米。外表（下图）不

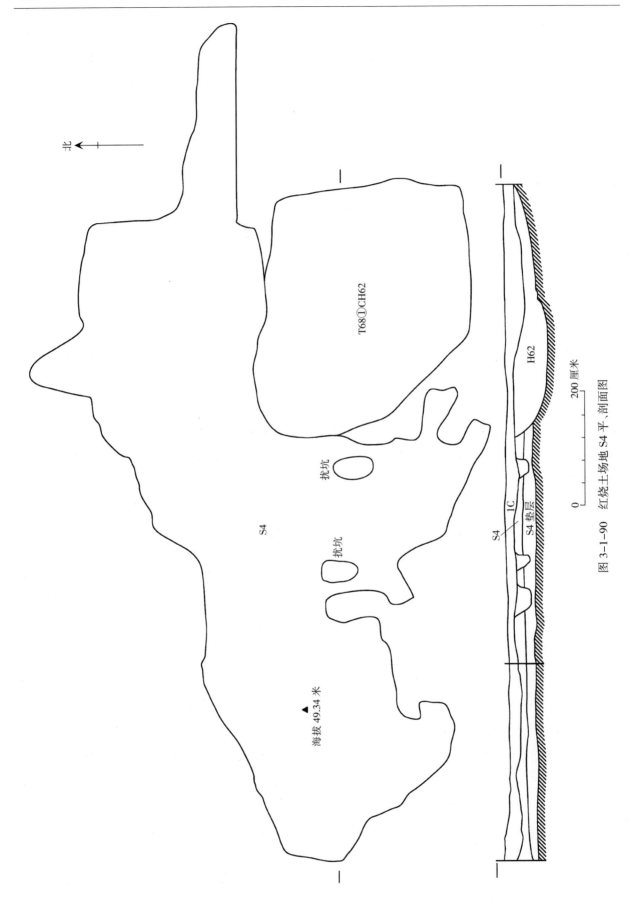

图 3-1-90　红烧土场地 S4 平、剖面图

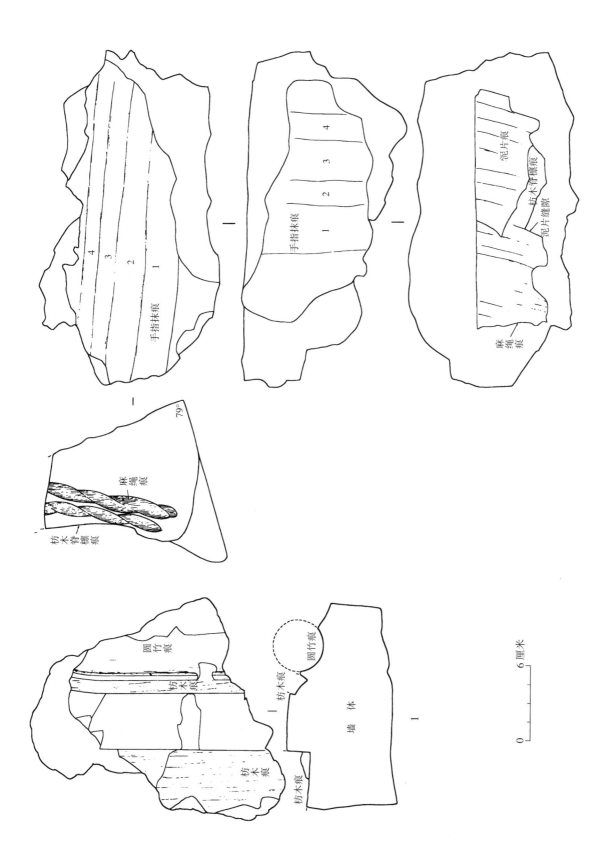

图3-1-91　红烧土场地S4墙壁、屋脊红烧土块平面、侧视图
1.S4：54墙壁一半　2.S4：60屋脊

平。另一面（上图）有纵向的枋木痕 2 条，都有劈裂痕，表明面上未经加工，其中左边一条残长
11.2 厘米，右边一条残长 14、宽 1.6 厘米，二者边缘至边缘间距 4.2 厘米；圆竹痕 1 条，残长
12、直径 4 厘米，壁光滑，与右边一条枋木相倚。

　　S4∶55（图版四七，2），为屋面。纯黏土，分两层，上层表面凹凸不平，厚 1.1～2 厘米，下
层厚 5.5 厘米。有半圆木椽痕 3 条，2 条劈裂面朝上，1 条侧放。第一条残长 14.2、直径 8.3
厘米。

　　S4∶60（图 3 - 1 - 91，2；图版四七，5～7），为屋脊。用掺和少量稻草截段的黏土泥料筑成，
橙黄色，质地松软，估计烧成温度约 500℃，残长 26、残宽 15、残高 11 厘米。从横向侧视图上看
（左图），略呈三角形，左、右两边的夹角为 79°，左边凹凸不平，是用手指横向抹泥所致，下侧
有枋木脊檩（正脊或戗脊或垂脊）痕 1 条，残宽 7.2 厘米，枋木脊檩是由圆木脊檩加工而成的，
表面较平整，目前在本遗址只见此一例。在枋木脊檩上侧有粗麻绳痕 2 条，绳粗 0.8～1.1 厘米，
麻绳捆绑在枋木脊檩上，以便泥屋脊与脊檩结合在一起。从仰视图上看（右下图），既有枋木脊檩
痕，又有呈斜线状的泥片缝隙 17 道，泥片厚 0.4～1.5 厘米，有的泥片已经从缝隙处开裂后脱落，
由此可见，泥屋脊采用泥片贴筑法成型，这是承袭第三期 F30∶31 正脊端（图 3 - 1 - 43，1）的泥
片贴筑法，并且表明泥屋脊是在脊檩上面现场制作的。从左侧视图上看（右上图），有横向手指抹
痕 4 条。从右侧视图上看（右中图），有纵向手指抹痕 4 条，左、右两面抹泥的方向不同。

　　S4∶57（图 3 - 1 - 92；图版四七，3、4），为屋檐。用纯黏土泥料筑成，橙黄色，质地稍硬，
估计烧成温度约 600℃，残长 19、残宽 20 厘米，（不包括从椽间的空当中挤下来的泥凸）厚 3.2～
5.5 厘米。下面从俯视、仰视、纵向侧视、横向侧视四个角度来观察屋檐的具体情况：

　　从俯视图上看（右图），上面有一条条排列密集的纵向或斜向的手指抹痕，是从高处往低处
反复抹泥时遗留的痕迹，还有一些小凹窝和泥疙瘩，是抹泥工艺粗枝大叶所致；左侧留有檐柱边
缘的印痕，檐柱系指靠近外墙和屋檐的木柱，是烧烤墙壁之后在屋内树立的，檐柱直径 13.5 厘
米，檐柱边缘右侧残存一个泥圈，表面粗糙，宽 1.6～2.1 厘米，说明原先在檐柱顶上有一个泥
盖，对檐柱顶部起保护作用，防止烧烤屋面时檐柱顶部被烧毁，泥圈就是泥盖的边缘；前面为檐
口，已经残缺。

　　从仰视图上看（左上图），下面有纵向的枋木椽痕 2 条即 1、2 号，枋木用半圆木再次劈裂而
成，都有劈裂痕，边缘至边缘间距 5.5～6 厘米，1 号残长 16 厘米，2 号残长 14.8、宽 7 厘米；右
侧为檐柱边缘，呈弧形；前面为檐口，已经残缺，露出横向圆竹痕 1 条即 3 号，还有粗麻绳痕 3
段，用粗麻绳将横向圆竹与枋木椽捆绑在一起，在檐口部位起骨架作用。

　　从纵向侧视图上看（上中图），上面有残存的泥圈，即泥盖的残存部分，残高 0.7 厘米，其表
面高低不平，图上用虚线将泥盖复原，泥盖可能呈拱形；值得注意的是，有一条直线与屋面大致
平行，这是枋木椽的边缘，该直线上方有一条斜线，上、下两端略残，这是檐柱的边缘，经测量，
直线与斜线之间的夹角（即枋木椽边缘与檐柱边缘的夹角）为 73°，从理论上讲，檐柱应与水平
面垂直，即纹理与水平面所成角度应为 90°，据此计算出屋顶的坡度为 90° - 73° = 17°；更引人注
目的是，在枋木椽边缘下方的"泥凸"侧面留有纤细而密集的斜线，这些斜线是泥料从椽间空当
中挤压下来时，由于跟枋木椽边缘之间的摩擦而产生的纹理，经测量，纹理与枋木椽边缘之间的

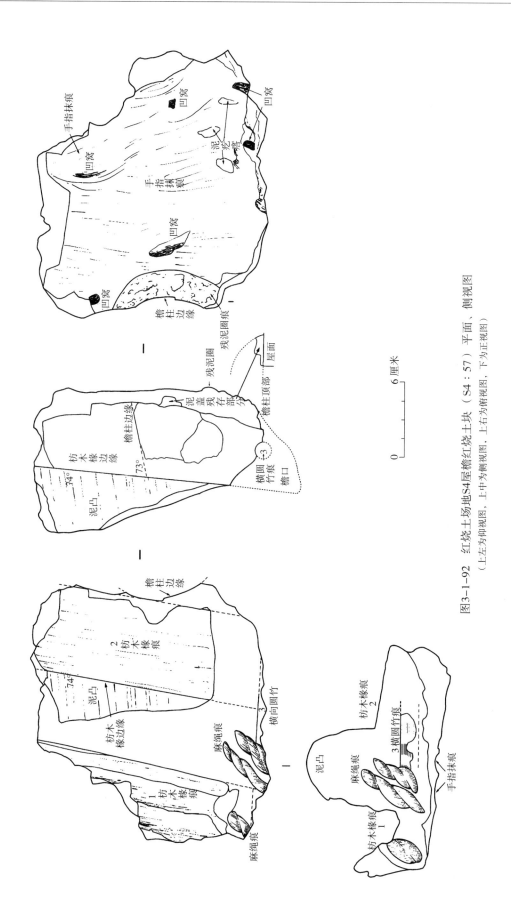

图3-1-92 红烧土场地S4屋檐红烧土块（S4：57）平面、侧视图
（上左为仰视图，上中为侧视图，上右为俯视图，下为正视图）

夹角为74°，从理论上讲，由于重力（地心对泥料的吸引力）作用，这些纹理应与水平面垂直，即纹理与水平面所成角度应为90°，据此可以计算出屋顶的坡度为90°－74°＝16°。综上所述，屋顶的坡度为16°～17°。屋顶坡度系指半圆木椽边缘（也就是屋脊与屋檐之间的连接线）与水平面之间所成的角度，坡度大的为陡坡，坡度小的为缓坡，16°～17°属于缓坡，便于在屋顶上面抹泥或再进行烧烤。前面为檐口，已残，露出横向圆竹的断面即3号，图上用虚线将檐口复原。

从横向侧视图上看（左下图），屋檐的上面凹凸不平，这是手指抹痕所致；屋檐的下面有枋木椽痕2条即1、2号；值得注意的是，椽间空当中有泥料从上面挤压下来时形成的"泥凸"，其前端明显凸出，表面光滑，横断面呈弧状，因此称之为"泥凸"；枋木椽上侧有横向圆竹痕1条即3号，残长4、直径1.5厘米，用粗麻绳将横向圆竹与枋木椽捆绑在一起，形成一个整体，在檐口部位起骨架作用，麻绳粗0.8～1.1厘米。

上述S4：57屋顶上的椽子排列密集，檐口部位的工程做法一目了然，不但承袭了第三期长方形房址F30椽子排列密集的工程做法，而且屋顶的坡度（16°～17°）也与F30：45（图3－1－44，7）屋顶的坡度（17°）相近。这些资料的重要性在于：为复原（大溪文化红烧土房屋）屋顶的结构和形状提供了可靠的依据。

S4出土器盖5型Ⅱ式1件（S4：66，见图3－4－145，5）。

如上所述，6片红烧土场地都分布在Ⅴ区（关庙山聚落中心区），残存面积约12～76平方米（第三期的S22为72平方米，S28为76平方米，S51为30平方米，S24为30平方米，S38为12平方米；第四期的S4为41平方米）。引人注目的是：S28附设6个灶，其中簸箕形灶、圆形灶各3个，可以同时用于炊事活动；S51附设三组条形多联灶，共有13个条形灶，也可以同时用于炊事活动，还附设一个窝棚，可供人们临时休息；另外，S38附设一个簸箕形灶（详见附表3）。这些事实表明，红烧土场地既是氏族成员在屋外进行各种集体活动的场所，又是农作物脱粒、晾晒的场所，而集体活动是维系氏族成员之间血缘纽带的重要方式，可见红烧土场地在聚落中的重要性。

除红烧土场地S28、S51、S38有附设灶之外，在Ⅴ区还发现6个灶分散在各文化层中，分别属于第二期、第三期、第四期，未见这些灶与其他建筑遗迹的关系，因此将它们总称为零散灶，为了便于从形状和结构上进行比较，将这些零散灶集中在一起叙述（图3－1－21；表3－1－20）。其中，有簸箕形灶3个即1、4、5号（图3－1－93，1、4、5；图版四八，1、2）；瓢形灶2个即3、6号（图3－1－93，3、6；图版四八，3），其形状类似葫芦瓢；半圆形灶1个即2号（图版四八，4），只露出半个。零散灶与红烧土场地附设灶的共同点是均为屋外的炊事设施。

四 红烧土堆积

共18片（见附表4）。

红烧土堆积的分期和分布情况是：

第一期晚段1片，即位于Ⅴ区的S43（图3－1－5）。

第二期4片，其中位于Ⅲ区1片，即F5（图3－1－9）；分布在Ⅴ区3片，即S39、S42、S44（图3－1－11）。

第三期 8 片，其中分布在Ⅳ区 2 片，即 F15、F16（图 3 - 1 - 14）；Ⅴ区 6 片，即 S20、S26、S27、S32、S33、S36（图 3 - 1 - 15）。

第四期 5 片，都分布在Ⅴ区，即 S3、S12、S15、S17、S19（图 3 - 1 - 20）。

表 3 - 1 - 20　　　　　　　　　　关庙山遗址零散灶登记表　　　　　（长度单位：厘米）

编号	位置	露出时距地表深	形状	灶门朝向	长	宽	深	结构	灶内填土及包含物	与其他灶关系	文化分期
1	T77 东南角③B 层底部	138	簸箕形	向北	南北长 51	东西宽 16	残存深 17	东、南、西三面有边沿，灶壁厚 1.5～2.5 厘米，烧烤成烧土，橙红色。灶底厚 2.5 厘米，也烧烤成烧土，灰褐色。灶内中部有灶壁倒塌堆积	灰色松土，含有泥质红陶片	在灶 2 西边，二者相距 16 厘米	大溪四期
2	T77 东南角③B 层底部	138	露出半个呈半圆形，另外半个在发掘区之外	向东北	东西长 32	南北宽 47	10	西、南两面有边沿，并有灶壁，灶壁和灶底厚约 1 厘米，都烧烤成红烧土	填土中含有很多炭屑	在灶 1 东边，二者相距 16 厘米	大溪四期
3	T72 南壁附近④D 层顶部	152	瓢形	东北	东北—西南长 40	西北—东南最宽处 24	3～7	东北、南、西北三面有边沿，灶壁厚 2～6 厘米，烧烤成烧土，褐色。灶底高低不平，灶底上部烧烤成十分坚硬的烧土面，灰白色，灶底下部为黄色烧土，上下共厚 8～12 厘米			大溪三期
4	T59 南壁附近⑤A 层上部	140	簸箕形	向南	南北长 45	东西宽 35	18	除南面中部外，都有边沿，灶壁厚 4～5 厘米，灶底厚 10～12 厘米，壁底都烧烤成红烧土。灶台上有细泥抹面一层，厚 2～4 厘米，烧烤成烧土，橙黄色		与灶 5 属于同一层位，二者相距约 5 米	大溪二期

编号	位置	露出时距地表深	形状	灶门朝向	长	宽	深	结构	灶内填土及包含物	与其他灶关系	文化分期
5	T59 东北角⑤A层上部	135	簸箕形	向西	东西长46	南北宽38	17	四壁都有边沿，灶壁、灶底厚均为 4～5 厘米，都烧烤成红烧土		与灶4属于同一层位，二者相距约5米	大溪二期
6	T68 西南角⑤层底部	215	瓢形	向南	南北长49	东西宽21	3～14	东、北、西三面有边沿，灶壁厚2～4厘米，灶底厚2～3厘米，都烧烤成红烧土	出土残破高圈足豆1件		大溪二期

　　红烧土房屋倒塌之后产生大量红烧土块，其中大部分在新建红烧土房屋时被利用，主要用于填实墙基、铺设屋内地面的垫层和屋外的散水，还用于铺设屋外的红烧土场地和道路。一部分掺和在黏土泥料中作为墙体内部的"羼和料"，由于红烧土经过烧烤，已经达到陶化的程度，陶瓷工艺上将这种"羼和料"称为"熟料"，它有两个优点：一是有一定的硬度和强度，在墙体内起"骨架"作用，可以防止墙体在成型过程中往下坍塌；二是"复烧"时膨胀系数较小，可以防止墙体在烧烤过程中开裂。

　　剩余未被利用的红烧土则成为红烧土堆积。所谓红烧土堆积实际上有三种含义：一是在平地上将红烧土聚集成堆储备起来，以便日后需要时取来利用，在这个意义上可以说红烧土堆积是储备建筑材料的"仓库"。二是将红烧土块作为废品集中填入废弃的窖穴或天然的凹坑之内，把凹陷的地方垫平或塞满，使地面显得平整，实际上也是废物利用，因而出现少量红烧土坑，例如第三期的 H128（见图 3 - 2 - 2，4）和 H189（见图 3 - 2 - 10，3）。第三期是大溪文化的繁荣期，由于人口增速较快，房屋建筑"以旧换新"的活动相当频繁，旧房自然倒塌或故意拆除、新建或改建的红烧土房屋数量较多，因此，红烧土堆积的数量也相应较多。三是下部成为红烧土坑，上部作为储备的建筑材料，例如第四期的 S12（图 3 - 1 - 94，3）。

　　现以 S43、S42、S33、S36、S12 为例，将红烧土堆积叙述如下。

红烧土堆积 S43

　　位于 T70 中部⑦层顶部，北部被⑤底 G5 打破，西部被⑤底 H111 打破，露出时距地表深 2.25 米。呈不规则长条形，东西长 4.26 米，南北最宽处 1.36、最窄处 0.05 米，边缘极不整齐，面积约 3 平方米。属于第一期晚段（图 3 - 1 - 94，2）。由红烧土块和红烧土渣堆积而成，厚约 10 厘米，其上没有遗迹现象。红烧土质地较软。南边有一条东西向的沟，宽约 100 厘米，将 S43 与疑为方形或长方形残房址⑦顶 S46 隔开。

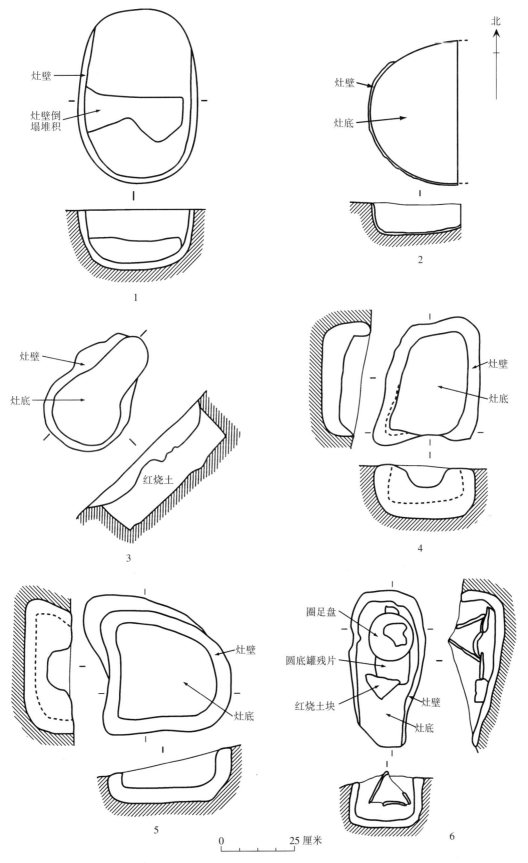

图 3 - 1 - 93　关庙山遗址零散灶平面、剖视图

1. T77③B 簸箕形灶　2. T77③B 半圆形灶　3. T72④D 瓢形灶　4. T59⑤A 簸箕形灶　5. T59⑤A 簸箕形灶
6. T68⑤瓢形灶

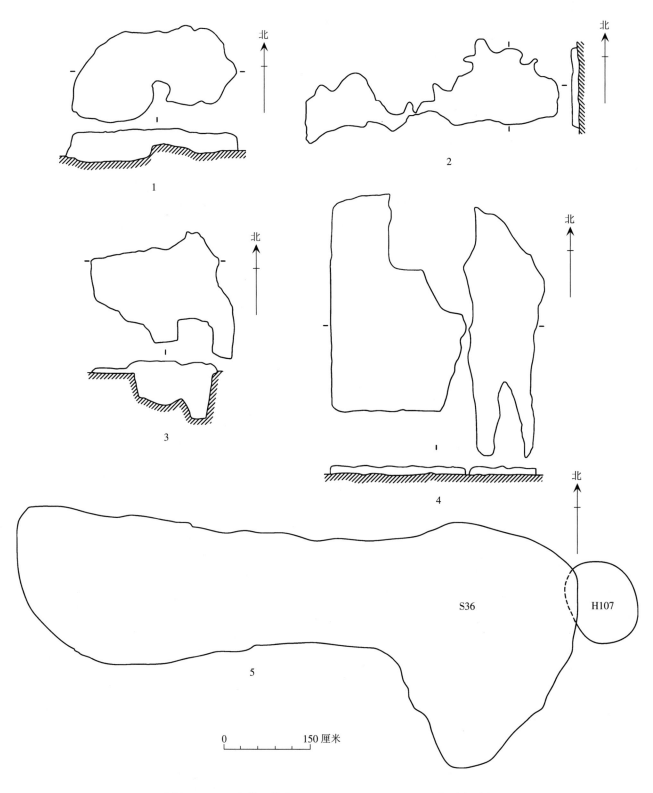

图 3 - 1 - 94　红烧土堆积 S42、S43、S12、S33、S36 平、剖面图

1. T75⑤S42 平、剖面图　2. T70⑦S43 平、剖面图　3. T62③BS12 平、剖面图　4. T60④BS33 平、剖面图

5. T67④DS36 平面图

红烧土堆积 S42

位于 T75 西部⑤层顶部，露出时距地表深约 2.2 米。呈不规则形，东西最长处 2.8 米，南北最宽处 1.48、最窄处 0.8 米，边缘不整齐，面积约 2.5 平方米。属于第二期（图 3-1-94，1）。由红烧土块和红烧土渣堆积而成，厚 25~50 厘米，其上没有遗迹现象。

红烧土堆积 S33

位于 T60 西南部④B 层顶部，被一条南北向的扰沟分割为东、西两片，西片叠压在④A 底 F26 东北墙基之下，④B 底 H103、H104 之上；东片叠压在④B 底 H126 之上，露出时距地表深 1.37 米。两片都呈不规则长条形。属于第三期（图 3-1-94，4）。西片南北长 3.58 米，东西最宽处 2.30、最窄处 1 米，面积约 6 平方米，其西边和南边较直，西南角呈圆角，这种整齐的形状是先民有意识码成的，应与将红烧土作为储备的建筑材料有关，东北部边缘不齐，红烧土块堆积密集。东片南北长 2.94~4.13 厘米，东西最宽处 1.28、最窄处 0.98 米，面积约 3 平方米，红烧土堆积稀疏。两片堆积厚均为 10~15 厘米，表面都凹凸不平，其上没有遗迹现象。

红烧土堆积 S36

主要位于 T67 北部④D 层顶部，延伸到 T66 东北部、T68 西北部，东端打破⑤顶 H117，叠压在④A 顶 F36、红烧土场地④B 顶 S24、④C 顶 S22 之下，露出时距地表深 1.25~1.9 米。东高西低，两头粗中间较细，略呈哑铃形，东西长 9.5 米，南北最宽处（东部）4.1、最窄处（中部）1.7 米，面积约 22 平方米。属于第三期（图 3-1-94，5）。堆积厚度 15~100 厘米，红烧土多数为大块，质地松软，其间夹杂大量黏土，二者的比例约 6:4。堆积表面不平整，其上没有遗迹现象。

S36 出土器盖 8 型 I 式 1 件（S36:38，见图 3-4-151，8），纺轮 7 型Ⅵ式 1 件（S36:85，见图 3-4-161，7）。

红烧土堆积 S12

位于 T62 南部③B 层顶部，露出时距地表深 0.85 米。呈不规则形，东西最长处 2.4 米，南北最宽处 2.1 米，面积约 2.5 平方米。属于第四期（图 3-1-94，3）。堆积最厚处 90 厘米，最薄处 10 厘米，可分为上、下两部分：下部原先有一个坑，坑壁斜直，坑底不平，深 40~72 厘米，此坑打破长方形房址④A 顶 F36 的西北角、红烧土场地④C 顶 S22 的北部，坑内填满红烧土块，成为红烧土坑；上部的面积扩大，红烧土堆积厚 10~20 厘米，多数为大而坚硬的红烧土块，作为储备的建筑材料。

第二节　灰坑和灰沟

一　灰坑

143 个（见附表 5）。其分期和分布情况是：

第一期早段 3 个，其中分布在Ⅲ区 2 个，即 H13、H14（图 3-1-1）；Ⅴ区 1 个，即 H144

（图 3 - 1 - 2）。

第一期晚段 19 个，其中分布在 V 区 18 个，即 H145、H155、H159 ~ H162、H166 ~ H170、H172、H175、H178、H181 ~ H184（图 3 - 1 - 5）；T54 有 1 个，即 H57（图 3 - 1 - 6）。

第二期 62 个，其中分布在 I 区 1 个，即 H2（图 3 - 1 - 7）；II 区 9 个，即 H18 ~ H22、H24、H25、H27、H28（图 3 - 1 - 8）；III 区 5 个，即 H7、H12、H17、H29、H30（图 3 - 1 - 9）；IV 区 8 个，即 H43 ~ H45、H47 ~ H50、H53（图 3 - 1 - 10）；V 区 39 个，即 H100、H102、H108、H111 ~ H118、H121 ~ H123、H129、H131、H132、H134 ~ H138、H141、H142、H146、H148 ~ H153、H156、H158、H163 ~ H165、H171、H177、H179（图 3 - 1 - 11）。

第三期 43 个，其中分布在 I 区 4 个，即 H1、H4、H5、H16（图 3 - 1 - 12）；IV 区 6 个，即 H36 ~ H39、H41、H42（图 3 - 1 - 14）；V 区 32 个，即 H73、H87 ~ H89、H91、H92、H94 ~ H99、H101、H103 ~ H107、H109、H110、H119、H120、H124、H126、H128、H130、H133、H139、H140、H188 ~ H190（图 3 - 1 - 15）；T54 有 1 个，即 H56（图 3 - 1 - 16）。

第四期 16 个，其中分布在 I 区 1 个，即 H3（图 3 - 1 - 17）；III 区 2 个，即 H55、H187（图 3 - 1 - 18）；V 区 13 个，即 H67 ~ H70、H74、H76、H78、H79、H82、H83、H93、H147、H180（图 3 - 1 - 20）。

从上述情况可以看到两点：一是属于第一期早段 3 个，第一期晚段 19 个，第二期 62 个，第三期 43 个，第四期 16 个，其中以第二期数量最多，因为此期是大溪文化蓬勃发展的时期，第三期次之，因为此期是大溪文化繁荣鼎盛的时期；二是分布在 I 区 6 个，II 区 9 个，III 区 9 个，IV 区 14 个，V 区 103 个，T54 有 2 个，其中以 V 区数量最多，因为这里是关庙山聚落的中心区，IV 区次之，因为这里是关庙山聚落的一般居住区。

按照平面形状的不同，可以将 143 个灰坑分为长方形（34 个）、梯形（1 个）、圆形（40 个）、椭圆形（35 个）、半圆形（3 个）、菱形（3 个）、凹腰形（2 个）、凸字形（1 个）、不规则形（24 个）九种。其中以圆形数量最多，椭圆形次之，长方形再次之。从工程做法上看，以圆形灰坑最简便，一部分长方形（如 H148、H100、H105、H158、H119 都有护坑抹面）或椭圆形灰坑（H188、H187 都有护坑抹面）最复杂。从规模上看，以凸字形灰坑（H189）最大，菱形灰坑 H110 次之。

现将各种形状的灰坑分别叙述如下。

［一］长方形灰坑

34 个，按照剖面形状的不同可以细分为四种。

（一）直壁、平底

20 个。即 H160、H161、H170、H182（皆第一期晚段），H22、H24、H25、H27、H100、H142、H148、H150、H152、H164、H165、H179（皆第二期），H41、H91、H120（皆第三期），H180（第四期）。举例如下：

H148（图 3 - 2 - 1，1；图版四九，1）

开口在 T55 东北角⑤层底部，向 T55 北壁之外延伸 40 厘米，在 H100 的西边，二者相距 62 厘

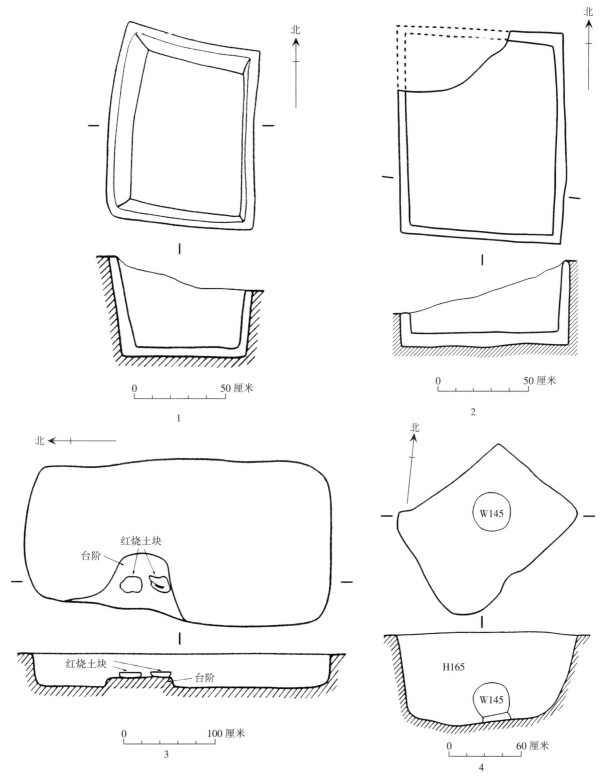

图 3 – 2 – 1　长方形灰坑（H148、H100、H142、H165）平面、剖视图
1. T55⑤H148　2. T56⑤H100　3. T59⑥BH142　4. T63⑤BH165

米。坑口距地表深 183 厘米，坑口南北长 90、东西宽 70 厘米，坑底南北长 75、东西宽 60 厘米，坑自深 55 厘米。属于第二期。坑壁和坑底都有抹面 1 层，用掺和少量红烧土渣的黄色黏土泥料抹成，坑壁抹面厚 4 ~ 8 厘米，坑底抹面厚 4 厘米，虽然抹面都未经烧烤，但在一定程度上加固了坑

壁和坑底，可以称为"护坑抹面"。废弃之前应是窖穴。西北角较高，东南角较低。坑内堆积黑色松土，含有炭屑和兽骨。出土圈足盘 6 型 Ⅰ 式 1 件（H148：4，见图 3 - 4 - 43，5）、6 型 Ⅲ 式 1 件（H148：2，见图 3 - 4 - 45，7）、6 型 Ⅵ 式 1 件（H148：3，见图 3 - 4 - 47，2）、豆 1 型 Ⅱ 式 1 件（H148：1，见图 3 - 4 - 59，2）、器盖 9 型 Ⅳ 式 1 件（H148：6，见图 3 - 4 - 153，13）、11 型 Ⅱ 式 1 件（H148：5，见图 3 - 4 - 154，7）等。

H100（图 3 - 2 - 1，2；图版四九，2）

开口在 T56 西北部⑤层底部，向 T56 北壁之外延伸 10 厘米，在 H148 的东边，二者相距 62 厘米。长方形，直壁，平底。坑口距地表深 183 厘米，坑口南北长 100、东西宽 80 厘米，坑自深 40 厘米。属于第二期。坑壁和坑底都有抹面 1 层，用掺和少量红烧土渣的黄色黏土泥料抹成，坑壁抹面厚 3~6 厘米，坑底抹面厚 5~10 厘米，虽然抹面都未经烧烤，但在一定程度上加固了坑壁和坑底。废弃之前应是窖穴。坑内堆积黑色松土。出土圈足盘 5 型 Ⅰ 式 1 件（H100：4，见图 3 - 4 - 40，8）、平底盆 1 型 Ⅱ 式 1 件（H100：5，见图 3 - 4 - 68，10）、2 型 Ⅰ 式 1 件（H100：6，见图 3 - 4 - 69，8）、空心陶球第四种 1 件（H100：7，见图 3 - 4 - 164，13）等。

H148 与 H100 都属于第二期，二者相距很近，形状相同，工程做法一致，是姊妹坑。

H142（图 3 - 2 - 1，3）

开口在 T59 北部⑥B 层顶部，叠压在⑥AF33 之下，被⑤A 底 G6 打破。圆角长方形。坑口距地表深 230 厘米，坑口南北长 325、东西宽 140~170 厘米，坑自深 35 厘米。属于第二期。坑壁较整齐，坑底西部偏北在挖坑时故意留成一级圆角梯形台阶，南北长 50~126、东西宽 55、高 10 厘米。台阶表面较平，台阶上放置两块红烧土，起"垫脚石"作用，便于主人上下。废弃之前应是窖穴。坑内堆积灰黑色松土。出土圈足碗 7 型 Ⅱ 式 1 件（H142：3，见图 3 - 4 - 20，4）、圈足盘 4 型 Ⅲ 式 1 件（H142：87，见图 3 - 4 - 40，3）、平底钵 9 型 Ⅰ 式 1 件（H142：5，见图 3 - 4 - 77，10）、9 型 Ⅱ 式 1 件（H142：4，图 3 - 4 - 78，5）等。

H165（图 3 - 2 - 1，4；图版四九，3）

开口在 T63 西北部⑤B 层底部，打破⑤B 底 H179、⑥AF33。圆角长方形。坑口距地表深 240 厘米，坑口东北—西南长 110~130、西北—东南宽 88~96 厘米，坑自深 72 厘米。属于第二期。坑内堆积黑灰色黏土。窖穴废弃后，在坑内底部偏东埋入瓮棺 1 座即 W145，葬具为夹炭红陶圜底罐 1 型 Ⅱ 式（W145：1，见图 3 - 4 - 107，1），口部朝下扣放，瓮棺内存有一具婴幼儿骨骼。

H180（见图 3 - 1 - 35；见图 3 - 1 - 40，2）

开口在 T76 西部③层底部，打破④BF30 的北火塘，西南角被③层一个柱坑打破。坑口距地表深 120 厘米，坑口南北长 88、东西宽 73 厘米，坑底南北长 63、东西宽 55 厘米，坑自深 82 厘米。属于第四期。坑内堆积黑色松土，含有大量炭屑。出土圈足碗 13 型 Ⅵ 式 1 件（H180：1，见图 3 - 4 - 26，8）、瓮 1 型 Ⅷ 式 1 件（H180：2，见图 3 - 4 - 128，9）等。

（二）斜壁或弧壁、平底

8 个。即 H118、H149、H156（皆第二期），H95、H105、H109、H128（皆第三期），H79（第四期）。举例如下：

H95（图 3 - 2 - 2，1）

坑口在 T61 西北部④层顶部，延伸到 T60 东北部，叠压在④底 H130 之上。圆角长方形，弧壁。坑口距地表深 135 厘米，坑口西北—东南长 156、东北—西南宽 130 厘米，坑底西北—东南长

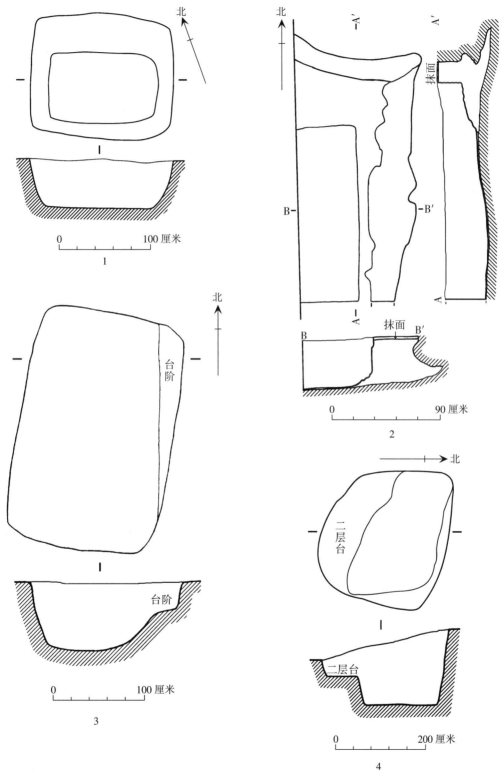

图 3 - 2 - 2　长方形灰坑（H95、H105、H109、H128）平面、剖视图

1. T61④H95　2. T66④DH105　3. T65④BH109　4. T71④CH128

120、东北—西南宽74厘米，坑自深50厘米。属于第三期。坑内堆积红烧土块及黄褐色土。出土圈足盘9型Ⅲ式1件（H95:1，见图3-4-54，4），曲腹杯4型Ⅰ式1件（H95:2，见图3-4-82，9），器盖5型Ⅲ式1件（H95:5，见图3-4-146，1）、8型Ⅰ式1件（H95:3，见图3-4-151，6），空心陶球第九种1件（H95:6，见图3-4-165，4），打制蚌形石器Ⅰ式1件（H95:9，见图3-5-49，3）等。

H105（图3-2-2，2；图版四九，4）

开口在T66西南角④D层底部，叠压在残垫层④D顶S29之下。属于第三期。灰坑西部在探方外未扩方，东坑壁南头被破坏。已清理出的部分呈不规则长方形，现存坑口南北残长205~228、东西残宽80~108厘米，坑口距地表深165厘米。北、东坑壁都不规整齐直。紧贴东壁，用灰色黏土掺和少量红烧土块加筑起不齐直的坑壁贴附层，厚20~40厘米，贴附层顶面为厚5厘米的黏土抹面。紧贴北壁，用大量红烧土块掺和少量黏土加筑起坑壁贴附层，厚10~20厘米，贴附层顶面为厚2厘米的黏土抹面并经人工烧烤。东、北壁的贴附层内侧面似多有剥落和斜塌，外侧的底部似普遍向坑外稍掏挖后再加填充。露出的坑底为长方形，南北长142、东西宽50厘米，坑底距地表深207厘米。用红烧土渣与灰黏土铺垫成较平整坑底面，厚2厘米。此坑构筑讲究特殊，推测可能为储存较重要之物的窖穴。坑内废弃堆积：第1层为松灰土，厚10厘米；第2层为灰黑土，厚12厘米；第3层为较松的含沙灰土，厚18厘米。出土有薄胎黑点纹彩陶单耳杯片、残石镞等，还出土有牛骨盆（图版四九，4）。

H109（图3-2-2，3）

开口在T65东北部④B层底部，叠压在④A顶H87之下。圆角长方形，斜壁。坑口距地表深190厘米，坑口南北长260、东西宽175厘米，坑底南北长250、东西宽110厘米，坑自深80厘米。属于第三期。坑东壁北部在挖坑时故意留成一级台阶，东西宽30、（距坑口）深30厘米，便于主人上下。废弃之前应是窖穴。坑内堆积有2层：第1层为浅灰色松土，厚20厘米；第2层为灰色松土。出土圈足盘口沿等。

H128（图3-2-2，4）

开口在T71北部偏西④C层底部，叠压在④A顶F27、红烧土场地④B底S28、④B底H189之下。圆角长方形，斜壁。坑口西北高东南低，距地表深125~190厘米，坑口东西长300、南北宽270厘米，坑底东西长250、南北宽180厘米，坑自深160厘米。属于第三期。西壁垂直，北壁、东壁和南壁均为斜壁。南壁在挖坑时故意留成二层台，作为台阶使用，二层台宽60、（距坑口）深30、（距坑底）高60厘米，便于主人上下。废弃之前应是窖穴。窖穴废弃之后，坑内填入红烧土块，夹杂灰色土，成为规模较大的红烧土坑。出土陶球1件（H128:38），石斧2件（H128:43、54），石凿1件（H128:40），砂岩磨石1件（H128:86），还有陶片、兽骨。

（三）直壁或弧壁、圜底

5个。即H49、H158（皆第二期），H97、H101、H190（皆第三期）。举例如下：

H158（图3-2-3，1；图版五〇，1）

开口在T60东北角⑤A层底部，延伸到T57东南角。圆角长方形，直壁。坑口距地表深179厘米，坑口南北长114、东西宽98厘米，坑自深88厘米。属于第二期。坑壁和坑底都有抹面1

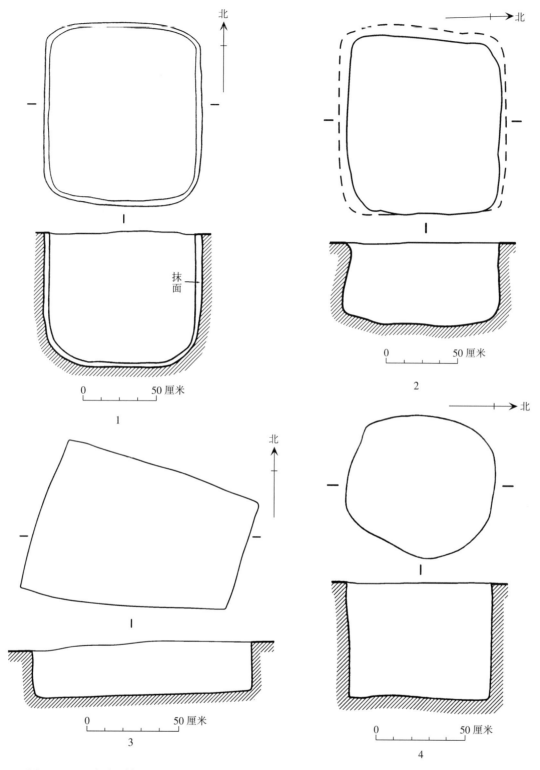

图 3-2-3　长方形灰坑（H158、H151）、梯形灰坑（H147）、圆形灰坑（H20）平面、剖视图
1. T60⑤AH158　2. T65⑥H151　3. T71③BH147　4. T23④H20

层，用黄白色黏土泥料抹成，厚5厘米，虽然抹面未经烧烤，但对坑壁和坑底有一定的加固作用。废弃之前应是窖穴。坑内堆积灰褐色土。出土圈足碗13型Ⅶ式1件（H158：1，见图3-4-27，1），圈足盘4型Ⅰ式1件（H158：4，见图3-4-38，6），器盖9型Ⅲ式1件（H158：2，见图3-

4－153，3）等。

H190（图 3－2－6，2 左）

开口在 T62 中部偏南④D 层底部，叠压在④A 顶 F36 之下，打破⑤A 底 H141。圆角长方形，弧壁，圜底。坑口距地表深 200 厘米，坑口东西长 366、南北宽 294 厘米，坑自深 80 厘米。属于第三期。坑内堆积有 3 层：第 1 层为红烧土渣和黏土，厚 10～30 厘米，从四周向中部倾斜；第 2 层为草木灰和炭屑，厚 25～40 厘米；第 3 层为红烧土块和黏土，含有炭屑，厚 25～30 厘米。3 层堆积横剖面都呈凹字形，这是圜底状灰坑常见的堆积现象。出土圈足碗 12 型 Ⅱ 式 1 件（H190∶30），平底罐 2 型 Ⅰ 式 1 件（H190∶20），还有筒形瓶残片等。

（四）袋状、平底

1 个。

H151（图 3－2－3，2）

开口在 T65 中部偏南⑥层底部，叠压在残垫层⑤AS35、⑤B 底 H138 之下。坑口距地表深 265 厘米，坑口东西长 114、南北宽 104 厘米，坑底东西长 122、南北宽 114 厘米，底部略大于口部，因而略呈袋状，坑自深 54 厘米。属于第二期。坑内堆积灰色松土。出土薄胎彩陶单耳杯残片等。

［二］梯形灰坑

仅 1 个。

H147（图 3－2－3，3）

开口在 T71 东北部③B 层底部，打破疑为方形或长方形残房址④A 顶 F27。坑壁经过仔细修整，形状规整，直壁，平底。坑口距地表深 70 厘米，坑口东壁长 58、南壁长 112、西壁长 82、北壁长 110 厘米，坑自深 26 厘米。属于第四期。坑内堆积灰黄色松土。出土圈足碗 15 型 Ⅲ 式 1 件（H147∶1，见图 3－4－28，1）等。

［三］圆形灰坑

40 个。按照剖面形状的不同可以分为四种。

（一）直壁、平底

5 个。即 H20、H21、H131、H146（皆第二期），H55（第四期）。举例如下：

H20（图 3－2－3，4）

开口在 T23 西部④层底部，西部在发掘区之外。坑口距地表深 210 厘米，坑口直径 72～78 厘米，坑自深 60 厘米。属于第二期。坑内堆积灰色土。坑底放置圈足碗 4 型 Ⅱ 式 1 件（H20∶2，见图 3－4－14，10），位于南部，口朝下；圈足罐 1 型 Ⅱ 式 1 件（H20∶1，见图 3－4－93，4），位于东北部，侧放，口朝西南。

（二）斜壁或弧壁或凹壁、平底

12 个。即 H13、H14（皆第一期早段），H145、H155、H175、H181（皆第一期晚段），H18、H177（皆第二期），H1、H5、H96（皆第三期），H74（第四期）。举例如下：

H13（图 3 - 2 - 4，1）

开口在 T36 西北部⑦B 层底部，延伸到 T35 东北部，叠压在残垫层⑦AF4 之卜。弧壁。坑口距地表深 215 厘米，坑口直径 110 厘米，坑底直径 54 厘米，坑自深 90 厘米。属于第一期早段。坑内堆积灰色松土。出土圈足碗 6 型 Ⅰ 式 1 件（H13：6，见图 3 - 4 - 15，9），三足盘的下半身 1 件（H13：12，见图 3 - 4 - 57，5），圈足钵 2 型 Ⅰ 式 1 件（H13：9，见图 3 - 4 - 80，9），小口广肩罐的上半身 2 件（H13：10、15，见图 3 - 4 - 109，2、3），釜口沿 1 件（H13：14，见图 3 - 4 - 117，8），器座 4 型 Ⅳ 式 2 件（H13：5、8，见图 3 - 4 - 136，14、16），器盖 1 型 Ⅲ 式的上半身 1 件（H13：7，见图 3 - 4 - 143，5）等。

H175（图 3 - 2 - 4，2）

开口在 T75 中部偏西⑦层底部，叠压在疑为方形或长方形残房址⑦S47 之下。坑口距地表深 280 厘米，坑口直径 160 厘米，坑底直径 100 ~ 110 厘米，坑自深 120 厘米。属于第一期晚段。凹壁，经过仔细修整，形状规整，坑壁光滑。坑内堆积褐色土。出土双折壁圈足碗口沿等。

H1（图 3 - 2 - 4，3）

开口在 T3 北部③层底部。斜壁，口径略大于底径。坑口距地表深 170 厘米，坑口直径 128 厘米，坑底直径 118 厘米，坑自深 50 厘米。属于第三期。坑内堆积灰色松土，含有炭屑。出土圈足碗 7 型 Ⅱ 式 1 件（H1：15，见图 3 - 4 - 20，2）、13 型 Ⅴ 式 1 件（H1：5，见图 3 - 4 - 26，2），圈足盘 7 型 Ⅰ 式 1 件（H1：4，见图 3 - 4 - 47，7），平底钵 10 型 1 件（H1：14，见图 3 - 4 - 78，4），筒形瓶 1 型 Ⅲ 式 1 件（H1：1，见图 3 - 4 - 88，7），平底罐 1 型 Ⅳ 式 1 件（H1：10，见图 3 - 4 - 101，5），大型石斧 B Ⅳ 式 1 件（H1：3，见图 3 - 5 - 3，5），中型双刃石斧 B Ⅶ 式 1 件（H1：12，见图 3 - 5 - 14，6），小型双刃石斧 C Ⅰ 式 1 件（H1：13，见图 3 - 5 - 30，1）等。

H96（图 3 - 2 - 4，4）

开口在 T57 西南部④B 层底部，叠压在④B 顶 F28 之下。弧壁，口大底小。坑口距地表深 170 厘米，坑口直径 230 厘米，坑底直径 164 厘米，坑自深 75 厘米。属于第三期。坑内堆积 2 层：第 1 层为黑灰色松土，含有极少红烧土块；第 2 层为灰褐色松土，含有较多红烧土块；两层都夹杂大量木炭、兽骨。出土圈足盘 5 型 Ⅰ 式 1 件（H96：5，见图 3 - 4 - 40，12）、6 型 Ⅳ 式 1 件（H96：6，见图 3 - 4 - 45，11），豆 3 型 Ⅰ 式 1 件（H96：9，见图 3 - 4 - 60，5），平底钵 5 型 1 件（H96：11，见图 3 - 4 - 77，1），平底罐 5 型 1 件（H96：13，见图 3 - 4 - 105，6），鼎足 Ⅷ 式 1 件（H96：22，见图 3 - 4 - 122，4），器座 7 型 Ⅳ 式 1 件（H96：10，见图 3 - 4 - 139，6），器盖 6 型 Ⅱ 式 1 件（H96：1，见图 3 - 4 - 149，3）、17 型 1 件（H96：24，见图 3 - 4 - 156，6）、18 型 Ⅱ 式 2 件（H96：14、17，见图 3 - 4 - 157，8、7），空心陶球第十三种 2 件（H96：3、8，见图 3 - 4 - 167，9、3），中型双刃石斧 B Ⅰ 式 1 件（H96：4，见图 3 - 5 - 8，4），小型石锛 C Ⅲ 式 1 件（H96：15，见图 3 - 5 - 42，7），石饼 Ⅱ 式 1 件（H96：21，见图 3 - 5 - 60，3）等。

（三）锅底状

22 个。即 H144（第一期早段），H2、H43、H45、H47、H48、H50、H53、H121、H134、H135、H137（皆第二期），H16、H36 ~ H39、H42、H104、H126、H139（皆第三期），H78（第四期）。举例如下：

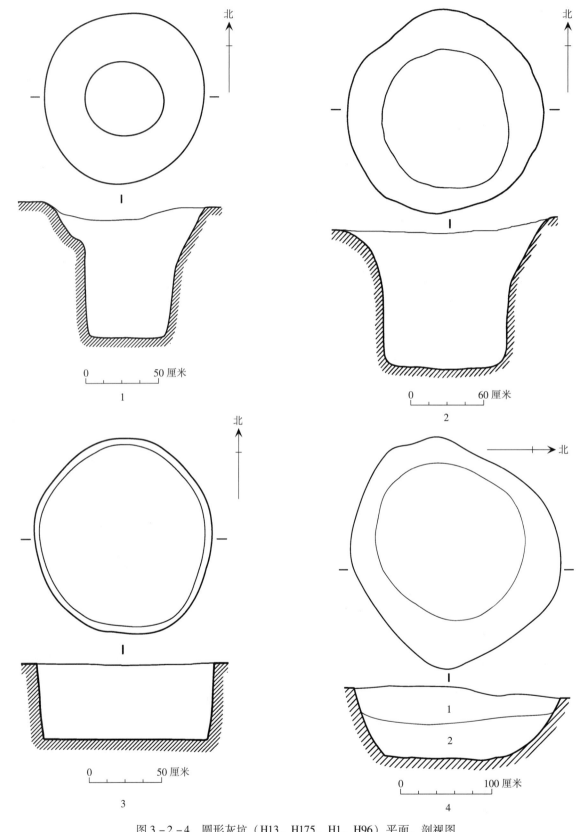

图 3 - 2 - 4　圆形灰坑（H13、H175、H1、H96）平面、剖视图

1. T36⑦BH13　2. T75⑦H175　3. T3③H1　4. T57④BH96

H144（图 3 - 2 - 5，1）

开口在 T61 东北角⑦层底部，延伸到发掘区之外。由于此灰坑处于最底层，不宜从上往下扩方发掘，考虑到其出土陶器年代最早、相当重要，只好从 T61 东北角掏进去，将整个灰坑清理出来。坑口距地表深 310 厘米，坑口直径 150 厘米，坑自深 25 厘米。属于第一期早段。坑内堆积黄褐色松土。出土圈足碗 11 型 I 式 1 件（H144:1，见图 3 - 4 - 22，7）、11 型 II 式 1 件（H144:2，见图 3 - 4 - 23，1），三足盘残器 1 件（H144:9，见图 6 - 2 - 4，6），釜口沿肩部 1 件（H144:11，见图 3 - 4 - 117，7），小口广肩罐上半身 1 件（H144:10，见图 3 - 4 - 109，1），器盖 1 型 III 式 1 件（H144:4，见图 3 - 4 - 143，3）等。

H2（图 3 - 2 - 5，2）

开口在 T1 东南部④层底部，延伸到 T2 西南部、T4 东北部。坑口距地表深 195 厘米，坑口直径 340 厘米，坑自深 45 厘米。属于第二期。坑内堆积黑灰色松土。出土圈足碗 1 型 I 式 1 件（H2:73，见图 3 - 4 - 13，1）、15 型 IV 式 1 件（H2:59，见图 3 - 4 - 28，4），白陶圈足盘的圈足 1 件（H2: 71，见图 3 - 4 - 55，14），豆 1 型 II 式 1 件（H2:72，见图 3 - 4 - 59，3），釜 2 型 II 式 1 件（H2:61，见图 3 - 4 - 112，9）、2 型 IV 式 1 件（H2:55，见图 3 - 4 - 113，5），鼎足 VII 式 1 件（H2:95，见图 3 - 4 - 121，18），打制蚌形石器 V 式 1 件（H2:88，见图 3 - 5 - 52，1）等。

H126（图 3 - 2 - 5，3）

开口在 T60 中部④B 层底部，叠压在红烧土堆积④B 顶 S33 东片之下，打破疑为方形或长方形残房址⑤A 顶 S40。坑口距地表深 170 厘米，坑口直径 300 厘米，坑自深 77 厘米。属于第三期。坑内堆积有 5 层：第 1 层为红烧土，第 2 层为灰色土，第 3 层为红烧土，第 4 层为灰色土，第 5 层为灰白色土。5 层堆积横剖面都呈锅底状，这是锅底状灰坑常见的堆积现象。出土圈足盘 7 型 II 式 1 件（H126:1，见图 3 - 4 - 48，6），平底钵 4 型 I 式 1 件（H126:5，见图 3 - 4 - 76，5），石斧 1 件（H126:2），还有兽骨、鹿角。

H104（图 3 - 2 - 9，2 右；图版五〇，2）

开口在 T60 西部④B 层底部，被④B 底 H103 打破，叠压在④A 底 F26 东墙基、红烧土堆积④B 顶 S33 之下。坑口距地表深 190 厘米，坑口直径 60 厘米，坑自深 41 厘米。属于第三期。坑内堆积灰褐色松土，含有大量草木灰。在坑中央接近底部扣放陶篮 1 件（H104:2，见图 3 - 4 - 67，4），其腹部外表刻划似龟纹图案，器内留有鱼骨，此坑原来当是用于盛储鱼龟类食品的窖穴；还出土豆 1 型 II 式 1 件（H104:1，见图 3 - 4 - 58，6）和筒形瓶残器等。

（四）袋状

1 个。

H113（图 3 - 2 - 5，4；图版五〇，3）

开口在 T74 西北部⑤A 层底部，打破疑为方形或长方形残房址⑦顶 S46。近似平底，壁与底连接处呈圆角。坑口距地表深 175 厘米，坑口南北长径 265、东西短径 250 厘米，坑底南北长径 285、东西短径 265 厘米，底径大于口径，因而呈袋状，坑自深 120 厘米。属于第二期。坑壁经过仔细修整，形状规整，表面光滑。坑内堆积有 3 层：第 1 层为黑色淤泥，厚 90 厘米；第 2 层为含有炭屑的黑色松土，由于先倒入的土堆在中央，形成中央高、周边低的状态，后倒入的土自然地从中

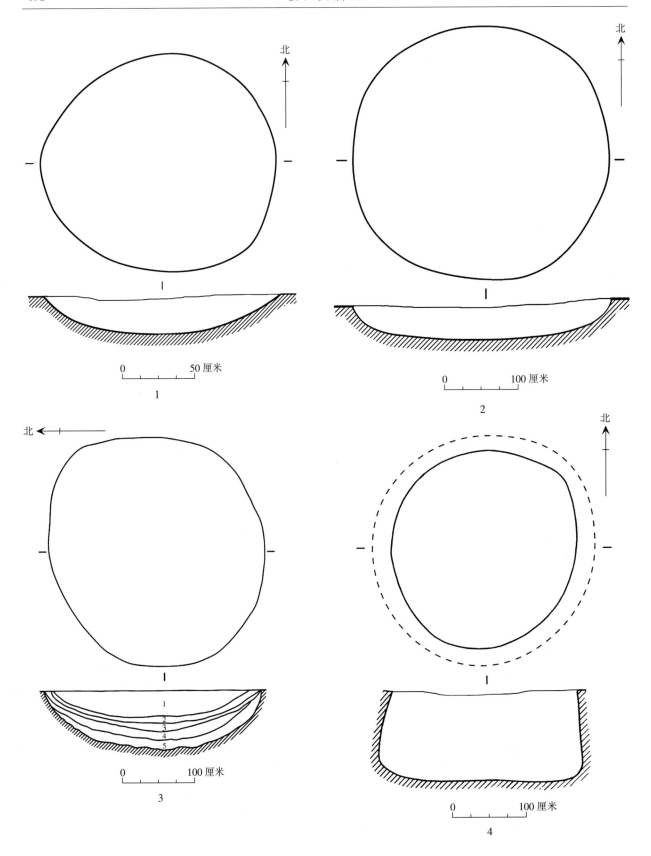

图 3 - 2 - 5　圆形灰坑（H144、H2、H126、H113）平面、剖视图

1. T61⑦H144　2. T1④H2　3. T60④BH126　4. T74⑤AH113

央往周边滚，在坑壁附近围成一圈，这是袋状灰坑特有的堆积现象，该层厚（周边）30～（中央）50 厘米；第 3 层为黑色淤泥，厚 30 厘米。出土圈足盘 4 型 I 式 2 件（H113:1，见图 3 – 4 – 39，3；H113:9，见图 3 – 4 – 38，11）、6 型 I 式 1 件（H113:10，见图 3 – 4 – 43，4）、6 型 II 式 1 件（H113:22，见图 3 – 4 – 43，9），三足盘的足 1 件（H113:39，见图 3 – 4 – 57，11），平底盆 2 型 I 式 1 件（H113:15，见图 3 – 4 – 69，5），平底钵 6 型 1 件（H113:35，见图 3 – 4 – 77，3），曲腹杯 3 型 II 式 1 件（H113:24，见图 3 – 4 – 81，6），鼎足 VI 式 1 件（H113:36，见图 3 – 4 – 121，15），器盖 8 型 II 式 1 件（H113:5，见图 3 – 4 – 152，8）、9 型 IV 式 2 件（H113:3、18，见图 3 – 4 – 153，11、9）、11 型 I 式 1 件（H113:13，见图 3 – 4 – 154，1），圆陶片 1 件，空心陶球第八种 1 件（H113:8，见图 3 – 4 – 164，18），中型单刃石斧 A III 式 1 件（H113:16，见图 3 – 5 – 22，4），小型单刃石斧 B III 式 1 件（H113:21，见图 3 – 5 – 33，9），石锤 II 式 1 件（H113:14，见图 3 – 5 – 56，8），打制蚌形石器 I 式 1 件（H113:31，见图 3 – 5 – 48，6）、IV 式 1 件（H113:34，见图 3 – 5 – 51，5），石球 I 式 1 件（H113:29，见图 3 – 5 – 61，5），骨镞 1 件（H113:6，见图 3 – 5 – 66，7），此外还有大量兽骨。

[四] 椭圆形灰坑

35 个。按照剖面形状的不同可以分为三种。

（一）直壁、平底

8 个。即 H167、H169（皆第一期晚段），H19、H28、H136（皆第二期），H133（第三期），H67、H76（第四期）。举例如下：

H133（图 3 – 2 – 6，1）

开口在 T69 东南部④C 层底部，延伸到 T73 东北部。坑口距地表深 220 厘米，坑口南北长轴 203、东西短轴 113 厘米，口径略大于底径，坑自深 70 厘米。属于第三期。坑内堆积有 2 层：第 1 层为灰色松土；第 2 层为黑色黏土，含有炭屑。出土圈足盘 5 型 I 式 1 件（H133:2，见图 3 – 4 – 41，12）、6 型 III 式 1 件（H133:4，见图 3 – 4 – 44，11），瓮 1 型 III 式 1 件（H133:8，见图 3 – 4 – 127，7）等。

（二）斜壁或弧壁、平底

8 个。即 H162、H166（皆第一期晚段），H29、H123、H141、H153（皆第二期），H56、188（皆第三期）。举例如下：

H141（图 3 – 2 – 6，2 右；图版五一，1、2）

开口在 T62 北部⑤A 层底部，被④D 底 H190 打破，打破⑥AF33、⑦顶 F34。斜壁。坑口距地表深 220 厘米，坑口东北—西南长轴 400、西北—东南短轴 320 厘米，坑底东北—西南长轴 320、西北—东南短轴 260 厘米，坑自深 75 厘米。属于第二期。坑内堆积有 2 层：第 1 层为黑灰色松土，含有兽骨；第 2 层为红烧土渣与黏土混合物。出土圈足碗 3 型 III 式 1 件（H141:16，见图 3 – 4 – 14，2）、6 型 II 式 1 件（H141:9，见图 3 – 4 – 16，1），圈足盘 4 型 I 式 1 件（H141:5，见图 3 – 4 – 39，1）、4 型 II 式 1 件（H141:3，见图 3 – 4 – 39，7）、6 型 II 式 2 件（H141:6，见图 3 – 4 – 43，8；H141:12，见图 3 – 4 – 44，5）、6 型 V 式 1 件（H141:13，见图 3 – 4 – 46，4），豆 1 型 II

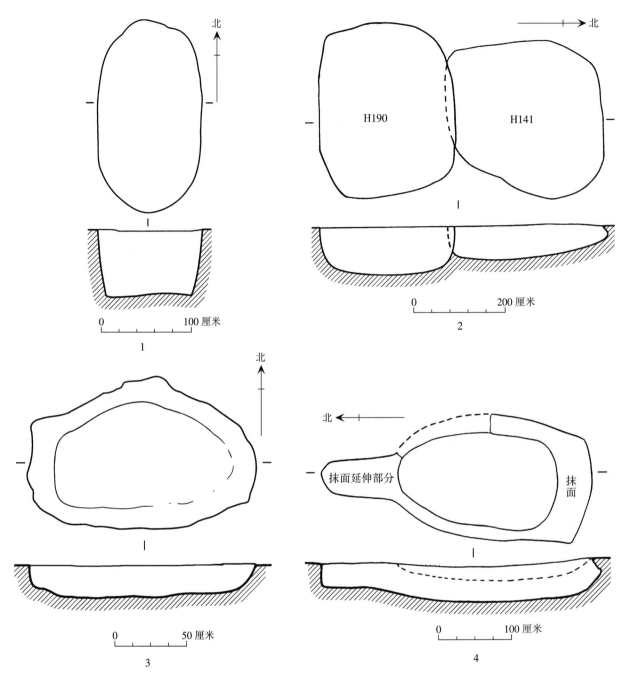

图 3 - 2 - 6　椭圆形灰坑（H133、H141、H153、H188）、长方形灰坑（H190）平面、剖视图
1. T69④CH133　2. T62④DH190（左）；T62⑤AH141（右）　3. T72⑤AH153　4. T64④BH188

式 1 件（H141:14，见图 3 - 4 - 58，7），簋 2 型 I 式 2 件（H141:1、11，见图 3 - 4 - 65，3、4）、
2 型 IV 式 1 件（H141:20，见图 3 - 4 - 66，4），小口瓶 1 件（H141:21，见图 3 - 4 - 91，4），瓮 1
型 II 式 1 件（H141:22，见图 3 - 4 - 127，5），器盖 5 型 X 式 1 件（H141:4，见图 3 - 4 - 148，
4）、10 型 I 式 1 件（H141:2，见图 3 - 4 - 153，17），石杵 I 式 1 件（H141:17，见图 3 - 5 - 54，
2）等。

H153（图 3 - 2 - 6，3）

开口在 T72 东北部⑤A 层底部，延伸到 T73 西北部。弧壁。坑口距地表深 220 厘米，坑口东

西长轴 156、南北短轴 98 厘米，坑底东西长轴 122、南北短轴 68 厘米，坑自深 20 厘米。属于第二期。坑内堆积黑灰色松土，含有较多草木灰、少量红烧土渣。出土圈足碗 3 型Ⅳ式 1 件（H153：6，见图 3 - 4 - 14，6）、13 型Ⅰ式 1 件（H153：1，见图 3 - 4 - 24，6），圈足盘 4 型Ⅲ式 1 件（H153：5，见图 3 - 4 - 40，4），豆 1 型Ⅰ式 2 件（H153：2、4，见图 3 - 4 - 58，2、3）等。

H188（图 3 - 2 - 6，4；图版五〇，4）

开口在 T64 中部偏北④B 层底部，叠压在④A 底 H110、④B 底 F29 之下，打破⑤A 底 H102。弧壁。坑口距地表深 160 厘米，（不包括坑壁的抹面）坑口南北长轴 254、东西短轴 118 厘米，坑自深 40 厘米。属于第三期。坑壁有抹面 1 层，用掺和大量红烧土渣的黏土泥料抹成，经过烧烤，橙红色，外陡内缓，横断面呈梯形。东壁北段的抹面已残缺，南段的抹面上部厚 12 ~ 18、下部厚 32 ~ 36、距底面高 40 厘米；南壁的抹面下部厚 50、残高 18 厘米；西壁的抹面上部厚 8、下部厚 22、高 18 厘米；北壁的抹面向坑外延伸呈长条形，南北长 102、东西宽 44 ~ 64、高 14 厘米，也经过烧烤，橙红色。经过烧烤的抹面对坑壁有明显的加固和防潮作用，可以称为"护坑抹面"。包括护坑抹面在内南北长轴 370、东西短轴 172 厘米。坑底有 2 层：下层为垫层，用草木灰铺成，厚 1.5 厘米；上层为底面，用红烧土块掺和少量黏土铺成，厚 20 ~ 30 厘米。坑底铺设草木灰和红烧土块具有防潮作用。此灰坑形状独特，坑壁和坑底的做法特殊，废弃之前的用途应是窖穴。

（三）锅底状

17 个。即 H57、H159（皆第一期晚段），H12、H44、H102、H111、H114、H117、H171（皆第二期），H4、H87、H92、H94（皆第三期），H3、H68、H83、H187（皆第四期）。举例如下：

H57（图 3 - 2 - 7，1）

开口在 T54 西部⑦层底部。坑口距地表深 285 厘米，坑口南北长轴 120、东西短轴 85 厘米，坑自深 65 厘米。属于第一期晚段。坑内堆积深灰色松土。出土圜底大盆口沿，鼎足Ⅰ式 1 件（H57：4，见图 3 - 4 - 120，6），器座 1 型Ⅰ式 2 件（H57：2、3，见图 3 - 4 - 132，2、3）等。

H102（图 3 - 2 - 7，2）

开口在 T64 南部⑤A 层底部，被④B 底 H188 打破。坑口距地表深 185 厘米，坑口南北长轴 235、东西短轴 190 厘米，坑自深 55 厘米。属于第二期。坑内堆积黑灰色松土，含有炭屑、兽骨渣。出土圈足碗 3 型Ⅱ式 1 件（H102：58，见图 3 - 4 - 14，5）、6 型Ⅲ式 1 件（H102：54，见图 3 - 4 - 16，5）、11 型Ⅱ式 1 件（H102：59，见图 3 - 4 - 23，9）、11 型Ⅲ式 1 件（H102：46，见图 3 - 4 - 23，5），圈足盘 1 型 1 件（H102：61，见图 3 - 4 - 36，2），圜底大盆 1 型 1 件（H102：119，见图 3 - 4 - 72，1），杯 1 型Ⅱ式 1 件（H102：48，见图 3 - 4 - 84，5），尊Ⅰ式 1 件（H102：151，见图 3 - 4 - 129，2），小型双刃石斧 BⅦ式 1 件（H102：5，见图 3 - 5 - 28，4），还有鼓形大器座残器。

H117（图 3 - 2 - 7，3）

开口在 T68 西北部⑤层顶部，被红烧土堆积④D 顶 S36 打破。坑壁和坑底都修整较好。坑口距地表深 160 厘米，坑口西北—东南长轴 132、东北—西南短轴 114 厘米，坑自深 56 厘米。属于第二期。坑内堆积灰黑色松土。出土圈足盘 4 型Ⅲ式 1 件（H117：2，见图 3 - 4 - 40，1）、7 型Ⅱ式 1 件（H117：1，见图 3 - 4 - 47，9），豆 5 型Ⅰ式 1 件（H117：7，见图 3 - 4 - 62，1），器座 1

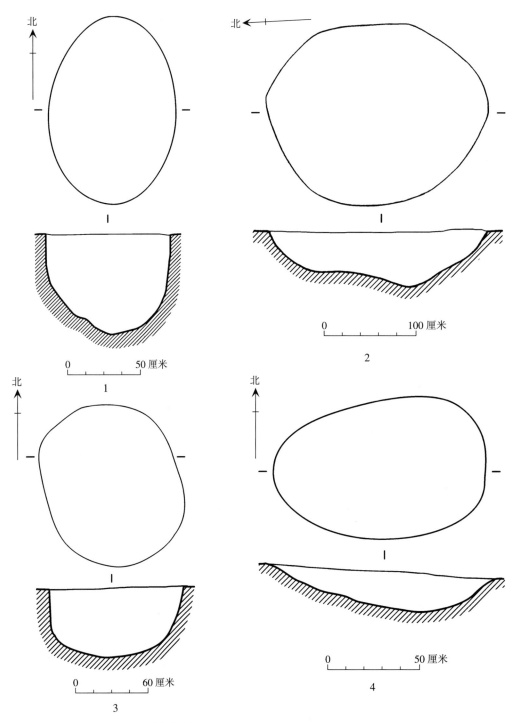

图 3 - 2 - 7　椭圆形灰坑（H57、H102、H117、H87）平面、剖视图
1. T54⑦H57　2. T64⑤AH102　3. T68⑤H117　4. T65④AH87

型Ⅱ式 1 件（H117:6，见图 3 - 4 - 132，5），打制蚌形石器Ⅰ式 1 件（H117:5，见图 3 - 5 - 48，5），还有大量兽骨。

H87（图 3 - 2 - 7，4）

开口在 T65 东北部④A 层顶部，叠压在④B 底 H109 之上。坑口距地表深 100 厘米，坑口东西长轴 115、南北短轴 74 厘米，坑自深 20 厘米。属于第三期。坑内堆积灰色松土，含有炭屑。出土圈足碗 7 型Ⅱ式 1 件（H87：2，见图 3－4－20，3），豆 3 型Ⅰ式 1 件（H87：4，见图 3－4－60，6），筒形瓶 1 型Ⅳ式 2 件（H87：5、7，见图 3－4－89，4、3），器盖 5 型Ⅳ式 1 件（H87：3，见图 3－4－146，9）、6 型Ⅲ式 1 件（H87：1，见图 3－4－149，9），纺轮 3 型Ⅰ式 1 件（H87：6，见图 3－4－159，6）等。

H94（图 3－2－8，1；图版五一，3）

开口在 T56 西南部④B 层底部，打破疑为方形或长方形残房址⑥顶 S34。坑口距地表深 173 厘米，坑口南北长轴 85、东西短轴 70 厘米，坑自深 20 厘米。属于第三期。坑内堆积黑灰色松土。在坑底中央先垫一层土，厚 5 厘米，再放置完整的平底盆 2 型Ⅰ式 1 件（H94：1，见图 3－4－69，4），盆口上用器盖 8 型Ⅱ式 1 件（H94：4，见图 3－4－152，5）盖严，但是已经被压碎；盆内存有许多破碎的兽骨，表明此灰坑原来应是储存肉类食品的窖穴。另有圈足盘 9 型Ⅱ式 1 件（H94：2，见图 3－4－53，4），倚靠在盆的西南侧。还出土鼎足Ⅷ式 1 件（H94：3，见图 3－4－122，11）。

H68（图 3－2－8，2）

开口在 T57 西南部③B 层顶部，打破疑为方形或长方形残房址④AS11。坑口距地表深 60 厘米，坑口西北—东南长轴 265、东北—西南短轴 140 厘米，坑自深 46 厘米。属于第四期。形状规整，呈比较典型的椭圆形。坑内堆积灰黄色松土。出土陶豆口沿、篦划纹陶片等。

H187（图 3－2－8，3；图版五一，4）

开口在 T41 西南部④层底部。坑口距地表深 75 厘米，东壁及南端残，坑口南北残长轴 192、东西残短轴 56 厘米，坑自深 54 厘米。属于第四期。坑壁有抹面 2 层：外层（挨着坑壁）用浅黄色黏土泥料抹成，厚约 15 厘米；内层（挨着外层）用掺和大量红烧土渣的黏土泥料抹成，（朝坑内的）表面光滑，厚 10～24 厘米。坑底有抹面 1 层，用掺和大量红烧土渣的黏土泥料抹成，与坑壁的内层抹面连为一体，应是连续抹成的，厚 7～10 厘米。坑壁和坑底的抹面都未经烧烤，但有一定的加固作用。废弃之前应是窖穴。坑内堆积黑灰色松土。出土少量陶片，以泥质的灰陶和黑陶为主。

（四）袋状

2 个。即 H17、H30（皆第二期）。举例如下：

H30（图 3－2－8，4）

开口在 T38 东北部⑥层底部。坑口距地表深 225 厘米，坑口西北—东南长轴 100、东北—西南短轴 80 厘米，坑底西北—东南长轴 104、东北—西南短轴 80 厘米，坑自深 62 厘米。属于第二期。坑内堆积灰黑色松土。出土圈足罐 5 型Ⅰ式 1 件（H30：1，见图 3－4－98，6）等。

［五］半圆形灰坑

3 个，按照剖面形状的不同可以分为两种。

（一）平底

1 个。

H129（图 3－2－9，1）

开口在 T71 西南部⑤层底部。坑口距地表深 230 厘米，南北长 232、东西宽 150 厘米，由于四壁往下收缩的程度明显不同，坑底变成圆形，而且位于坑的西部，直径 90 厘米，坑自深 70 厘米。

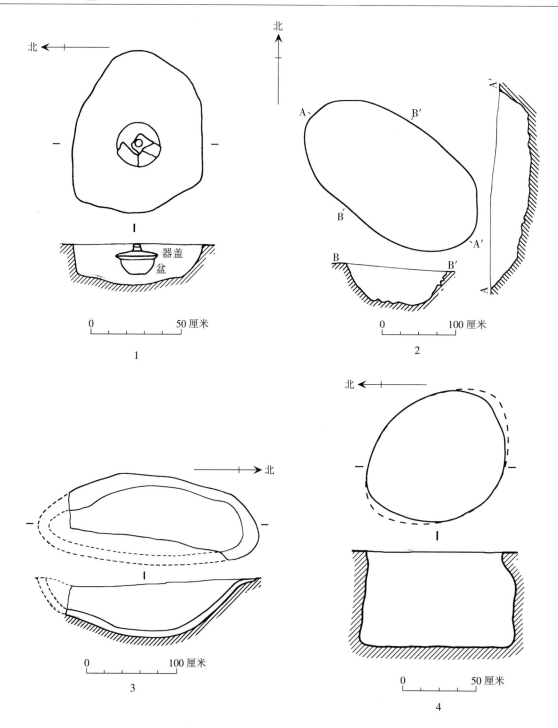

图 3 - 2 - 8　椭圆形灰坑（H94、H68、H187、H30）平面、剖视图
1. T56④BH94　2. T57③BH68　3. T41④H187　4. T38⑥H30

属于第二期。西壁略直，东壁和北壁呈斜坡状，南壁在挖坑时故意留成一级台阶，宽40、距坑口深25 厘米，便于主人上下。这是形状最奇特的一个灰坑。坑内堆积灰黑色松土，含有大量草木灰和兽骨。出土圈足盘6 型Ⅵ式1 件（H129：1，见图3 - 4 - 46，10）等。

（二）锅底状

2 个，即 H138（第二期），H103（第三期）。举例如下：

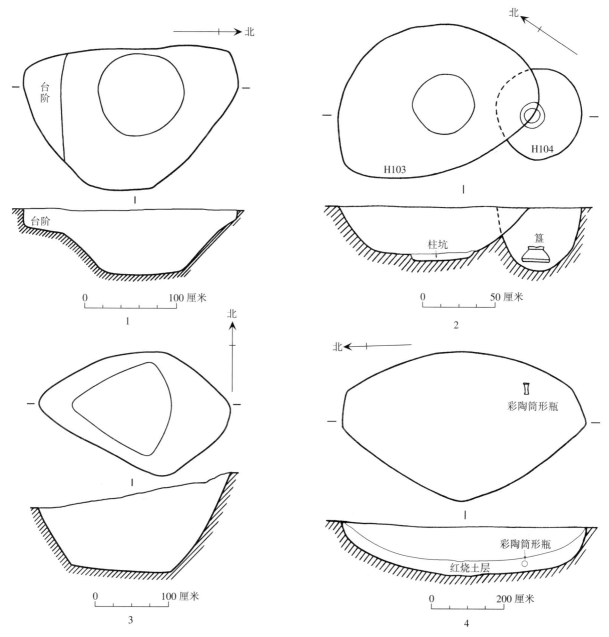

图 3 - 2 - 9　半圆形灰坑（H129、H103）、圆形灰坑（H104）、菱形灰坑（H107、H110）平面、剖视图
1. T71⑤H129　2. T60④BH103（左）；T60④BH104（右）　3. T66④CH107　4. T64④AH110

H103（图 3 - 2 - 9，2 左）

开口在 T60 西部④B 层底部，打破④B 底 H104，叠压在④A 底 F26 东北墙基、红烧土堆积④B 顶 S33 之下。坑口距地表深 154 厘米，坑口西北—东南长 140、东北—西南宽 98 厘米，坑自深 36 厘米。属于第三期。坑底中央挖出一个圆形柱坑，直径 40、深 6 厘米。这是在柱坑内树立木柱，在坑口上面搭设雨棚的遗迹，表明此灰坑废弃之前是用于储藏物品的窖穴。坑内堆积有 3 层：第 1 层为红烧土，厚 5 厘米；第 2 层为灰色土，厚 3 厘米；第 3 层为红烧土，厚 20 厘米。出土器座 2 型 1 件（H103∶1，见图 3 - 4 - 133，5）等。

[六] 菱形灰坑

3 个，按照剖面形状的不同可以分为两种。

（一）弧壁、平底

2 个，即 H106、H107（皆第三期）。举例如下：

H107（图 3 - 2 - 9，3）

开口在 T66 东南部④C 层底部，叠压在④A 顶 F27、红烧土场地④C 顶 S22 之下，打破⑤底 G5。坑口东高西低，东边最高处距地表深 155 厘米，东西长 260、南北宽 160 厘米，坑底西高东低，东西长 136、南北宽 122 厘米，坑自深 100 厘米。属于第三期。坑内堆积灰黑色松土，含有炭屑。出土圈足盘 3 型Ⅳ式 1 件（H107:6，见图 3 - 4 - 38，7），豆 1 型Ⅱ式 1 件（H107:4，见图 3 - 4 - 58，8），器盖 6 型Ⅰ式 1 件（H107:5，见图 3 - 4 - 148，14）、7 型Ⅳ式 1 件（H107:8，见图 3 - 4 - 151，4）、8 型Ⅰ式 1 件（H107:7，见图 3 - 4 - 151，10），筒形瓶残器，中型双刃石斧 B Ⅶ式 1 件（H107:2，见图 3 - 5 - 14，7），还有兽骨。

（二）锅底状

1 个。

H110（图 3 - 2 - 9，4）

开口在 T64 东北部④A 层底部，延伸到 T60、T61、T65，叠压在④底 H130、红烧土堆积④B 顶 S33 东片、④B 底 H188 之上。坑口距地表深 140 ~ 160 厘米，坑口南北长 690、东西宽 406 厘米，坑自深 170 厘米。属于第三期。坑底普遍铺设 1 层红烧土块，厚 20 ~ 30 厘米，起防潮作用。此灰坑规模之大仅次于凸字形灰坑 H189（图 3 - 2 - 10，3），并且在坑底的红烧土层内埋入完整的彩陶筒形瓶 1 型Ⅱ式 1 件（H110:80，见图 3 - 4 - 88，5）作为奠基物，横卧，口朝东。此灰坑废弃之前应是大型窖穴。坑内堆积总厚度为 140 厘米，由四周向中央倾斜，剖面呈锅底状，这是锅底状灰坑常见的堆积现象。堆积有 2 层：第 1 层为黄褐色土，含有炭屑、兽骨，厚 106 厘米；第 2 层为灰烬，厚 6 ~ 20 厘米。出土圈足盘 7 型Ⅱ式 1 件（H110:6），平底钵 2 型Ⅰ式 1 件（H110:93，见图 3 - 4 - 75，5）、5 型 1 件（H110:96，见图 3 - 4 - 76，6）、7 型Ⅰ式 1 件（H110:95，见图 3 - 4 - 77，6），曲腹杯 1 型Ⅲ式 1 件（H110:97，见图 3 - 4 - 81，1），甑 3 型Ⅰ式 1 件（H110:15，见图 3 - 4 - 124，1）、4 型Ⅰ式 1 件（H110:117，见图 3 - 4 - 123，3），器座 8 型Ⅱ式 1 件（H110:111，见图 3 - 4 - 140，2），器盖 15 型Ⅱ式 1 件（H110:94，见图 3 - 4 - 156，5），纺轮 1 型Ⅳ式 1 件（H110:3，见图 3 - 4 - 158，9），空心陶球第十三种 1 件（H110:4，见图 3 - 4 - 167，8），中型双刃石斧 B Ⅱ式 1 件（H110:3，见图 3 - 5 - 8，5），小型单刃石斧 B Ⅴ式 1 件（H110:1，见图 3 - 5 - 34，3），小型石锛 B Ⅱ式 1 件（H110:5，见图 3 - 5 - 40，9）等。

[七] 凹腰形灰坑

2 个，即 H168、H172（皆第一期晚段）。坑底中部都有一道在挖坑时故意留成的隔梁，因而形状奇特，隔梁两侧的坑内可以储藏不同的物品。

H168（图 3 - 2 - 10，1）

开口在 T69 中部偏西⑦层底部。弧壁。坑口距地表深 315 厘米，坑口西北—东南长 134、东北—西南宽 68 厘米，坑自深 30 厘米。属于第一期晚段。隔梁距坑口深 18 厘米。坑内堆积灰色松土。出土圜底罐口沿等。

H172（图 3 - 2 - 10，2）

开口在 T74 东北部⑧层底部，东端延伸到 T75 西部，叠压在疑为方形或长方形残房址⑦顶 S46 之下。弧壁。坑口距地表深 320 厘米，坑口东西长 170、南北宽 75 厘米，坑自深 60 厘米。属于第一期晚段。隔梁距坑口深 28 厘米。坑内堆积深灰色黏土。

［八］凸字形灰坑

仅 1 个。

H189（图 3 - 2 - 10，3）

开口在 T67、T71、T72④B 层底部，叠压在④A 顶 F27、红烧土场地④B 底 S28 之下，④C 底 H128 之上。坑口距地表深 105～140 厘米。由圆角长方形主坑和长条形甬道两部分构成。主坑口部南侧向外凸出一块，西北—东南长 530、东北—西南宽 310～410 厘米。坑底呈不规则形，西北—东南长约 500、东北—西南宽 210～260 厘米，坑自深 105 厘米。属于第三期。南壁呈斜坡状，西壁较陡，北壁很陡。甬道设在坑的东部，西北—东南长 395、东北—西南宽 130～280 厘米，底部由西至东呈斜坡状上升，东端放置一块房屋墙壁红烧土块作为"垫脚石"，便于主人上下，红烧土块略呈圆角长方形，长 35、宽 28、厚 10 厘米。前面说过，第二期长方形灰坑 H142（图 3 - 2 - 1，3）坑底的台阶上也放置两块红烧土，起"垫脚石"作用。此灰坑形状独特，设施完备，（包括主坑和甬道在内）整个凸字形灰坑西北—东南长 925 厘米，为本遗址目前所见规模最大的一个灰坑，废弃之前应是大型窖穴。废弃之后坑内堆满红烧土块，成为红烧土坑，与叠压在坑口上面的红烧土场地 S28（见图 3 - 1 - 88，1）相连，难以分开。出土中型双刃石斧 BⅧ式 1 件（H189：80，见图 3 - 5 - 16，8）等。

［九］不规则形灰坑

24 个。即 H178、H183、H184（皆第一期晚段），H7、H108、H112、H115、H116、H122、H132、H163（皆第二期），H73、H88、H89、H98、H99、H119、H124、H130、H140（皆第三期），H69、H70、H82、H93（皆第四期）。举例如下：

H112（图 3 - 2 - 11，1；图版五二，1）

开口在 T55 中部偏东⑤层底部，打破⑦顶 F34。坑口边缘凹凸不齐，弧壁，底部由西向东倾斜，坑壁和坑底都没有明显的修整痕迹。坑口距地表深 190 厘米，坑口南北长 290、东西宽 170 厘米，坑底南北长 260、东西宽 150 厘米，坑自深 70 厘米。属于第二期。坑内堆积黑色黏土，含有草木灰、炭渣。出土圈足碗 15 型 V 式 1 件（H112：6，见图 3 - 4 - 28，10）、16 型 2 件（H112：4、5，见图 3 - 4 - 29，1、2），簋 2 型 Ⅰ 式 1 件（H112：2，见图 3 - 4 - 65，5），平底钵 4 型 Ⅰ 式 1 件（H112：1，见图 3 - 4 - 76，3），杯 4 型 Ⅳ 式 1 件（H112：9，见图 3 - 4 - 86，7），鼎足 V 式 1 件

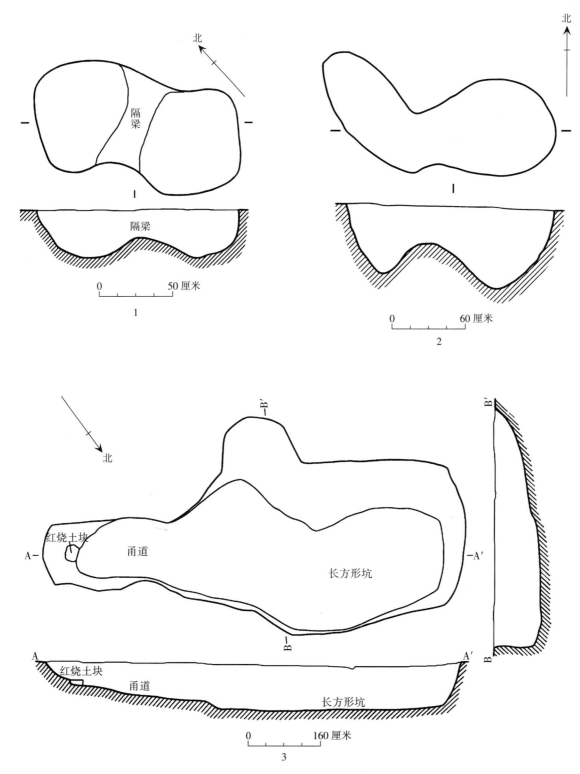

图 3 - 2 - 10　凹腰形灰坑（H68、H172）、凸字形灰坑（H189）平面、剖视图
1. T69⑦H168　2. T74⑧H172　3. T72④BH189

（H112：15，见图 3 - 4 - 121，9），器座 4 型Ⅳ式 1 件（H112：7，见图 3 - 4 - 137，3），器盖 7 型Ⅲ式 1 件（H112：14，见图 3 - 4 - 150，12），空心陶球第十七种 1 件（H112：10，见图 3 - 4 - 168，4）等。还有兽骨等。

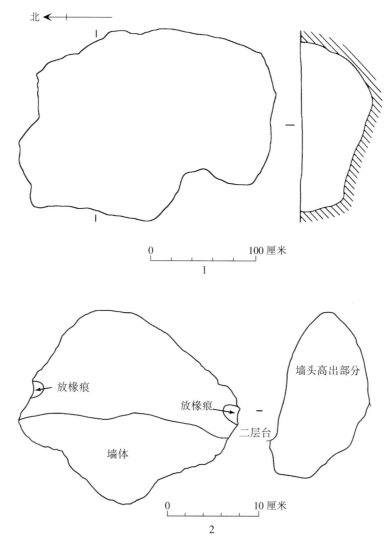

图 3 - 2 - 11　不规则形灰坑（H112）及墙头红烧土块图
1. T55⑤H112 平面、剖视图　2. 墙头红烧土块（H112：12）平面、侧视图

此灰坑内出土的他座房屋墙头红烧土块 H112：12（图 3 - 2 - 11，2；图版五二，2），用掺和红烧土渣的黏土泥料筑成，橙黄色，质地稍硬，估计烧成温度约 600℃，残高 20、残宽 22、残厚 9.5 厘米。墙头上设有二层台。从屋内向外看（左图），二层台已经残缺，只能看到一条破裂时产生的残边，呈弯曲状，残片以下露出墙体；二层台外侧呈拱形的高出部分依然存在，长 22、高 10 厘米，也就是说，屋顶上椽子边缘至边缘的间距为 22 厘米。引人注目的是：在高出部分左、右两侧各有一个呈半圆形的凹槽，这些凹槽就是放置椽头的地方，左边一个凹槽残长 1 厘米，右边一个凹槽残长 1.6 厘米，二者直径均为 4.5 厘米，是用同一根圆木压成的；两个凹槽都向外斜，排列成外八字形，这种现象意味着放置在凹槽内的两条圆木椽子也排列成外八字形，这座房屋的屋顶应呈四面坡，这块墙头红烧土应位于两坡的交界处、戗脊之下、墙角的顶部。从纵剖面图上看（右图），高出部分呈窄而高的拱形。另一面残。根据这块墙头，可以确认在本遗址的大溪文化房屋中，凡是有二层台的墙头，高出部分左、右两侧的凹槽都是放置椽头的地方，其重要性就在这里。

H98（图3-2-12，1；图版五二，3）

开口在 T59 东北部④B 层底部，打破⑤A 底 G6，叠压在④A 底 F26 北墙基、H91 之下。略呈圜底状。坑口距地表深 145 厘米，坑口南北长 150、东西宽 108 厘米，坑自深 46 厘米。属于第三期。坑内堆积灰黑色松土，含有炭屑。出土圈足盘 6 型Ⅱ式 1 件（H98：3，见图3-4-44，2）、7型Ⅱ式 1 件（H98：1，见图 3-4-48，3），豆 3 型Ⅱ式 1 件（H98：6，见图 3-4-61，2），平底盆 1 型Ⅱ式 1 件（H98：4，见图 3-4-68，9），釜 4 型Ⅰ式 1 件（H98：2，见图 3-4-116，6），器盖 8 型Ⅲ式 1 件（H98：7，见图 3-4-152，10），还有筒形瓶残片以及较多兽骨、鱼骨。

H119（图3-2-12，2）

开口在 T75 东北角④C 层底部，叠压在④A 顶 F27 之下。剖面呈锅底状。坑口距地表深 200厘米，坑口东西长 220、南北宽 180 厘米，坑自深 60 厘米。属于第三期。坑壁西部和坑底都有抹面 1 层，用黄色黏土泥料抹成，厚 3~4 厘米，未经烧烤。此坑虽然形状不规则，但是西壁和底部有抹面，废弃之前应是窖穴。这表明在不规则形灰坑当中，也有一部分原先是窖穴。坑内堆积黑灰色松土，含有炭屑。出土圈足盘 7 型Ⅵ式 1 件（H119：2，见图 3-4-51，2）、9 型Ⅱ式 2件（H119：10，见图 3-4-53，12；H119：16，见图 3-4-54，2）、9 型Ⅲ式 3 件（H119：3、4、9，见图 3-4-54，6、7、8），平底钵 3 型Ⅰ式 1 件（H119：12，见图 3-4-76，1），圈足罐 2 型Ⅶ式 1 件（H119：18，见图 3-4-97，2），圜底罐 3 型Ⅰ式 1 件（H119：7，见图 3-4-108，3），鼎 4 型 1 件（H119：11，见图 3-4-119，7），甑 1 型Ⅱ式 1 件（H119：20，见图 3-4-123，2），臼 1 件（H119：15，见图 3-4-131，8），勺 1 件（H119：13，见图 3-4-162，9），三齿器 1 件（H119：14，见图 3-4-162，6），中型单刃石斧 CⅡ式 1 件（H119：8，见图 3-5-24，5）等。

H70（图3-2-12，3；图版五二，4）

开口在 T75 东南部③B 层底部，南部和西部被③A 层的两个柱坑打破。坑口边缘曲折，剖面略呈锅底状，但是底部深浅不一，坑壁未经修整。坑口距地表深 45 厘米，坑口东西长 220、南北宽 160 厘米，坑自深 65 厘米。属于第四期。坑内堆积黑灰色松土，含有炭屑和红烧土渣。出土圈足碗 11 型Ⅳ式 1 件（H70：19，见图 3-4-23，6）、13 型Ⅱ式 1 件（H70：10，见图 3-4-25，2）、13 型Ⅴ式 1 件（H70：9，见图 3-4-25，6），圈足盘 7 型Ⅵ式 1 件（H70：18，见图 3-4-50，4），平底盆 4 型 1 件（H70：12，见图 3-4-70，7），圈足罐 2 型Ⅱ式 1 件（H70：14，见图3-4-93，7）、2 型Ⅲ式 3 件（H70：4，见图 3-4-94，8；H70：5、25，见图 3-4-95，2、3）、2 型Ⅴ式 1 件（H70：7，见图 3-4-96，4），纺轮 1 型Ⅳ式 1 件（H70：11，见图 3-4-158，11），空心陶球第九种 1 件（H70：21，见图 3-4-165，6），兽 1 件（H70：1，见图 3-4-175，4），圆锥形器 1 件（H70：30，见图 3-4-177，7），石钺Ⅱ式 1 件（H70：2，见图 3-5-37，6）等。

H93（图3-2-12，4）

开口在 T71 东部③B 层顶部，打破④A 顶 F27，叠压在红烧土场地④B 底 S28 之上。坑口西南部和东部各凸出一块，因而呈不规则形，直壁，坑底凹凸不平。坑口西北—东南长 145 厘米，东北—西南宽处 93、最窄处 28 厘米，坑自深 63 厘米。属于第四期。从坑口形状上看，H93 与第三期的凸字形灰坑 H189（图 3-2-10，3）相似，但是规模明显缩小了，可能二者之间有先后承袭关系。坑内堆积灰色松土，含有炭屑。出土圈足碗 17 型Ⅲ式 2 件（H93：2、4，见图 3-

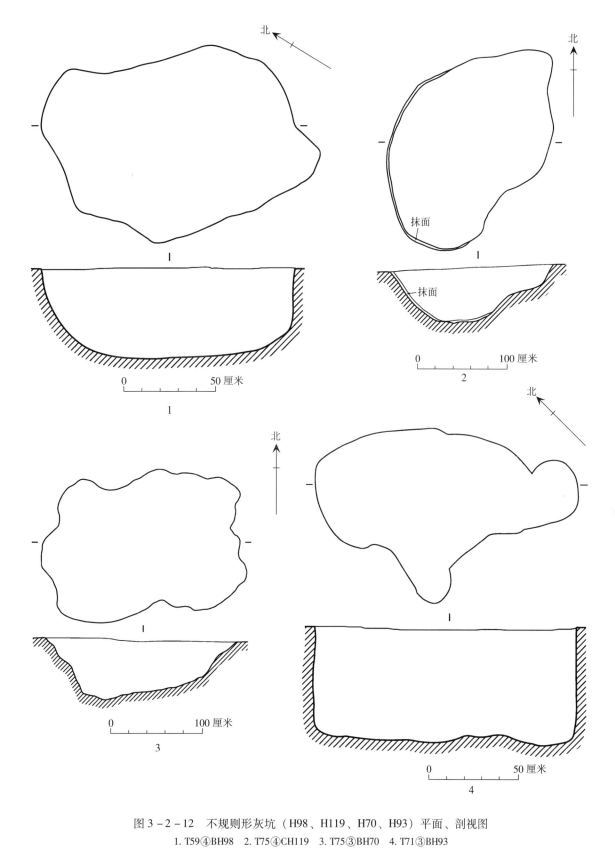

图 3 - 2 - 12　不规则形灰坑（H98、H119、H70、H93）平面、剖视图
1. T59④BH98　2. T75④CH119　3. T75③BH70　4. T71③BH93

4－29，9、8），豆7型Ⅰ式1件（H93:3，见图3－4－63，1），平底盆6型1件（H93:1，见图
3－4－71，2）等。

二　灰沟

共发现8条（详见附表6）。其分期和分布情况是：

第一期晚段3条，其中分布在Ⅰ区1条，即G1（图3－1－3）；Ⅴ区2条，即G8、G9（图3－1－5）。

第二期3条，其中分布在Ⅲ区1条，即G2（图3－1－9）；Ⅴ区2条，即G5、G6（图3－1－11）。

第四期2条，其中分布在Ⅳ区1条，即G3（图3－1－19）；Ⅴ区1条，即G7（图3－1－20）。

按照平面形状的不同，可以将8条灰沟分为两种。

［一］长条形灰沟

6条，即G1、G8、G9（皆第一期晚段），G2（第二期），G3、G7（皆第四期）。举例如下：

G1（图3－2－13，1）

开口主要在T2、T3、T5、T6、T11④层底部，延伸到T1东南角、T4东北角、T10南部，经过钻探，G1东端延伸到发掘区之外，在二级电灌站院内。T3与T11之间为一条南北向的现代扰沟，沟东边为断崖，因此G1中部有一段未发掘，图上用虚线表示。沟口距地表深100～135厘米。已发掘部分呈长条形，弧壁，平底，沟口和沟底东西长均为20.5米。属于第一期晚段。可以分为3段，东、西两段比较宽，中段比较窄。西段：沟口南北宽3～3.4米，沟底南北宽1.6～1.7米，南、北两壁呈缓坡状，西壁呈陡坡状。中段：沟口南北宽1.8～3米，沟底南北宽1.2～1.5米，南壁呈缓坡状，北壁呈陡坡状。东段：沟口南北宽2.9～4米，沟底南北宽2.4～3.4米，南壁呈缓坡状，北壁呈陡坡状。沟自深65～95厘米，沟底从西向东呈缓坡状降低。上述形状表明，G1原先是一条天然水沟，后来经过人工修整，成为一条由西向东排水的沟渠。废弃后沟渠内堆积灰黄色黏土，湿度较大。东段出土大量陶片和可复原陶器，其中有圈足碗1型Ⅲ式2件（G1:73、78，见图3－4－13，8、6），碟1型Ⅳ式1件（G1:75，见图3－4－33，15），白陶圈足盘口沿（G1:58，见图3－4－55，11），三足盘3型Ⅱ式1件（G1:63，见图3－4－56，12），圜底大盆1型1件（G1:108，见图3－4－72，2），圈足钵1型1件（G1:51，见图3－4－80，5），圈足罐1型Ⅰ式1件（G1:55，见图3－4－93，1）、5型Ⅰ式1件（G1:99，见图3－4－98，3），圜底罐2型Ⅰ式1件（G1:53，见图3－4－107，1），釜2型Ⅳ式1件（G1:76，见图3－4－112，2），鼎3型Ⅱ式1件（G1:100，见图3－4－119，1），器座3型Ⅲ式1件（G1:103，见图3－4－133，11）、3型Ⅳ式1件（G1:101，见图3－4－133，13），器盖2型Ⅰ式1件（G1:69，见图3－4－143，6）、2型Ⅱ式1件（G1:68，见图3－4－143，10）、5型Ⅰ式1件（G1:102，见图3－4－144，16），还有鹿角、蚌壳、螺壳等。

G8（图3－2－13，2）

开口在T57东部⑦层底部，叠压在疑为方形或长方形残房址⑦顶F32南墙基之下，东端在发掘区之外。沟口距地表深260厘米，沟口东西长260、南北宽38～52厘米。沟壁近直。沟底凹凸

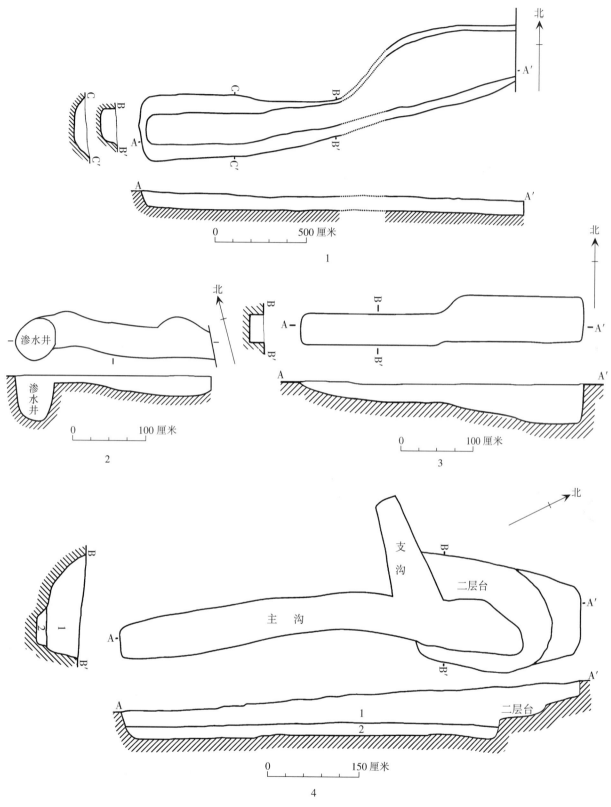

图3－2－13　长条形灰沟（G1、G8、G9、G3）平面、剖视图

1. T11④G1　2. T57⑦G8　3. T71⑦G9　4. T52③G3

不平：西端是一个很深的圆坑，坑壁近直，下部呈圜底状；中部比较高；东部逐渐降低。从剖面上看整条沟像一把勺子，西端为勺身，中部和东部为勺柄，中部比较细。沟的各部位自深不一，西端（圆坑）为60、中部为8、东部为26厘米。属于第一期晚段。整条沟（包括圆坑）是一次挖成的。根据形状推测G8原先是一条渗水沟，以西端的圆坑作为渗水井。

沟内堆积有2层：第1层为灰褐色硬土，厚5～10厘米，含有比较多红烧土渣；第2层为深灰色松土，厚5～40厘米，含有大量陶片，其中有圈足碗、三足盘、圜底大盆等口沿，还有兽骨和比较多的木炭。

G9（图3-2-13，3）

开口在T71东部⑦层底部。沟口距地表深300厘米，沟口东西长380、东段南北宽60、西段南北宽40厘米，沟自深5～50厘米。直壁，平底，底部西高东低呈斜坡状。属于第一期晚段。沟内堆积灰色土。出土圈足碗1型Ⅰ式1件（G9：56，见图3-4-13，3）、2型Ⅰ式1件（G9：4，见图3-4-13，7），圈足钵1型3件（G9：1、2、3，见图3-4-80，3、8、1）等。

G3（图3-2-13，4）

开口在T52西北部、T52扩③层底部，打破④A底F9、④BF22。由主沟和支沟两部分构成。属于第四期。主沟的口部北高南低，高度差22厘米，距第1层（石家河文化层）地面深28～50厘米。沟口南北全长662厘米。主沟可以分为南、北两部分：北部为椭圆形坑，南北长轴135、东西短轴100厘米，坑自深82厘米，近底部在挖坑时故意留成二层台作为台阶，便于主人上下；南部为长条形沟，弧壁，平底，南北长527、东西宽57～67厘米，沟自深20厘米，南端呈方形，横断面呈锅底状。在主沟南部西侧有梯形支沟，较宽一端与主沟连接，东西长192、南北宽35～72厘米，沟自深50厘米。

主沟南部（即长条形沟）和支沟内都沉积浅灰色细泥，质地纯净，不含陶片。主沟北部（即椭圆形坑）内部填土可以分为2层：第1层为废弃后堆积的黑灰色松土，厚60厘米，出土石斧1件和大量陶片，其中有圈足碗19型Ⅲ式1件（G3：36，见图3-4-30，7）、豆7型Ⅰ式1件（G3：19，见图3-4-63，2）、8型Ⅱ式1件（G3：32，见图3-4-63，9）、8型Ⅲ式2件（G3：27、29，见图3-4-63，13、12）、10型2件（G3：24、25，见图3-4-64，5、3），曲腹杯3型Ⅱ式1件（G3：10，见图3-4-82，2），器盖5型Ⅰ式1件（G3：30，见图3-4-144，7）、5型Ⅷ式1件（G3：20，见图3-4-147，14）等，这些器物都属于大溪文化第四期；第2层为原先沉积的浅灰色细泥，厚20厘米，只出土1件细泥黑陶豆的圈足，饰三行圆形镂孔，没有其他陶片，豆圈足应是无意中掉进去的。上述沉积的浅灰色细泥应是将含铁量较低的浅灰色黏土用水淘洗之后沉淀而成的，这表明G3原先是泥料淘洗池。

G7（图3-2-14，1）

开口在T55、T56、T58、T62③A层底部，打破④A底F26西边的散水，南部被现代坑打破。斜壁，沟底凹凸不平。沟口距地表深25～30厘米，南北长10.65、东西宽2～2.8米，沟自深125～250厘米。属于第四期。最深处在南段的南部，达250厘米。中部有一个缺口，东西长180、南北宽80～100厘米，将G7分为南、北两段，两段的西部边缘都较直，应是人工挖成的深沟。两段的北端都向东拐，形成曲尺状。推测G7原先是渗水沟。

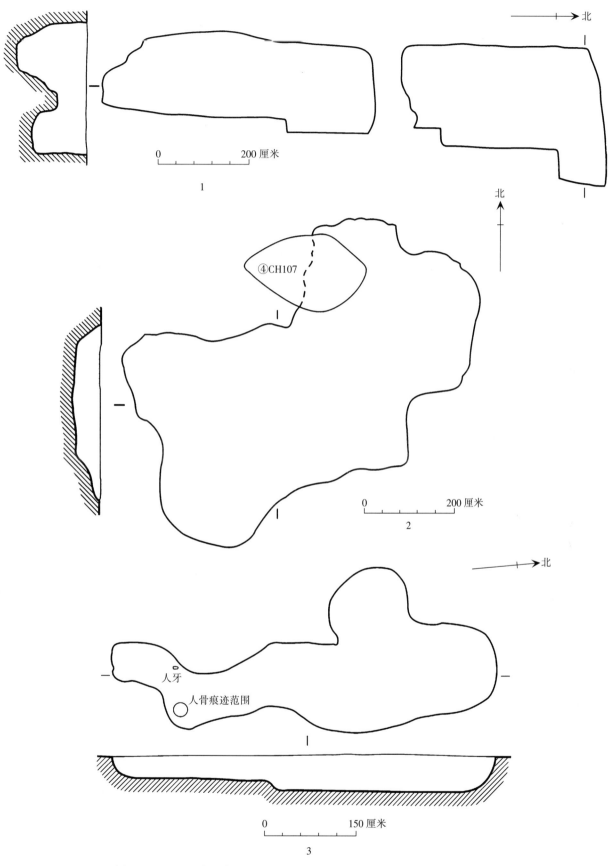

0   200 厘米

1

④CH107

0   200 厘米

2

人牙

人骨痕迹范围

0   150 厘米

3

图 3 - 2 - 14　长条形灰沟（G7）、不规则形灰沟（G5、G6）平面、剖视图

1. T58③AG7　2. T70⑤G5　3. T59⑤AG6

沟内填土为大量红烧土渣掺和黄色黏土，含有少量碎陶片，为一次填实而成，应是在废弃之后平整地面时故意将深沟填平的。填土内出土纺轮 5 型 Ⅱ 式 1 件（G7：33，见图 3 - 4 - 160，4），中型单刃石斧 B Ⅲ 式 1 件（G7：57，见图 3 - 5 - 23，3），小型单刃石斧 A Ⅱ 式 1 件（G7：61，见图 3 - 5 - 31，5），石杵 Ⅱ 式 1 件（G7：59，见图 3 - 5 - 55，2），环状石芯 1 件（G7：77，见图 3 - 5 - 65，3）等。

[二] 不规则形灰沟

2 条，即 G5、G6（皆第二期）。

G5（图 3 - 2 - 14，2）

开口在 T66、T67、T70、T71⑤层底部[①]。G5 北部被④C 底 H107 打破。斜壁，平底，边缘凹凸不齐。沟口距地表深 220 ~ 260 厘米，沟口东北—西南长 830、西北—东南宽 315 ~ 490 厘米，沟自深 60 ~ 95 厘米。属于第二期。沟内堆积黑色淤泥，含有比较多的草木灰、兽骨。根据淤泥推测 G5 原先是渗水沟。出土圈足碗 13 型 Ⅰ 式 1 件（G5：21，见图 3 - 4 - 24，4）、13 型 Ⅱ 式 1 件（G5：14，见图 3 - 4 - 24，8），圈足碟 2 型 Ⅱ 式 1 件（G5：130，见图 3 - 4 - 34，3），圈足盘 5 型 Ⅰ 式 1 件（G5：11，见图 3 - 4 - 41，1）、6 型 Ⅲ 式 1 件（G5：10，见图 3 - 4 - 45，6），三足盘 4 型 1 件（G5：19，见图 3 - 4 - 56，14），豆 1 型 Ⅰ 式 1 件（G5：28，见图 3 - 4 - 58，4），簋 2 型 Ⅳ 式 2 件（G5：96，见图 3 - 4 - 66，6；G5：16，见图 3 - 4 - 67，1），圈足罐 5 型 Ⅲ 式 2 件（G5：18、27，见图 3 - 4 - 98，7、10），平底罐 1 型 Ⅱ 式 1 件（G5：6，见图 3 - 4 - 100，7），鼎足 Ⅱ 式 1 件（G5：26，见图 3 - 4 - 120，9）、Ⅳ 式 1 件（G5：140，见图 3 - 4 - 120，18），甑 3 型 Ⅰ 式 1 件（G5：139，见图 3 - 4 - 123，10），器座 3 型 Ⅵ 式 1 件（G5：59，见图 3 - 4 - 134，14），器盖 9 型 Ⅲ 式 1 件（G5：95，见图 3 - 4 - 153，4），鹰面形器鼻 1 件（G5：57，见图 3 - 4 - 175，7），中型双刃石斧 C Ⅶ 式 1 件（G5：22，见图 3 - 5 - 20，6），打制蚌形石器 Ⅳ 式 1 件（G5：25，见图 3 - 5 - 51，4）、Ⅶ 式 1 件（G5：23，见图 3 - 5 - 53，1），石饼 Ⅰ 式 1 件（G5：8，见图 3 - 5 - 59，1），尖锥状石器 1 件（G5：24，见图 3 - 5 - 62，10）等。

G6（图 3 - 2 - 14，3）

开口在 T59⑤A 层底部，打破⑥AF33、疑为方形或长方形残房址⑥顶 S34、⑥B 顶 H142，被④B 底 H98 打破。弧壁，平底。平面类似侧卧的人形。沟口距地表深 175 厘米，沟口南北长 630、东西宽 60 ~ 260 厘米，沟自深 32 ~ 55 厘米，北部较深，南部较浅。属于第二期。沟内堆积黑灰色松土，含有大量木炭，有一段木炭长达 30 厘米、横断面（直径）为 8 ~ 10 厘米。还含有很多动物骨骼，保存完整，其中有鹿角、鱼的头骨和脊椎骨、龟甲等。沟内南部西侧出土一颗成年人牙齿，在牙齿以东 50 厘米处留有一堆人骨腐朽后的痕迹，呈酱黄色，痕迹直径约 35、厚 3 厘米，这是身首分离的乱葬现象，死者应是非正常死亡。出土圈足碗 7 型 Ⅰ 式 1 件（G6：11，见图 3 - 4 - 19，12）、11 型 Ⅱ 式 1 件（G6：7，见图 3 - 4 - 23，2），平底碗 1 型 Ⅱ 式 1 件（G6：13，见图 3 - 4 - 32，

① 需要说明的是：T67⑤层分为⑤A、⑤B 两小层，G5 开口在⑤A 层底部，略早于⑤B 层（见图 2 - 0 - 9），因此，在 T67 范围内 G5 出土的器物都写成"T67⑤AG5：××"，而在其他 3 个探方内 G5 出土的器物都写成"⑤G5：××"。

1），豆 5 型Ⅱ式 1 件（G6∶2，见图 3 - 4 - 62，3），簋 2 型Ⅱ式 1 件（G6∶16，见图 3 - 4 - 65，8），杯 3 型 1 件（G6∶4，见图 3 - 4 - 85，2），器座 3 型Ⅴ式 1 件（G6∶17，见图 3 - 4 - 134，6），器盖 13 型 1 件（G6∶18，仅存盖纽，见图 3 - 4 - 155，7），实心陶球第五种 1 件（G6∶6，见图 3 - 4 - 169，8），中型双刃石斧 BⅧ式 1 件（G6∶9，见图 3 - 5 - 16，1）、CⅢ式 1 件（G6∶5，见图 3 - 5 - 18，6），打制蚌形石器Ⅲ式 1 件（G6∶14，见图 3 - 5 - 51，1）等。

第三节　墓葬

大溪文化的墓葬有 110 座，其中包括成年人墓葬和婴幼儿瓮棺葬两部分。成年人墓葬有 3 座（详见附表 7），分布于Ⅴ区，均属于第三期。婴幼儿瓮棺葬有 107 座（详见附表 8），分布于Ⅰ区、Ⅴ区、T201 及其附近、T211 附近，分别属于第二、三、四期。现将全部成年人墓葬（图 3 - 3 - 1）和婴幼儿瓮棺葬（图 3 - 3 - 2 ~ 图 3 - 3 - 7）的分布平面图集中刊布于下。

一　成年人墓葬

3 座。都叠压在Ⅴ区 T70④AF27 之下，墓口都被 F27 破坏，仅存墓底，都属于第三期。现分别叙述如下。

M201（图 3 - 3 - 8，1；图版五四，1）

位于 T70 南部④A 层底部，叠压在④AF27 之下，墓口被 F27 破坏。墓坑呈长方形，南部较宽。墓底距地表深 130 厘米，墓底南北长 198、北部东西宽 66、南部东西宽 90 厘米。墓内填土呈灰色，含有木炭屑。人骨绝大多数已经腐朽，留有零散骨骼，一颗成年人牙齿出在墓底南部偏东，据此推测死者头向南，葬式不明。随葬豆 3 型Ⅰ式 1 件（M201∶1，见图 3 - 4 - 60，8），为口朝下扣放；中型双刃石斧 BⅦ式 1 件（M201∶2，见图 3 - 5 - 15，1），猪下颌骨 1 件（M201∶3）。

M202（图 3 - 3 - 8，2）

位于 T70 西南部④A 层底部，叠压在④AF27 之下，墓口被 F27 破坏，在 M201 西边，二者相距 90 厘米。墓坑呈不规则形。墓底距地表深 115 厘米，墓底南北长 168、东西宽 150 厘米。墓内填土为黑色淤泥。人骨绝大多数已经腐朽，留有零散骨骼，头向及葬式不明。随葬圈足盘 6 型Ⅰ式 1 件（M202∶4，见图 3 - 4 - 43，1），为口朝上放置；中型双刃石斧 BⅦ式 1 件（M202∶1，见图 3 - 5 - 13，5），小型双刃石斧 BⅧ式 1 件（M202∶3，见图 3 - 5 - 28，8）；鹿角 1 件（M202∶2），长约 15 厘米。

M203（图 3 - 3 - 8，3）

位于 T70 东部④A 层底部，叠压在④AF27 之下，墓口被 F27 破坏，在 M201 东北边，二者相距 65 厘米。墓坑呈圆角长方形。墓底距地表深 160 厘米，墓底东西长 148、南北宽 60 ~ 70 厘米。墓内填土为黑色淤泥。人骨绝大多数已腐朽，留有零散骨骼，头向及葬式不明。随葬器盖 6 型Ⅰ式 1 件（M203∶2，见图 3 - 4 - 148，10），为侧放；小型单刃石斧 BⅤ式 1 件（M203∶1，见图 3 - 5 - 34，4）。

图 3 - 3 - 1　V区大溪文化第三期成年人墓葬分布平面图

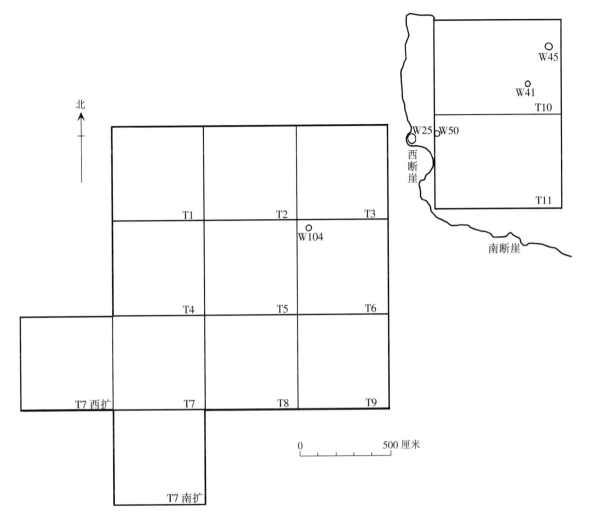

图 3 - 3 - 2　I 区大溪文化第二期瓮棺葬分布平面图

二　婴幼儿瓮棺葬

107 座，分别属于第二、三、四期。埋葬的方法是：先根据陶器葬具的大小挖成适当大小的墓坑，将婴幼儿尸体放入葬具内，再将葬具置于墓坑内，然后用土掩埋。

[一]　第二期瓮棺葬

19 座。

（一）分布情况

I 区有 5 座，即 T11 西断崖 W25，T10④W41、W45，T11④W50，T6④W104（图 3 - 3 - 2）。V 区有 1 座，即 T63⑤BH165 之内的 W145（图 3 - 3 - 3）。T211 附近有 13 座，即 W126～W137、W144（图 3 - 3 - 4）。由此可见，第二期瓮棺葬主要分布于 T211 附近（关庙山聚落日常活动区的东北边缘），其次分布于 I 区（关庙山聚落日常活动区）之内，个别位于 V 区（关庙山聚落中心区）之内。

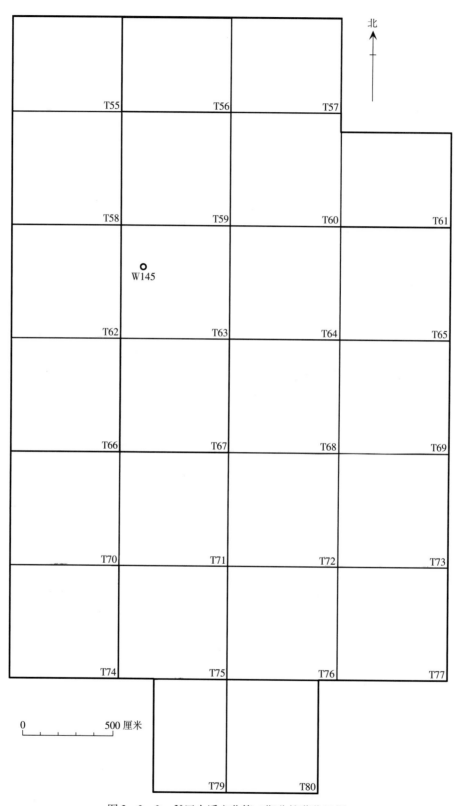

图 3 - 3 - 3 Ⅴ区大溪文化第二期瓮棺葬位置图

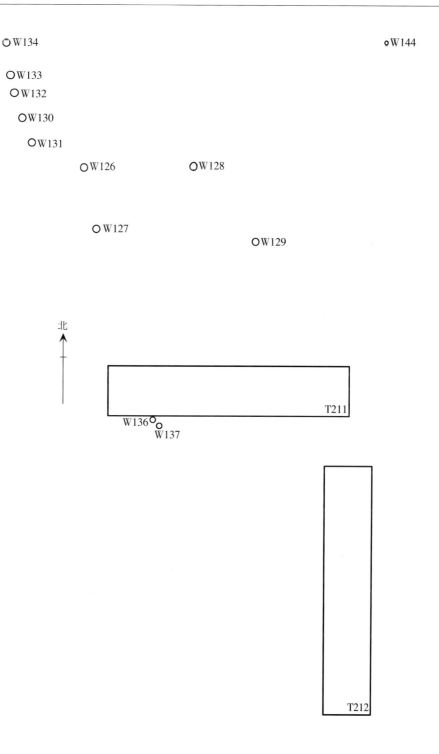

图 3 - 3 - 4 T211 附近大溪文化第二期瓮棺葬分布平面图

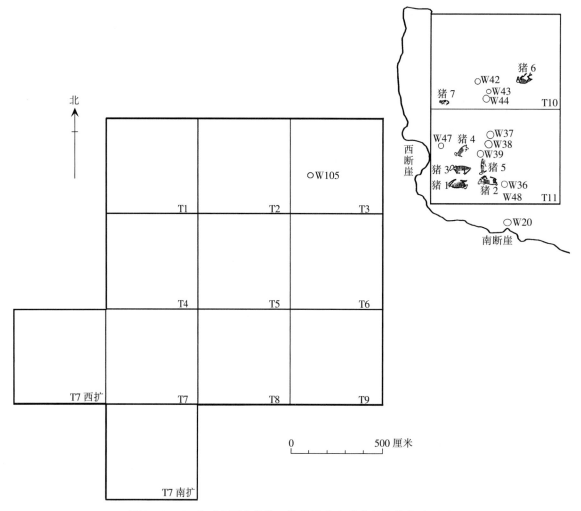

图 3 - 3 - 5 Ⅰ区大溪文化第三期瓮棺葬和随葬整猪分布平面图

（二）主要葬具、人骨和随葬品

下面将直接盛放婴幼儿尸体的各种葬具陶器（不包括瓮棺盖）统称为主要葬具。主要葬具有釜、圜底罐两类：其中以釜较多，有 14 座，即 W50、W126 ~ W137、W144；圜底罐较少，有 5 座，即 W25、W41、W45、W104、W145。这些葬具陶器与遗址内出土的同时期同类实用器相比，在陶质、陶色、烧成温度及硬度方面都没有什么差别，这表明它们原先都是实用器。葬具陶器在墓坑内放置的方式有三种：W45 为口朝西北横卧（图 3 - 3 - 9，3），W128、W132、W145 为口朝下扣放，其余均为口朝上放置。这里需要说明的是：同一件葬具陶器，在田野发掘现场绘制的草图与在室内修复之后绘制的线图相比，难免存在一些差别，因为埋在墓坑内的葬具陶器往往被上面的地层压破而变形，难以绘成准确的草图，第二、三、四期的瓮棺都有这种情况，修复之后绘制的线图是准确的，本报告将两种图都如实加以发表。

1. 陶釜瓮棺葬

现以 W50、W127、W131、W132、W133、W144 为例叙述如下：

W127

位于 T211 西北 5. 35 米（图 3 - 3 - 4），农民修水利时发现，考古队当即清理。墓口距地表深

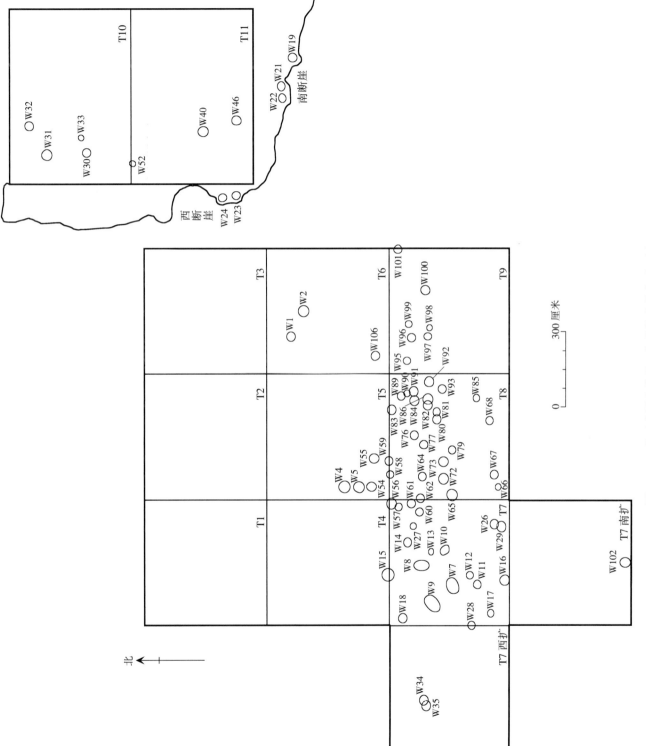

图 3-3-6 I 区大溪文化第四期瓮棺葬分布平面图

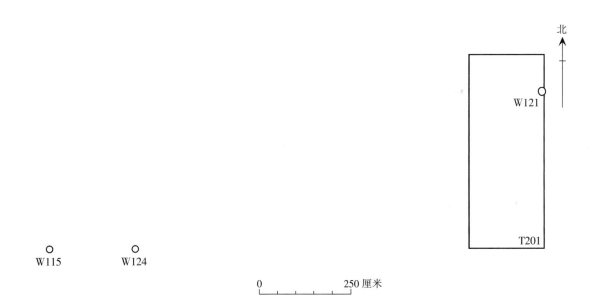

图 3 - 3 - 7　T201 及其附近大溪文化第四期瓮棺葬分布平面图

100 厘米。葬具 W127：1 为口朝上放置的夹蚌红陶釜 4 型 Ⅱ 式（见图 3 - 4 - 116，4）。釜内随葬圈足盘 2 件：W127：3 为圈足盘 6 型 Ⅴ 式（见图 3 - 4 - 47，13），置于底部中央；W127：2 为圈足盘 5型 Ⅰ 式（见图 3 - 4 - 40，10），叠压在 W127：3 之上，置于右侧。在 W127：3 的左侧、釜的内壁粘附婴幼儿头骨，呈白色片状，由此可知尸体横卧于釜内，头在左侧，脚在右侧。随葬的 2 件圈足盘原先都应放在婴幼儿尸体之上。

W131

位于 T211 西北 9 米（图 3 - 3 - 4），农民修水利时发现，考古队当即清理。墓口距地表深 70厘米。葬具 W131：1 为口朝上放置的夹蚌红陶釜 4 型 Ⅰ 式（见图 3 - 4 - 114，5），陶釜口上仰放（即内壁朝上）一块泥质红陶腹片，上面再扣放 W131：2 为泥质红陶平底钵 10 型（见图 3 - 4 - 78，6）作为盖。釜内底部粘附婴幼儿头骨，呈白色片状。

W132

位于 T211 西北 11.5 米（图 3 - 3 - 4），农民修水利时发现，考古队当即清理。葬具 W132：1为口朝下扣放的泥质红陶釜 2 型 Ⅰ 式（见图 3 - 4 - 111，2）。釜内人骨已经腐朽。

W133

位于 T211 西北 11.7 米（图 3 - 3 - 4），农民修水利时发现，考古队当即清理。墓口距地表深50 厘米。葬具 W133：1 为口朝上放置的夹蚌红陶釜 4 型 Ⅰ 式（见图 3 - 4 - 116，1），釜口上扣放的 W133：2 为夹炭红陶簋 2 型 Ⅳ 式（见图 3 - 4 - 67，2）作为盖。

W144

位于 T211 东北 16.5 米（图 3 - 3 - 4），农民修水利时发现，考古队当即清理。葬具 W144：1为口朝上放置的夹炭灰褐陶釜，残存口沿（见图 3 - 4 - 117，14）。釜内人骨已经腐朽，随葬小型石锛 1 件 W144：2。

W50（图 3 - 3 - 9，1）

位于 T11 西壁北部④层底部。墓坑呈圆形，锅底状。墓口距地表深 85 厘米，墓口直径 35 厘

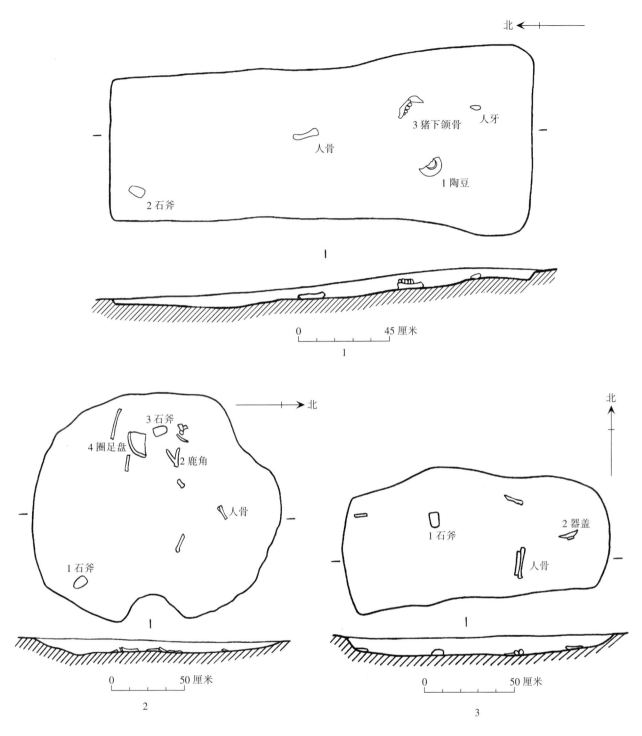

图 3 - 3 - 8　第三期成年人墓葬（M201、M202、M203）平面、剖视图
1. T70④AM201　2. T70④AM202　3. T70④AM203（1 为长方形，2 为不规则形，3 为圆角长方形）

米，坑自深 31 厘米。葬具 W50：1 为口朝上放置的夹炭红陶釜 2 型 Ⅳ 式（见图 3 - 4 - 113，9）。釜内人骨已经腐朽，无随葬品。

2. 陶圜底罐瓮棺葬

具体情况如下。

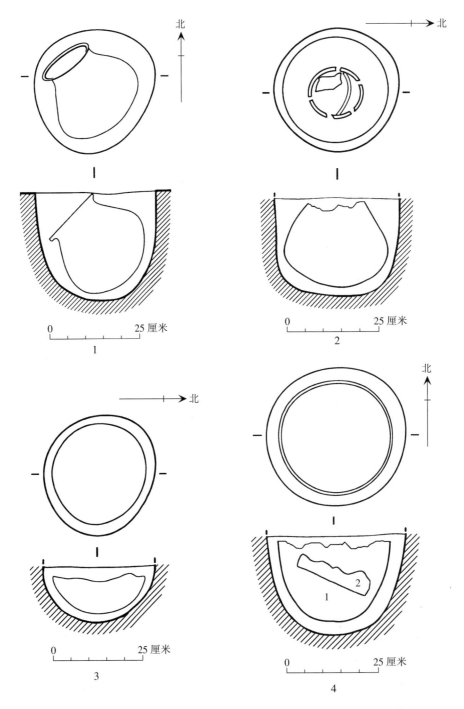

图 3 – 3 – 10　第三期瓮棺葬（W36、W37、W38、W39）平面、剖视图

1. T11③W36　2. T11③W37　3. T11③W38　4. T11③W39（均为陶圈底罐瓮棺葬）

W37（图 3 – 3 – 10，2）

位于 T11 北部③层底部，打破④层。墓坑呈圆形，弧壁，圜底。墓口距第 3 层地面深 45 厘米，墓口直径 36 厘米，坑自深 27 厘米。葬具 W37：1 为口朝上放置的夹蚌红陶圜底罐，口沿残缺，罐口上正放的 W37：2 为泥质红陶圈足盆 2 型Ⅲ式（见图 3 – 4 – 71，12）作为盖，已经掉入罐内。罐内人骨已经腐朽成白色粉末状，无随葬品。

W38（图 3 - 3 - 10，3）

位于 T11 北部③层底部，打破④层。墓坑呈圆形，锅底状。墓口距第 3 层地面深 25 厘米，墓口直径 33 厘米，坑自深 16 厘米。葬具为口朝上放置的夹蚌红陶圜底罐，底部保存比较好，口沿至腹部已经破成碎片。罐肩部内壁粘附婴幼儿头骨，呈白色片状，由此可知婴幼儿尸体头朝上。无随葬品。

W39（图 3 - 3 - 10，4）

位于 T11 中部③层底部，打破④层。墓坑呈圆形，锅底状。墓口距第 3 层地面深 20 厘米，墓口直径 38 厘米，坑自深 26 厘米。葬具 W39：1 为口朝上放置的夹蚌红陶圜底罐，残存腹部至底部，口沿已经掉入罐内；扣放在罐口上的 W39：2 为泥质灰陶平底碗作为盖，已残，掉入罐内，口朝下。罐内人骨已经腐朽成白色粉末状，无随葬品。罐内填土中含有豆圈足。

W44（图 3 - 3 - 11，1；图版五四，2）

位于 T10 南部③层底部，打破④层。墓坑呈圆形，斜壁，底略平。墓口直径 75 厘米，坑自深 57 厘米。葬具 W44：1 为口朝上放置的夹炭红陶圜底罐 2 型 Ⅱ 式（见图 3 - 4 - 107，5）。罐内人骨已经腐朽，无随葬品。

W47（图 3 - 3 - 11，2）

位于 T11 西北部③层底部，打破④层。墓坑呈圆形，锅底状。墓口距第 3 层地面深 30 厘米，墓口直径 35 厘米，坑自深 20 厘米。葬具为口朝上放置的圜底罐，仅存下半身；用泥质红陶圈足盘作为盖，已掉入罐内，甚残，不能复原。罐内人骨已经腐朽，无随葬品。

W105（图 3 - 3 - 11，3）

位于 T3 西部③层底部，打破④层。墓坑呈圆形，直壁，圜底。墓口距地表深 230 厘米，墓口直径 35 厘米，坑自深 33 厘米。葬具为口朝上放置的圜底罐。罐内人骨已经腐朽，无随葬品。

2. 陶釜瓮棺葬

现以 W42 为例叙述如下：

W42（图 3 - 3 - 11，4）

位于 T10 西南部③层底部，打破④层。墓坑呈圆形，锅底状。墓口直径 35 厘米，坑自深 25 厘米。葬具 W42：1 为口朝下扣放的夹炭红陶釜。值得注意的是：先故意敲破釜的底部，形成一个大孔洞，洞边的破碴显而易见；再从洞口放入器盖 W42：2，为 5 型 Ⅸ 式（见图 3 - 4 - 148，3），盖口部和纽略残，堵住倒扣釜的口部，即以器盖构成瓮棺的底部，再放入婴幼儿尸体。这种特殊而烦琐的做法在本遗址的瓮棺葬具中只见这一例。釜内人骨已经腐朽，无随葬品。

3. 陶罐形鼎瓮棺葬

W20（图 3 - 3 - 11，5）

位于 T11 南断崖。墓坑呈圆形，直壁，圜底。墓口距地表深 50 厘米，墓口直径 42 厘米，坑自深 38 厘米。葬具为口朝上放置的夹蚌红陶圜底罐形鼎，口沿已残，鼎足呈倒梯形，平装于器身底部。鼎内人骨已经腐朽成白色粉末状，无随葬品。

（三）婴幼儿瓮棺墓群内随葬整猪

在 T10 和 T11③层底部及 T11 南断崖，分布着第三期的婴幼儿瓮棺墓群，这里成为第三期某个氏族或家族的婴幼儿瓮棺墓地，婴幼儿死者以血缘关系为纽带聚族而葬，婴幼儿瓮棺墓群包括 10

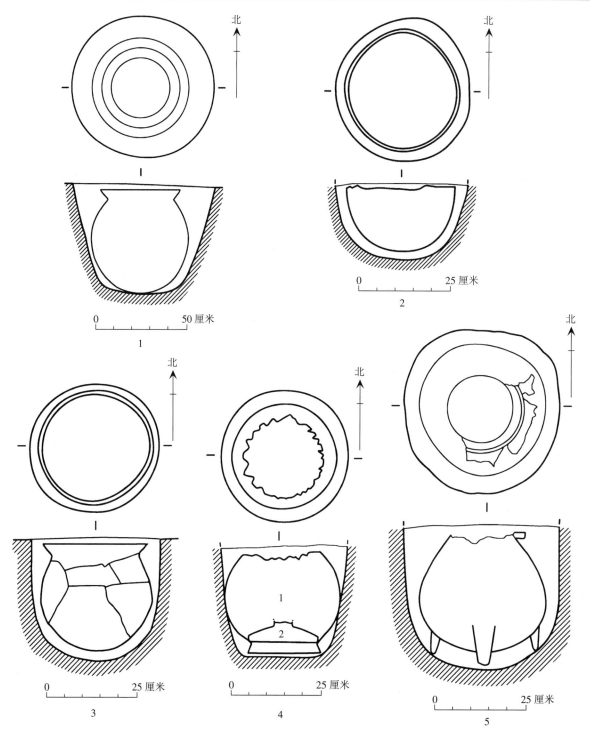

图 3 - 3 - 11　第三期瓮棺葬（W44、W47、W105、W42、W20）平面、剖视图
1. T10③W44　2. T11③W47　3. T3③W105　4. T10③W42　5. T11 南断崖 W20（1～3 为陶圜底罐瓮棺葬，4 为陶釜瓮棺葬，5 为陶罐形鼎瓮棺葬）

座瓮棺，即 W20、W36～W39、W42～W44、W47、W48。除 W20 的墓坑位于南断崖之外，其余 9 座的墓坑都位于③层底部，打破④层。在婴幼儿瓮棺墓群所处层位内，发现整猪骨架 7 具即猪 1～猪 7（表 3 - 3 - 1），其分布范围约 50 平方米。用 7 头整猪当是作为婴幼儿瓮棺墓群共同的随葬品，供婴幼儿死者"集体享用"，这表明猪是氏族或家族成员的公有财产，换句话说，至大溪文化

第三期还未见贫富分化的现象。

　　掩埋整猪的方法是：在④层地面，先根据猪的大小挖成长度、宽度和深度适当的坑。猪1～猪3、猪6的身长达74～98厘米，为成年猪，掩埋成年猪的坑穴较大、较深；猪4、猪5、猪7的身长只有31～42厘米，为幼年猪，掩埋幼年猪的坑穴较小、较浅。以T10南壁剖面为例（图3－3－12A），将猪7放入坑内，再用土盖在上面，坑口距③层地面深45厘米，坑自深10厘米，打破④层。猪肢体的姿势均为侧身。头向和面向的情况（图3－3－5；图版五三，1）是：头向东、面向北1具即猪1；头向西、面向北2具即猪2、猪6；头向西、面向南2具即猪3、猪7；头向西南、面向东南1具即猪4；头向南、面向东1具即猪5。从四肢的状况（图3－3－12B）来看，均为用绳索将猪的四肢捆绑之后掩埋。其中，四肢整体捆绑的有6具即猪1～猪5、猪7；前肢、后肢分别捆绑的只有1具即猪6（图版五三，2），可见以整体捆绑为主。

表3－3－1　　　　　　　　　　　　　第三期瓮棺墓群随葬整猪登记表　　　　　　　　　　（长度单位：厘米）

编号	位置	葬坑口部距地面深	葬坑自深	葬坑内填土	整猪肢体姿势	头向	面向	骨架长度	年龄段	捆绑方式
猪1	T11西南部③层底部，打破④层			深灰色土，较硬	侧身	东	北	98	成年	四肢整体捆绑
猪2	T11南部③层底部，打破④层			深灰色土，较硬	侧身	西	北	75	成年	四肢整体捆绑
猪3	T11西南部③层底部，打破④层			深灰色土，较硬	侧身	西	南	77	成年	四肢整体捆绑
猪4	T11西南部③层底部，打破④层			深灰色土，较硬	侧身	西南	东南	42	幼年	四肢整体捆绑
猪5	T11中部③层底部，打破④层			深灰色土，较硬	侧身	南	东	31	幼年	四肢整体捆绑
猪6	T11东南部③层底部，打破④层			深灰色土，较硬	侧身	西	北	74	成年	前肢、后肢分别捆绑
猪7	T10西南角③层底部，打破④层	距③层地面深45	10	深灰色土，较硬	侧身	西	南	41	幼年	四肢整体捆绑

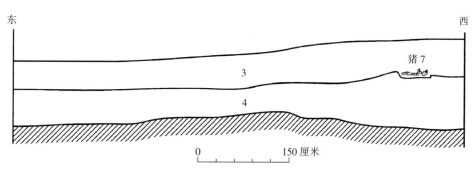

图3－3－12A　埋猪所在T10南壁剖面图

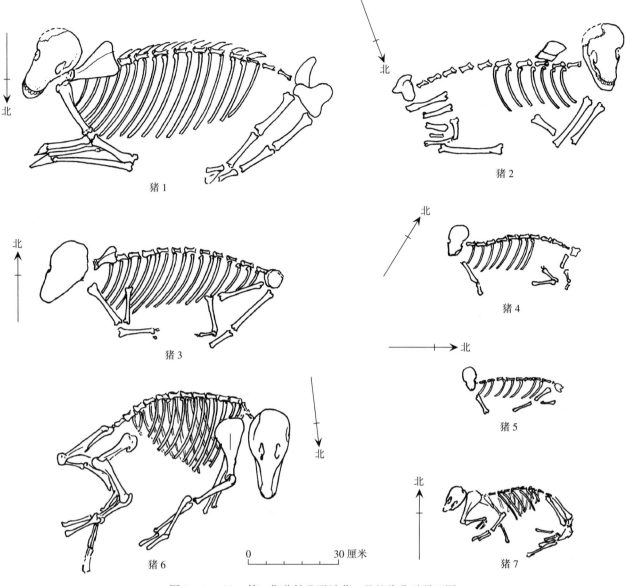

图 3 - 3 - 12B　第三期瓮棺墓群随葬 7 具整猪分示平面图

前面说过，第二期 W145 只以猪下颌骨作为婴幼儿死者的随葬品，至第三期则以 7 头整猪作为婴幼儿瓮棺墓群的随葬品，反映出第三期家畜饲养业已经有较大发展。

［三］　第四期瓮棺葬

77 座。

（一）分布情况

Ⅰ区有 74 座，即 T6②CW1、W2，T5②CW4、W5，T7②CW7～W18，T11 南断崖 W19、W21、W22，T11 西断崖 W23、W24，T7②CW26～W29，T10③顶部（实际上应属于②C 层，但是②C 层由于修水渠时取土已经不存在）W30～W33，T7 西扩②CW34、W35，T11③顶部（实际上应属于②C 层，但是②C 层由于修水渠时取土已经不存在）W40、W46、W52，T5②CW54、W55，T7②CW56、W57，T8②CW58、W59，T7②CW60、W61，T8②CW62、W64～W68、W72、W73、W76、

W77、W79～W86、W89～W93，T9②CW95～W101，T7 南扩②CW102，T6②CW106（图 3 - 3 - 6）。T201 及其附近有 3 座，即 T201 西南 11.35 米 W115，T201②CW121，T201 西南 9 米 W124（图 3 - 3 - 7）。由此可见，第四期瓮棺葬主要位于 I 区（关庙山聚落日常活动区）之内，这里成为第四期瓮棺葬的主要墓地，少数位于 T201 及其附近（关庙山聚落日常活动区的西南边缘）。

（二）主要葬具和随葬品

主要葬具有釜、圜底罐、瓮三类：其中以釜占大多数，有 61 座，即 W1、W7～W14、W17～W19、W22、W26～W30、W33～W35、W52、W54～W62、W64、W66～W68、W73、W76、W77、W79～W82、W83～W86、W89～W93、W95～W101、W115、W121、W124；圜底罐占少数，有 15 座，即 W2、W4、W5、W16、W21、W23、W24、W31、W32、W40、W46、W65、W72、W102、W106；瓮仅 1 座，即 W15。值得注意的是：在葬具釜和圜底罐当中，大多数为夹炭灰褐陶或红褐陶，陶色不匀，烧成温度较低，硬度较小，因而容易破碎，与遗址内出土的同时期同类器物相比，在陶质、陶色、烧成温度及硬度方面都有明显差别，这表明第四期出现了专门为盛放婴幼儿死者而烧制的葬具陶器[①]。前面说过，第二、第三期的葬具陶器都是实用器。相比之下，到第四期，人们的意识形态和婴幼儿的丧葬习俗都已经发生了明显变化。第四期葬具陶器在墓坑内放置的方式有两种：W7、W9 都是 2 件陶釜口对口横卧，W8 是 1 件陶釜与 1 件圜底罐口对口横卧，W40 是圜底罐口朝东横卧，其余葬具陶器均为口朝上放置。

1. 陶釜瓮棺葬

现以 W1、W7、W8、W19、W22、W26、W28～W30、W34、W35、W52、W54～W57、W73、W77、W79～W86、W89、W91～W93、W95～W97、W115 为例叙述如下。

W1（图 3 - 3 - 13，1）

位于 T6 西北部②C 层底部。墓坑呈圆形，锅底状。墓口距地表深 25 厘米，墓口直径 46 厘米，坑自深 36 厘米。葬具 W1∶1 为口朝上放置的夹炭灰褐陶釜（见图 3 - 4 - 117，13），残存肩部和底部。釜内人骨已经腐朽，无随葬品。

W7（图 3 - 3 - 13，2；图版五四，3）

位于 T7 西部②C 层底部。墓坑呈椭圆形，锅底状。墓口距地表深 8 厘米，墓口长轴 58、短轴 45 厘米，坑自深 35 厘米。葬具 W7∶1 为夹炭灰褐陶釜 2 型 V 式（见图 3 - 4 - 114，2），口朝东北；W7∶2 为夹炭灰褐陶釜 2 型 III 式（见图 3 - 4 - 112，5），口朝西南。2 件陶釜口对口横卧在墓坑内。釜内人骨已经腐朽，W7∶1 内存残陶环 4 件，陶环原先应是戴在婴幼儿手腕上的环形装饰品，说明婴幼儿死者上身在这件釜内。W7∶2 的填土内含有细泥黑陶碗形豆腹片，饰有凸弦纹 1 周；细泥橙黄陶喇叭形豆圈足，饰圆形小镂孔和断续划纹，其形制及纹饰与陶豆 8 型 II 式 T51③∶76（见图 3 - 4 - 63，11）相同。

[①] 第四期这批瓮棺葬具陶器刚清理出来时本来是完整的，或者只有口沿被农民耕地时碰碎而残缺，但是由于质地酥松，只要一搬动立即破碎，而且若干瓮棺在地层里是歪着的，不易绘图。在当时条件下，发掘者自己制作了"廿"形绘图工具，由一根横尺（长 50 厘米）、两根纵尺（每根长 35 厘米）构成，尺上都有以半厘米为单位的刻度，纵横垂直相交，纵尺可以上下左右移动，绘图时将横尺置于瓮棺口上，纵尺与瓮棺腹部两侧相依，按比例绘制成瓮棺线图。虽然抢救描绘出不少瓮棺线图，但是发掘之后这批瓮棺实物都已破碎严重，无法复原。在本报告统计陶器件数时，另将这类瓮棺葬具陶器列入"有全形图实属残器"（只有完整线图而无复原实物）的件数之内。

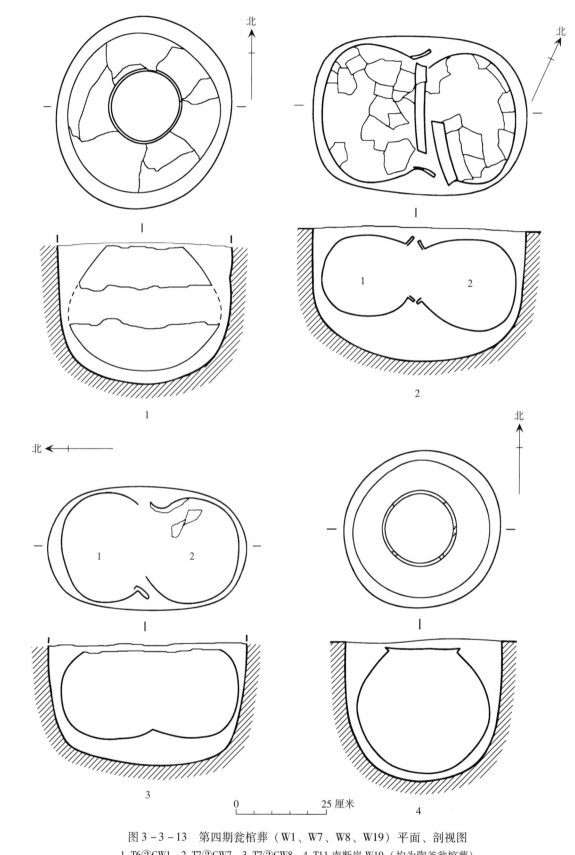

图 3 - 3 - 13　第四期瓮棺葬（W1、W7、W8、W19）平面、剖视图

1. T6②CW1　　2. T7②CW7　　3. T7②CW8　　4. T11 南断崖 W19（均为陶釜瓮棺葬）

W8（图3-3-13，3）

位于T7北部②C层底部。墓坑呈椭圆形，锅底状。墓口距地表深8厘米，墓口长轴54、短轴35厘米，坑自深32厘米。葬具W8:1为夹炭灰褐陶釜2型Ⅰ式（见图3-4-111，1），口朝南；W8:2为夹炭灰褐陶圜底罐，口朝北。二者口对口横卧在墓坑内。陶釜和圜底罐内人骨已经腐朽。W8:1内有陶环5件，其中Ⅳ式2件（W8:4、7，见图3-4-171，16、14）、Ⅺ式3件（W8:3、5、6，见图3-4-172，8、9、7），刚出土时均完整，排列整齐，原先应是戴在婴幼儿手腕上的环形装饰品，说明婴幼儿死者的上身在这件釜内。W8:1的填土内含有细泥橙黄陶窄沿圈足碗口沿，W8:2的填土内含有泥质红陶内折沿钵口沿。

W19（图3-3-13，4）

位于T11南断崖。墓坑呈圆形，弧壁，圜底。墓口距地表深20厘米，墓口直径43厘米，坑自深37厘米。葬具W19:1为口朝上放置的夹炭灰褐陶釜（见图3-4-117，10），残存口沿。釜内人骨已经腐朽成白色粉末状，无随葬品。

W22（3-3-14，1）

位于T11南断崖。墓坑呈圆形，锅底状。墓口直径40厘米，坑自深25厘米。葬具为口朝上放置的夹炭红褐陶釜，口沿残缺。釜内人骨已经腐朽成白色粉末状，无随葬品。

W29（图3-3-14，2左）

位于T7东南部②C层底部，在W26西南边，被W26打破。墓坑呈圆形，锅底状。墓口距地表深18厘米，墓口直径55厘米，坑自深41厘米。葬具W29:1为口朝上放置的夹炭红褐陶釜2型Ⅰ式（见图3-4-111，3）。釜内人骨已经腐朽，无随葬品。

W26（图3-3-14，2右）

位于T7东南部②C层底部，在W29东北边，打破W29。墓坑呈圆形，锅底状。墓口距地表深18厘米，墓口直径47厘米，坑自深34厘米。葬具W26:1为口朝上放置的夹炭灰褐陶釜2型Ⅳ式（见图3-4-113，2），口沿残缺，正放在釜口上的W26:2为泥质红陶平底盆作为盖，已经掉入釜内，口沿残缺。釜内人骨已经腐朽，无随葬品。釜内的填土中含有泥质红陶小口高领罐口沿。

W28（图3-3-14，3）

位于T7西壁南部②C层底部。墓坑呈圆形，锅底状。墓口距地表深16厘米，墓口直径38厘米，坑自深28厘米。葬具W28:1为口朝上放置的夹炭灰褐陶釜，扣放在釜口上的W28:2为泥质黑陶平底盆作为盖，已经掉入釜内，仅存底部。釜内人骨已经腐朽，无随葬品。釜内的填土中含有细泥红陶圈足罐口沿。

W30（图3-3-14，4）

位于T10西南部③层顶部，打破③层。墓坑呈圆形，斜壁，底近平。墓口直径45厘米，坑自深29厘米。葬具W30:1为口朝上放置的夹砂红陶釜，W30:2为盖在釜口上的器盖，纽已经残破，图上未画器盖。釜内人骨已经腐朽，无随葬品。

W35（图3-3-15，1左；图版五五，1）

位于T7西扩西北部②C层底部，被W34打破。墓坑呈圆形，锅底状。墓口距地表深21厘米，墓口直径37厘米，坑自深32厘米。葬具W35:1为口朝上放置的夹炭灰褐陶釜2型Ⅴ式（见图3-

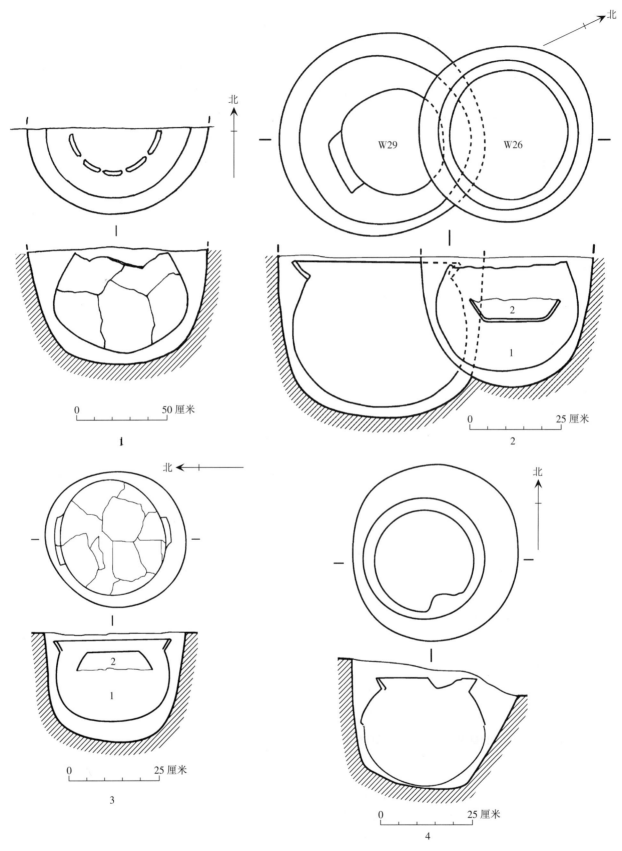

图 3 - 3 - 14　第四期瓮棺葬（W22、W29、W26、W28、W30）平面、剖视图

1. T11 南侧断崖 W22　2. T7②CW29（左）；T7②CW26（右）　3. T7②CW28　4. T10③顶部 W30（均为陶釜瓮棺葬）

4－114，3）。釜内人骨已经腐朽，无随葬品。釜内的填土中含有细泥黑陶内折沿圈足碗、窄沿圈足碗、曲腹杯、喇叭形豆圈足残片。

W34（图 3－3－15，1 右；图版五五，1）

位于 T7 西扩西北部②C 层底部，打破 W35。墓坑呈圆形，锅底状。墓口距地表深 16 厘米，墓口直径 43 厘米，坑自深 34 厘米。葬具 W34∶1 为口朝上放置的夹炭红褐陶釜 2 型Ⅳ式（见图 3－4－112，4）。釜内人骨已经腐朽，无随葬品。釜内的填土中含有泥质灰陶凸弦纹陶片。

W52（图 3－3－15，2）

位于 T11 西北部③层顶部，延伸到 T10 西南部，打破③层。墓坑呈圆形，斜壁，圜底状。墓口直径 37 厘米，坑自深 22 厘米。葬具为口朝上放置的夹炭红褐陶釜，口沿残缺。釜内残存婴幼儿肢骨 3 段，无随葬品。

W54（图 3－3－15，3）

位于 T5 西南角②C 层底部。墓坑呈圆形，斜壁，底略平。墓口距地表深 15 厘米，墓口直径 42 厘米，坑自深 18 厘米。葬具为口朝上放置的夹炭红褐陶釜，口沿残缺。釜内人骨已经腐朽，无随葬品。釜内的填土中含有细泥橙黄陶圈足碗口沿。

W55（图 3－3－15，4）

位于 T5 西南部②C 层底部。墓坑呈圆形，斜壁，底略平。墓口距地表深 15 厘米，墓口直径 48 厘米，坑自深 17 厘米。葬具为口朝上放置的夹炭灰褐陶釜，口沿残缺。釜内人骨已经腐朽，无随葬品。釜内的填土中含有泥质浅灰陶篦划纹罐腹片。

W56

位于 T7 东北角②C 层底部，延伸到 T4 东南角、T8 西北角，在 W57 东北边，打破 W57（图 3－3－6）。墓坑呈圆形，锅底状。墓口距地表深 15 厘米，墓口直径 50 厘米。葬具 W56∶1 为口朝上放置的夹炭深灰陶釜（见图 3－4－117，9），残存口沿和肩部。釜内人骨已经腐朽，无随葬品。

W57

位于 T7 东北角②C 层底部，在 W56 西南边，被 W56 打破（图 3－3－6）。墓坑呈圆形，锅底状。墓口距地表深 15 厘米，墓口直径 27 厘米。葬具 W57∶1 为口朝上放置的夹炭灰褐陶釜（见图 3－4－117，12），残存口沿和肩部。釜内人骨已经腐朽，无随葬品。

W73（图 3－3－16，1）

位于 T8 西部②C 层底部。墓坑呈圆形，斜壁，底略平。墓口直径 55 厘米，坑自深 40 厘米。葬具 W73∶1 为口朝上放置的夹炭灰褐陶釜 2 型Ⅰ式（见图 3－4－111，5），口沿残；正放在釜口上的 W73∶2 为泥质红陶平底盆 5 型（见图 3－4－70，9）作为盖。釜内人骨已经腐朽，无随葬品。

W77（图 3－3－16，2）

位于 T8 北部②C 层底部。墓坑呈圆形，斜壁，底略平。墓口直径 60 厘米，坑自深 33 厘米。葬具 W77∶1 为口朝上放置的夹炭灰褐陶釜 2 型Ⅱ式（见图 3－4－111，6）。釜内人骨已经腐朽，无随葬品。釜内填土中含有泥质灰陶碗圈足。

W80（图 3－3－16，3 左起 1）

位于 T8 东北部②C 层底部，被 W81 打破。墓坑呈圆形，斜壁，底略平。墓口直径 45 厘米，

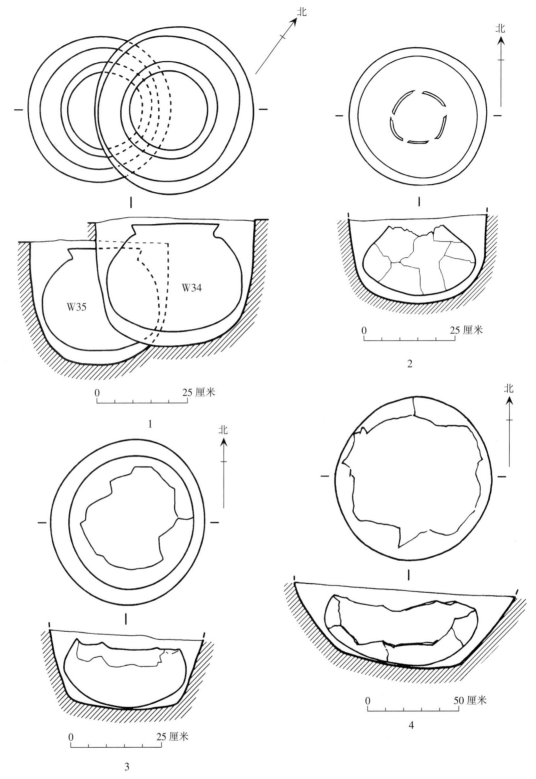

图 3 - 3 - 15　第四期瓮棺葬（W35、W34、W52、W54、W55）平面、剖视图

1. T7 西扩②CW35（左）；T7 西扩②CW34（右）　2. T11③顶部 W52　3. T5②CW54　4. T5②CW55（均为陶釜瓮棺葬）

坑自深 32 厘米。葬具 W80：1 为口朝上放置的夹炭灰褐陶釜 2 型Ⅱ式（见图 3 - 4 - 112，1），口沿残；釜口上正放的 W80：2 为泥质红陶平底盆作为盖，已残。釜内人骨已经腐朽，无随葬品。釜内的填土中含有细泥黑陶圈足碗口沿。

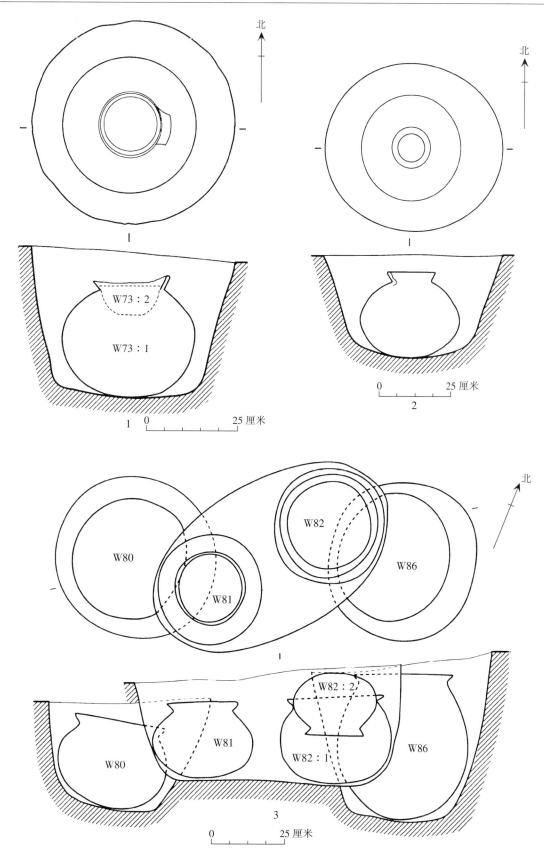

图 3 - 3 - 16　第四期瓮棺葬（W73、W77、W80、W81、W82、W86）平面、剖视图
1. T8②CW73　2. T8②CW77　3. T8②CW80（左起 1）；T8②CW81（左起 2）；T8②CW82（左起 3）；T8②CW86
（左起 4）（均为陶釜瓮棺葬）

W81（图 3 - 3 - 16，3 左起 2）

位于 T8 东北部②C 层底部，与 W82 埋于同一坑内，并且打破 W80。墓坑呈椭圆形，斜壁，底略平。墓口长轴 88、短轴 50 厘米，坑自深 32 厘米。葬具 W81∶1 为口朝上放置的夹炭灰褐陶釜 2 型Ⅱ式（见图 3 - 4 - 111，7）。釜内人骨已经腐朽，无随葬品。

W82（图 3 - 3 - 16，3 左起 3）

位于 T8 东北部②C 层底部，与 W81 埋于同一坑内，并且打破 W86。墓坑呈椭圆形，斜壁，底略平。墓口长轴 88、短轴 50 厘米，坑自深 32 厘米。葬具 W82∶1 为口朝上放置的夹炭红褐陶釜 2 型Ⅴ式（见图 3 - 4 - 114，1 下），口较大；扣放在 W82∶1 口上的 W82∶2 为个体较小的夹炭红褐陶釜 2 型Ⅴ式（见图 3 - 4 - 114，1 上）作为盖。釜内人骨已经腐朽，无随葬品。

W86（图 3 - 3 - 16，3 左起 4）

位于 T8 东北部②C 层底部，被 W82 打破。墓坑呈圆形，斜壁，底略平。墓口直径 60 厘米，坑自深 54 厘米。葬具 W86∶1 为口朝上放置的夹炭灰褐陶釜 2 型Ⅴ式（见图 3 - 4 - 113，3）。釜的唇部有数组压印纹，呈花边状，与 T76③H180、T68③∶138（见图 3 - 4 - 117，3）陶釜唇部的纹饰相同。釜内人骨已经腐朽，无随葬品。釜内的填土中含有泥质红陶弇口瓮口沿。

W79（图 3 - 3 - 17，1）

位于 T8 中部②C 层底部。墓坑呈圆形，斜壁，底略平。墓口直径 40 厘米。葬具 W79∶1 为口朝上放置的夹炭灰褐陶釜，口沿残缺。釜内人骨已经腐朽。釜内随葬陶器 2 件：W79∶2 为细泥黑陶圈足碗 13 型Ⅷ式（见图 3 - 4 - 27，3），口朝下；W79∶3（剖视图上未画）为细泥黑陶圈足碗 3 型Ⅳ式（见图 3 - 4 - 14，3），腹下部饰凸弦纹 1 周，口朝上。

W83（图 3 - 3 - 17，2）

位于 T8 北壁东部②C 层底部，延伸到 T5 东南部。墓坑呈圆形，斜壁，底略平。墓口距地表深 16 厘米，墓口直径 45 厘米，坑自深 35 厘米。葬具 W83∶1 为口朝上放置的夹炭灰褐陶釜，口沿残缺；扣放在 W83∶1 口上的 W83∶2 为细泥黑陶圈足碗 15 型Ⅳ式（见图 3 - 4 - 28，8）作为盖。釜内人骨已经腐朽，无随葬品。

W84（图 3 - 3 - 17，3）

位于 T8 东北部②C 层底部，被 W91 打破。墓坑呈圆形，斜壁，底略平。墓口直径 50 厘米。葬具 W84∶1 为口朝上放置的夹炭夹蚌（两种羼和料混合在一起使用）灰褐陶釜；扣放在 W84∶1 口上的 W84∶2 为夹炭灰褐陶釜作为盖，个体较小。釜内人骨已经腐朽，无随葬品。

W85（图 3 - 3 - 17，4）

位于 T8 东南部②C 层底部。墓坑呈圆形，斜壁，底略平。墓口直径 35 厘米。葬具 W85∶1 为口朝上放置的夹蚌灰褐陶釜；扣放在 W85∶1 釜口南边的 W85∶2 为细泥黑陶圈足碗 15 型Ⅳ式作为盖。釜内人骨已经腐朽，无随葬品。

W91（图 3 - 3 - 17，5）

位于 T8 东北部②C 层底部，打破 W84。墓坑呈圆形，斜壁，底略平。墓口直径 50 厘米，坑自深 30 厘米。葬具 W91∶1 为口朝上放置的夹炭灰褐陶釜 2 型Ⅳ式（见图 3 - 4 - 113，1），口沿残缺。釜内人骨已经腐朽，无随葬品。

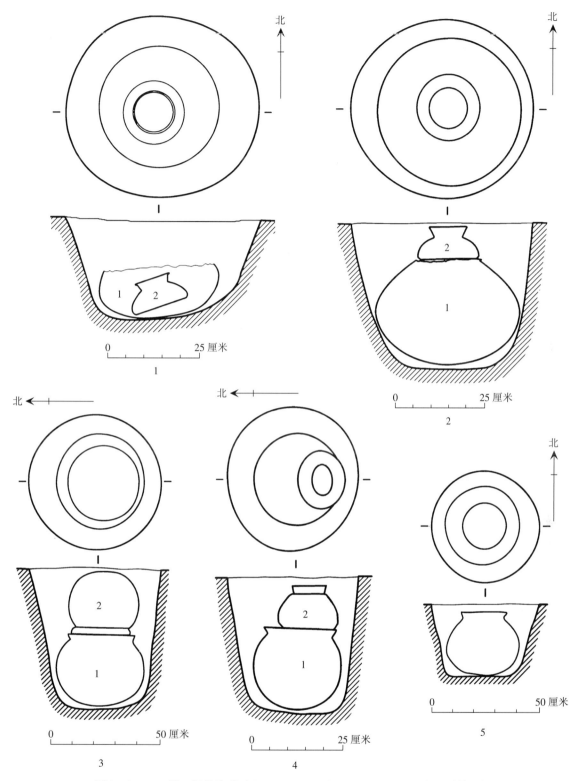

图 3 - 3 - 17 第四期瓮棺葬（W79、W83、W84、W85、W91）平面、剖视图

1. T8②CW79　2. T8②CW83　3. T8②CW84　4. T8②CW85　5. T8②CW91（均为陶釜瓮棺葬）

W89

位于 T8 东北部②C 层底部，打破 W90（图 3 - 3 - 6）。墓坑呈圆形。墓口直径 45 厘米。葬具 W89：1 为口朝上放置的夹炭灰褐陶釜 2 型Ⅱ式（见图 3 - 4 - 112，3）。釜内人骨已经腐朽，无随葬品。

W93

位于 T8 东北部②C 层底部（图 3 – 3 – 6）。墓坑呈圆形。墓口直径 45 厘米。葬具 W93：1 为口朝上放置的夹炭灰褐陶釜 2 型Ⅳ式（见图 3 – 4 – 113，6）。釜内人骨已经腐朽，无随葬品。釜内的填土中含有泥质灰陶腹片，饰贴弦纹（贴附细泥条而形成的凸弦纹）。

W95

位于 T9 西北角②C 层底部（图 3 – 3 – 6）。墓坑呈圆形，锅底状。墓口距地表深 15 厘米，墓口直径 40 厘米。葬具 W95：1 为口朝上放置的夹炭灰褐陶釜 2 型Ⅳ式（见图 3 – 4 – 113，8）。釜内人骨已经腐朽，无随葬品。

W96

位于 T9 西北部②C 层底部（图 3 – 3 – 6）。墓坑呈圆形，锅底状。墓口距地表深 15 厘米，墓口直径 45 厘米。葬具 W96：1 为口朝上放置的夹炭灰褐陶釜 2 型Ⅳ式（见图 3 – 4 – 114，4）。釜内人骨已经腐朽，无随葬品。

W97

位于 T9 西北部②C 层底部（图 3 – 3 – 6）。墓坑呈圆形，锅底状。墓口距地表深 16 厘米，墓口直径 45 厘米。葬具 W97：1 为口朝上放置的夹炭红褐陶釜（见图 3 – 4 – 117，11），残存口沿和肩部。扣放在 W97：1 口上的 W97：2 为泥质浅灰陶平底盆作为盖，残存底部。釜内人骨已经腐朽，无随葬品。釜内的填土中含有泥质灰陶小口高领罐和弇口瓮的口沿。

W115

位于 T201 西南 11.35 米（图 3 – 3 – 7），农民发现，考古队当即清理。墓坑呈圆形，斜壁，圜底。墓口直径 57 厘米，坑自深 32 厘米。葬具为口朝上放置的夹蚌灰褐陶釜，残存口沿。釜内人骨已经腐朽，无随葬品。

W92（图 3 – 3 – 18，1）

位于 T8 东北部②C 层底部。墓坑呈圆形，斜壁，底略平。墓口直径 60 厘米，坑自深 55 厘米。葬具 W92：1 为口朝上放置的夹炭灰褐陶釜 2 型Ⅱ式（见图 3 – 4 – 111，4）。釜内人骨已经腐朽。在墓坑之内、釜口中心往上 8 厘米处，随葬两件细泥黑陶圈足碗 W92：2 与 W92：3（图 3 – 3 – 18，1），碗口上下相对。这种在墓坑之内、葬具之外埋入随葬品的做法罕见。釜内的填土中含有细泥红陶窄沿圈足罐口沿，与第四期的圈足罐 2 型Ⅷ式（T51③：385，见图 3 – 4 – 97，5）的口沿特征相同。

2. 陶圜底罐瓮棺葬

现以 W2、W4、W5、W16、W21、W23、W24、W32、W40、W65、W72、W106 为例叙述如下。

W2（图 3 – 3 – 18，2）

位于 T6 北部②C 层底部。墓坑呈圆形，锅底状。墓口距地表深 25 厘米，墓口直径 47 厘米，坑自深 38 厘米。葬具 W2：1 为口朝上放置的夹炭红褐陶圜底罐 1 型Ⅱ式，残存口沿肩部和底部；扣放在 W2：1 口上的 W2：2 为夹炭红褐陶圜底罐 1 型Ⅱ式（见图 3 – 4 – 107，8）作为盖，个体较小，残存上半身，已经掉入 W2：1 之内。罐内人骨已经腐朽成粉末状，无随葬品。罐内的填土中含有泥质黑陶豆圈足，饰圆形镂孔。

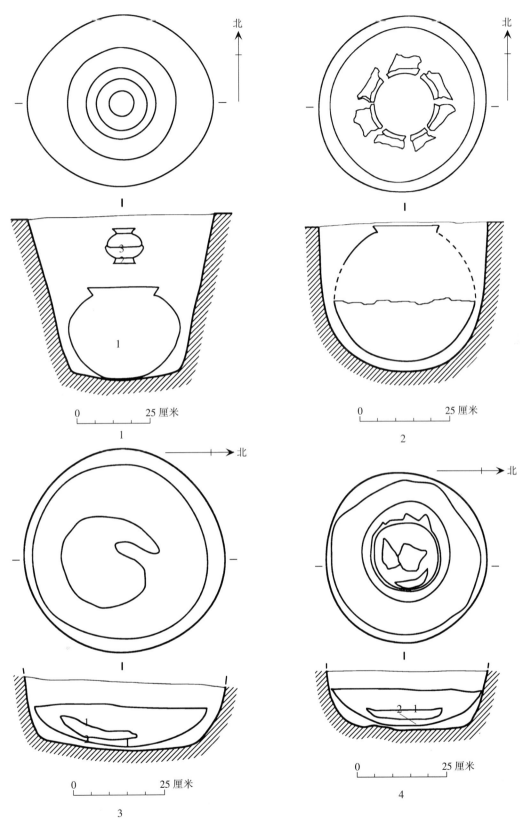

图 3 - 3 - 18　第四期瓮棺葬（W92、W2、W4、W5）平面、剖视图

1. T8②CW92　2. T6②CW2　3. T5②CW4　4. T5②CW5（1 为陶釜瓮棺葬，2～4 为陶圜底罐瓮棺葬）

W4（图 3 - 3 - 18，3）

位于 T5 西南部②C 层底部。墓坑呈圆形，弧壁，底略平。墓口距地表深 15 厘米，墓口直径 54 厘米，坑自深 19 厘米。葬具 W4：1 为口朝上放置的夹炭灰褐陶圜底罐，残存底部；正放在 W4：1 口上的 W4：2 为泥质黑陶圈足碗作为盖，残存下半身，已经掉入 W1：1 罐内。罐内人骨已经腐朽，无随葬品。

W5（图 3 - 3 - 18，4）

位于 T5 西南部②C 层底部。墓坑呈圆形，弧壁，底略平。墓口距地表深 15 厘米，墓口直径 43 厘米，坑自深 16 厘米。葬具 W5：1 为口朝上放置的夹炭灰褐陶圜底罐，残存底部；扣放在 W5：1 口上的 W5：2 为夹炭灰褐陶圜底罐作为盖，个体较小，残存底部，已掉入 W5：1 之内。罐内人骨已经腐朽，无随葬品。

W16（图 3 - 3 - 19，1；图版五五，2）

位于 T7 南壁西部②C 层底部。墓坑呈圆形，弧壁，圜底。墓口距地表深 16 厘米，墓口直径 50 厘米，坑自深 65 厘米。葬具 W16：1 为口朝上放置的夹炭灰褐陶圜底罐 1 型 I 式（见图 3 - 4 - 106，3）；扣放在 W16：1 口上的 W16：2 为泥质红陶平底盆 5 型（见图 3 - 4 - 70，13）作为盖，由于农民犁地时碰破盆底，底部残缺。罐内人骨已经腐朽，无随葬品。

W21（图 3 - 3 - 19，2）

位于 T11 南断崖。墓坑呈圆形，直壁，圜底。墓口直径 43 厘米，坑自深 35 厘米。葬具 W21：1 为口朝上放置的夹炭灰褐陶圜底罐 1 型 III 式（见图 3 - 4 - 106，2）。罐内人骨已经腐朽成粉末状，无随葬品。罐内的填土中含有夹炭红陶倒梯形鼎足，足上部有三个横排的指窝纹。

W23（图 3 - 3 - 19，3）

位于 T11 西断崖。墓坑呈圆形，锅底状。墓口直径 38 厘米，坑自深 28 厘米。葬具为口朝上放置的夹炭灰褐陶圜底罐，仅存下半身。罐内人骨已经腐朽，无随葬品。

W24（图 3 - 3 - 19，4）

位于 T11 西断崖。墓坑呈圆形，弧壁，圜底。墓口距③层地面深 55 厘米，墓口直径 44 厘米，坑自深 40 厘米。葬具 W24：1 为口朝上放置的夹炭灰褐陶圜底罐；扣放在 W24：1 口上的 W24：2 为泥质黑陶圈足盆 1 型 III 式（见图 3 - 4 - 71，8）作为盖，破碎之后掉入罐内，已经复原，其口沿下垂的特征与平底盆 4 型 T75③BH70：12（见图 3 - 4 - 70，7）相似。罐内人骨已经腐朽成粉末状，无随葬品。

W32

位于 T10 西北部③层顶部，打破③层（图 3 - 3 - 6）。墓坑呈圆形，锅底状。墓口直径 35 厘米。葬具为口朝上放置的泥质红陶圜底罐。圜底罐内存有两个白色婴幼儿头骨，应为双胞胎婴幼儿合葬，实属罕见。无随葬品。罐内的填土中含有泥质红陶圈足罐口沿。

W40（图 3 - 3 - 20，1）

位于 T11 西部③层顶部，打破③层。墓坑呈圆形，锅底状。墓口直径 45 厘米，坑自深 21 厘米。葬具为口朝东横卧于墓坑内的夹蚌红陶圜底罐，仅残存半个。罐内人骨已经腐朽，无随葬品。

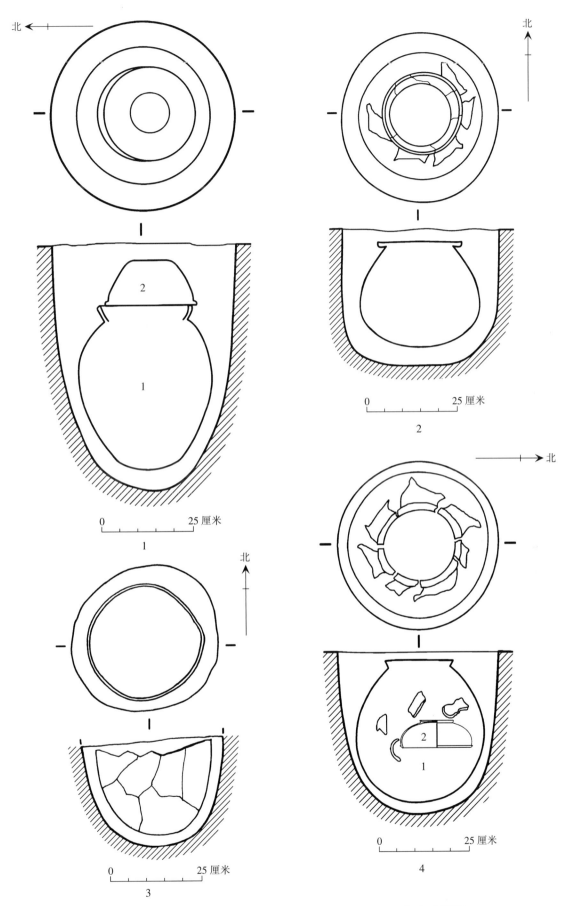

图 3 - 3 - 19　第四期瓮棺葬（W16、W21、W23、W24）平面、剖视图

1. T7②CW16　2. T11 南断崖 W21　3. T11 西断崖 W23　4. T11 西断崖 W24（均为陶圜底罐瓮棺葬）

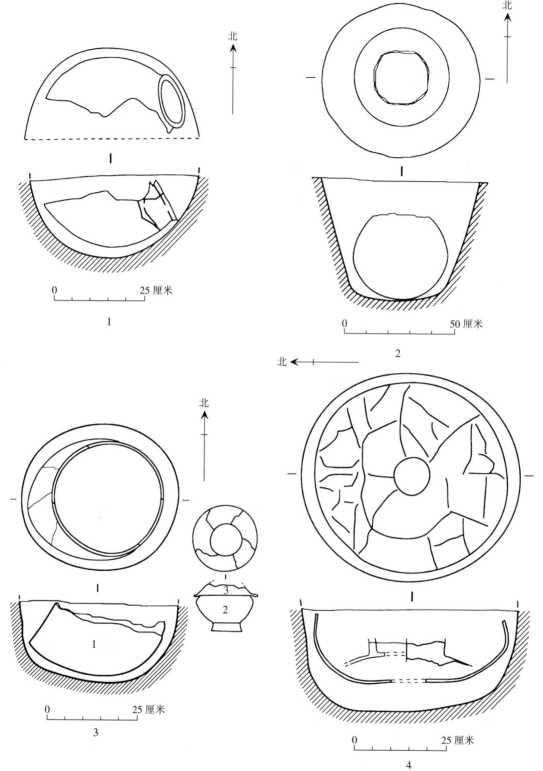

图 3 - 3 - 20　第四期瓮棺葬（W40、W72、W106、W15）平面、剖视图
1. T11③顶部 W40　2. T8②CW72　3. T6②CW106　4. T7②CW15（1～3 为陶圜底罐瓮棺葬，4 为陶瓮瓮棺葬）

W65

　　位于 T8 西壁中部②C 层底部（图 3 - 3 - 6）。墓坑呈圆形，锅底状。墓口直径 50 厘米。葬具
W65：1 为口朝上放置的夹蚌灰褐陶圜底罐，口沿残缺；正放在 W65：1 口上的 W65：2 为泥质红陶

平底盆 1 型 II 式作为盖。罐内人骨已经腐朽，无随葬品。

W72（图 3 - 3 - 20，2）

位于 T8 西部②C 层底部。墓坑呈圆形，斜壁，底略平。墓口直径 50 厘米，坑自深 40 厘米。葬具 W72：1 为口朝上放置的夹炭灰褐陶圜底罐 1 型 III 式（见图 3 - 4 - 107，3），口沿残缺。罐内人骨已经腐朽，无随葬品。

W106（图 3 - 3 - 20，3）

位于 T6 西南角②C 层底部。墓坑呈圆形，锅底状。墓口距地表深 40 厘米，墓口直径 44 厘米，坑自深 22 厘米。葬具 W106：1 为口朝上放置的夹炭夹蚌红褐陶圜底罐，残存下半身。罐内人骨已经腐朽。在 W106 墓坑之外东南角埋入两件陶器作为 W106 的随葬品：W106：2 为正放的泥质黑陶圈足碗；扣放在 W106：2 口上的 W106：3 为泥质黑陶器盖，盖纽残缺。如果说 W92 在墓坑之内、葬具之外埋入随葬品（图 3 - 3 - 18，1）是罕见的做法，那么 W106 在墓坑之外埋入随葬品的做法就更为罕见。W106：1 罐内的填土中含有泥质灰陶盆口沿。

3. 陶瓮瓮棺葬

W15（图 3 - 3 - 20，4；图版五五，3）

位于 T7 北壁西部②C 层底部，延伸到 T4 西南部。墓坑呈圆形，锅底状。墓口距地表深 20 厘米，墓口直径 57 厘米，坑自深 27 厘米。葬具 W15：1 为口朝上放置的泥质红陶瓮 2 型（见图 3 - 4 - 128，10），肩部已破碎，口沿已掉入瓮内，口沿特征与 T52 扩③G3 同类器物相同，其陶质、陶色、烧成温度及硬度都较好，原先应为实用器。瓮内人骨已经腐朽，无随葬品。引人注目的是：瓮底部中央凿有一个不规则形孔，长径约 9 厘米。W15：2 为泥质黑陶器盖，也已掉入瓮内，原来应置于瓮口上，口沿及盖纽上端残缺，盖纽中央凿成一个不规则形孔，长径约 1.9 厘米。盖纽中央和瓮底部中央的孔洞上下相对，表示死者的灵魂可以从孔洞自由出入，反映出先民对灵魂的信仰。目前在本遗址的大溪文化瓮棺葬中，凿孔的瓮棺葬具只见这一例，后来屈家岭文化晚期的瓮棺葬中，W113 圜底罐瓮棺用双腹碗作为盖，在碗底中央也凿成孔洞（见图 4 - 1 - 17，3），由此可见，这两种文化的人们对灵魂的信仰是相同的。

如上所述，与第三期瓮棺葬不同的是，第四期瓮棺葬出现了专门为安放婴幼儿尸体而烧制的葬具陶器和凿孔的瓮棺葬具，反映出人们的意识形态和婴幼儿丧葬习俗发生了明显的变化。